적을수록 풍요롭다

적을수록 풍요롭다

LESS IS MORE

지구를 구하는 탈성장

제이슨 히켈 지음

김현우·민정희 옮김

창비

대지의 저주받은 자들을 위하여

pour les damnés de la terre

우리가 성공할지 여부를 물을 권리가 우리에게는 없다.
우리는 '무엇이 옳은 일인가?'라는 질문에 대해서만
물을 권리가 있다. 우리가 이 지구에서 계속 살고 싶다면,
지구는 우리에게 무엇을 요구할까?

웬들 베리

차례

일러두기
- 본문의 각주는 모두 옮긴이의 것이다.
- 본문의 고딕체는 원서에서 이탤릭체로 강조한 부분이다.
- 외국어는 국립국어원의 외래어표기법에 준하여 표기하되 일부 굳어진 표현은 관용을 따랐다.

한국의 독자 여러분, 저는 이 책이 한국어로 출판된다는 것을 알게 되었을 때 흥분하지 않을 수 없었습니다. 비록 가본 적은 없지만, 저는 지난 수년 동안 한국에 대해 읽은 게 많습니다. 한국은 언제나 저를 매혹케 하고 영감을 주었죠. 제가 연구하는 국제개발 분야에서 한국은 진보적인 산업 정책을 성공적으로 활용하여 급속한 경제성장을 이룬 사례로 유명합니다. 오늘날 한국은 1인당 국민소득이 3만 2000달러에 달하는 고소득 국가입니다. 스페인, 그리스, 러시아 등 대부분의 유럽 국가들보다 높습니다.

이는 놀랄 만한 성공 스토리입니다. 하지만 그 이면이 없는 것은 아닙니다. 불운하게도, 한국의 발전 경로는 환경적으로 문제가 많았습니다. 한국은 세계에서 가장 높은 수준의 자원 발자국을 지닌 나라 중 하나입니다. 한해에 1인당 물질 사용이 28톤이 넘는데, 이는 영국보다 30퍼센트 많으며 지속가능한 한계를 네배 초과한 양입니다. 이산화탄소 배출량도 위험스럽게 높은 수준이어서, 소비 기반으로 계산할 때 영국보다 20퍼센트 많고 프랑스보다는 거의 두배나 많습니다. 결과적으로 한국은 지속가능 발전 지표의 맨 하위권에 자리합니다. 만약 지구상의 모든 이들이 그런 수준으로 소비하고 오염을 배출한다면, 생태계는 붕괴하고 말겠죠.

물론 한국이 다른 고소득 국가들보다 이 문제에 대해 더 책임이 있는 것은 아니며, 미국이나 호주 같은 가장 나쁜 선수들에 비하면 그렇게 나쁜 건 아니라는 점도 분명합니다. 그러나 한국이 21세기 발전 모델로서 그 상징적 지위를 지키고자 한다면, 정부는 자신의 접근법을 진지하게 재고해야만 합니다.

2008년 한국 정부는 "녹색성장을 위한 국가 계획"을 시행했는데, 이는 세계 최초의 녹색성장 프로그램 중 하나였습니다. 공적 투자를 활용하여 GDP를 키우면서 동시에 생태적 영향을 줄이고 기후변화에 맞서 싸우겠다는 아이디어였지요. 근사하게 들렸고, 학자들은 한국이 녹색성장의 미래로 가는 길을 보여줄 수 있기를 바라며 프로그램을 주의 깊게 지켜보았습니다. 그러나 불행하게도 결과들은 매우 실망스러웠습니다. GDP를 생태적 영향으로부터 '탈동조화'하려는 각고의 시도들에도 불구하고, 한국의 자원 사용과 배출은 지난 10년간 둘 다, 대략 20퍼센트씩 늘어났습니다. 말하자면, 한국은 생태적 한계 범위를 훨씬 넘어섰다는 것입니다. 정부는 성장을 확대하는 데에는 성공했지만, 녹색의 반대 방향이었습니다.

한국의 데이터는 생태경제학자들이 오랫동안 경고해온 것을 보여줍니다. '녹색성장'은 작동할 것 같지 않다는 이야기 말이죠. GDP 성장이 자원 사용과 완전히 탈동조화decouple될 수 있다는 증거는 없습니다. 풍력 터빈이나 태양광 패널 같은 재생에너지 용량을 늘림으로써 GDP와 배출을 탈동조화하는 것은 가능하겠지만, 고소득 국가들이 평소의 속도대로 계속 성장을 추구한다면 지구온난화를 1.5도 또는 2도 아래로 묶어둘 정도로 빨리 탈동조화가 일어날 것 같지 않습니다. 더 많은 성장은 더 많은 에너지 사용을 의미하고, 더 많은 에너지 사용은 에너지 체제의 탈탄소화를 더욱 어렵게 만듭니다. 한국은 이런 문제를 잘 보여주는 사례입니다. 한국은 지난 수년간 재생에너지를 상당히 늘렸지만, 이런 향상을 의미 없게 만들 정도로 성장이 일어났고 배출은 여전히 높은 수준을 고수하고 있습니다.

우리에게는 대안적 접근이 절실히 필요합니다. 생태경제학자들은 무엇을 해야 하는지에 대해 분명하게 말합니다. 고소득 국가들이 GDP 성장 추구를 포기하고 포스트 성장경제로의 전환에 나서야 한다고 말이죠.

저는 이 말이 이상하게 들릴 수 있다는 것을 이해합니다. 우리 모두는 GDP 성장이 사회 진보에 핵심적이라고 전제하는 데에 익숙해져 있으니까요. 하지만 GDP는 삶에 대한, 필요한 공급에

• 한 나라의 경제가 인접국이나 세계경제의 영향을 받지 않고 독자적인 경제 흐름을 보인다는 경제 용어. 여기서는 GDP와 자원 사용이 비례해서 늘어나지 않고, GDP의 한 단위를 증가시키는 데 필요한 자원 사용이 감소한다는 의미로 쓰였다.

대한, 또는 가치에 대한 측정이 아니며, 그러도록 의도된 지표도 아니라는 점을 이해하는 게 중요합니다. GDP는 가격으로 상징되는 상품 생산을 측정하는 지표입니다. 그러니 상품 생산 총합의 가격과 사회적 결과들 사이에는 아무런 직접적·인과적인 관계도 없다는 게 놀라운 일이 아닙니다. 중요한 것은 우리가 무엇을 생산하는지, 그것이 어떻게 분배되는지에 달려 있습니다. 우리가 생산하는 게 마천루인지 아니면 병원인지? 최루탄인지 아니면 교육인지? 스포츠카인지 아니면 대중교통인지? 그리고 국가의 소득이 노동자와 빈민들에게 전해져서 그들이 필요로 하는 물건을 살 수 있는지, 아니면 이미 부유한 이들의 호화로운 라이프스타일을 유지하는 데 쓰이는지?

주위를 한번 둘러보세요. 서울을 걸으면서 한국 경제의 엄청난 생산 역량을 살펴보세요. 이 모든 에너지와 자원들이 매일의 생산을 위해 동원되고 있습니다. 광고판과 텔레비전을 뒤덮은 광고 상품들을 보세요. 그리고 스스로에게 물어보기 바랍니다. 이 모든 생산 역량이 무엇을 위해 쓰이고 있는지를. 사람들의 핵심적 필요를 충족하기 위해 쓰이고 있나? 아니면 기본적으로 자본축적의 이해를 중심으로 돌아가고 있나? 이렇게 생산력이 큰데도, 인구의 15퍼센트가 빈곤선에서 살아가야 하는 이유는 무엇일까?

진실은 고소득 국가들이 오래전에 지나간 일정한 지점을 넘어서면 GDP와 사회적 지표들 사이의 관계가 완전히 깨진다는 것입니다. 좋은 삶에 관해서라면, 우리는 무엇이 관건인지를 알고 있습니다. 양질의 공공 서비스에 대한 보편적 접근, 괜찮고 저렴한 주택 공급, 적절한 수준의 임금 등이죠. 좋은 소식은 경제를 자본축적 중심이 아니라 인간의 필요와 생태적 안정성을 중심으로 재조직함으로써, 이런 것들이 훨씬 적은 에너지와 자원을 가지고도 충족될 수 있다는 것입니다.

경제의 모든 부문들이 언제나 성장해야 한다고 전제하는 대신에, 우리는 좀더 합리적인 접근을 해야 합니다. 우리는 경제의 어떤 부문들(대중교통, 재생에너지, 저렴한 공공 주택 등)이 여전히 확대될 필요가 있고, 어떤 부문들(SUV, 호화 주택, 공장식 축산으로 생산된 소고기, 개인 전용기, 패스트 패션, 광고, 군비 등)이 사회적 필요성이 적으며 적극적으로 축소되어야 하는지를 결정해야 합니다.

탈성장을 연구하는 학자들은 고소득 국가들이 불필요한 형태의 생산 규모를 축소하고, 동시에 공공 서비스와 주택에 대한 접근을 확대하며, 소득 불평등을 줄이고, 노동시간을 단축하거나 완전고용을 위한 일자리 보장제를 도입할 것을 요청합니다. 이는 어머어마하게 어려운 일이 아닙니다. 우리는 지구의 위험 한계선 내에서 모두를 위한 좋은 삶을 보장할 수 있습니다. 하지만 그러기 위해서는 우리 스스로를 성장주의의 폭정에서 해방시키고 보다 나은 길을 개척해야만 합니다.

우리는 이를, 마음속으로 잘 알고 있습니다. 저는 한국의 봉준호 감독 팬입니다. 그의 영화들이 강력한 까닭은 우리 모두가 비밀스레 알고 있는 것들을 드러내기 때문입니다. 자본주의는 제대로 작동하지 않는다는 비밀 말이죠. 사람을 위해서든, 지구를 위해서든, 그리고 비인간 이웃들을 위해서든 말입니다. 자본주의는 우리 사회를 쪼개어놓고 우리를 외롭고 힘든 처지로 내몹니다. 우리는 이런 악몽을 털어내고 좀더 나은 것을 위해 싸울 용기를 가져야 합니다.

한국은 세계를 새로운 방향으로, 보다 인간적이고 생태적인 경제를 향해 이끌어갈 수 있을 겁니다. 실제로, 한국은 그런 혁명을 이루는 데 있어 대부분의 서구 국가들보다 더 좋은 위치에 있습니다. 핵심 가치들을 이미 갖고 있기 때문이죠. 저는 한국의 눈치(nunchi)라는 개념에 대해 읽은 적이 있습니다. 작가 유니 홍은 영어권 독자들에게 한국인들이 이 개념을 "행복에 이르는 비결"로 이해한다고 소개했습니다. 눈치 개념의 뉘앙스는 번역 과정에서 분명 사라졌겠지만, 저는 그것이 탈성장 사고와 공명한다는 것만큼은 알아차릴 수밖에 없었습니다. 한국의 '눈치'를 경제에 적용함으로써, 경제체제를 보다 이해심 있게, 더욱 정의롭게, 더욱 인간의 필요에 잘 들어맞게, 공동체의 정신에 보다 부합하도록 만들 수 있습니다.

이 책이 한국의 독자들에게, 한국의 사회운동에 반향을 일으키기를 희망하며, 대화의 기회가 있기를 기대합니다.

연대의 마음으로,
2021년 8월, 런던에서
제이슨

우리 공동의 취약성, 그리고
우리의 연대에 근거한 비전

멸종반란의 코피 마우리 클루, 루퍼트 리드

멸종반란(XR)*은 달성하기에 (너무나) 힘든 것을 요구한다는 비난을 종종 듣는다. 하지만 멸종반란이 무엇이 아닌지를 분명히 하는 것이 중요하다. 멸종반란은 표류하는 문명을 붙들어 맬 만큼 만능의 방식은 아니다. 오히려 화재경보기다. 멸종반란은 제이슨 히켈이 이 중요한 새 책에서 말한 '비상 브레이크'를 비폭력적으로 가장 새롭게 발전시킨 것이다. 우리는 정부가 임박한 미래를 직시하길 원한다. 그러면서도 우리는 사람과 지구에 더 나은 사회를 만들기 위해 모든 것을 어떻게 바꿔야 할지 알아내야 한다.

멸종반란은 비상 상황을 인식하고 있다. 코로나 팬데믹이 발생

• 2018년 영국에서 코피 마우리 클루와 루퍼트 리드가 설립한 국제환경단체. 전세계 곳곳으로 퍼져 현재 80여개 국가에서 1000여개의 소그룹이 멸종반란의 기치를 내걸고 운동에 참여하고 있다. 기존 환경단체와 달리 급진적인 운동을 벌이는 것이 특징이다. 한국에도 조직이 만들어졌다.

하면서 지난해에 우리는 위기에 대해 더 많이 알게 되었다. 팬데 믹은 우리와 함께 취약성을 공유했으므로 우리는 인류를 보호하고 생명을 보호하기 위해 재빨리 움직였고 어려운 결정을 내려야 했다. 대부분의 국가가 이를 해냈다는 사실은 매우 희망적인 신호다. 이것은 우리가 위기를 심각하게 받아들이면 무엇을 성취할 수 있는지를 보여준다.

코로나바이러스가 북반구를 가장 먼저 강하게 강타했기 때문에 매우 심각하게 받아들여졌다는 점은 분명하다. 기후위기 대응이 더딘 와중에 코로나바이러스가 발생했기에 우리는 코로나바이러스가 울린 경종을 매우 심각하게 들을 필요가 있다. 기후위기로 이미 엄청난 고통을 안겨준 남반구에 코로나바이러스가 거대한 위협을 가하고 있다. 우리는 공동의 위기에 처해 있으나 위기가 미치는 영향력은 저마다 다르다. 또한 일부 정부들이 점점 심해지는 인종차별적 환경 정책과 에코 파시즘이라는 숨은 의도를 갖고 대응하고 있다는 사실을 우리는 알아야 한다. 이런 의도들은 다양한 집단이 서로 (그리고 다양한 생명체에) 대항하도록 만들고 있다. 이에 대응하는 데에는 연대가 필요하다. 코로나바이러스가 연대 행동을 가르쳐준다면 이 위험한 시기에 진정한 희망이 될 것이다.

『적을수록 풍요롭다』는 코로나 비상 상황의 건너편에 무엇이 있는지에 대해 통렬하면서도 새로운 견해를 제시한다. 이 견해는 우리가 어떻게 기후 붕괴를 막을 수 있고, 어떻게 현재 진행 중인 여섯번째 대멸종을 되돌릴 수 있으며, 어떻게 사회적 붕괴를 피할 수 있는지에 관한 것이다. 이 책은 잔해에서 더 나은 무언가를 건설할 수 있는 방법을 보여준다. 제이슨 히켈은 역사학·경제학·인류학·철학·과학, 그외 여러 학문 분야로부터 얻은, 공통적이면서 겹쳐지고 상호 보완되는 다양한 견해를 제시한다. 이것은 우리가 급속한 전환을 실현하는 데 필요한 일종의 폭넓은 사고방식이다.

코로나바이러스는 어쩔 수 없는 상황으로 인해 (국민의 의지를 포함해) 정부가 아주 단호해지고 의지가 넘친다면 수년간 불가능하다고 여겼던 것들을 해낼 수 있다는 확실한 증거를 보여주었다. 보편적 기본소득, 채무 면제, 부유세, 필요한 경우 국유화와 그밖에 무엇이든. 여기서 제이슨은 비슷하지만 한층 더 큰 과제로서, '성장주의'라는 어리석음과 광기에서 탈출하는 방법을 이야기한다. 생태계에 미치는 영향을 훨씬 낮추고, 사람들을 더 행복하게 만드는, 더 좋고 더 평등한 사회를 어떻게 만들 수 있는지를 설명한다. 우리가 정말로 모든 것을 한꺼번에 가질 수 있으리라는 느낌이 든다. 적어도 사실상 중요한 모든 것들을, 더 단순한 방법으로 말이다.

이 책은 멸종반란이 제안해온 요구들이 실현 가능하다는 것을 보여줌으로써 희망을 제시한다. 그 요구들은 가능하다. 필요한 것은 충분한 비전이다. 복구된 지구, 보다 재생가능한 문화, 보다 나은 삶에 관한 비전도 함께 말이다. 코로나바이러스 위기는 전세계에서 중요한 노동자들이 누구인지를 우리 모두에게 알려주었다. 그들은 의료진, 식량을 생산하고 유통하는 사람 등이다. 인위적으로 만들어진 욕구보다는 필요를 중심으로 사회를 재조명한다면, 우리가 함께 더욱 만족하고 분리되지 않는 세상을 다시 건설할 수 있다(제이슨은 광고가 우리의 삶을 어떻게 왜곡시켰는지 효과적으로 설명하고, 기본적으로 페이스북이나 구글과 같은 거대 기업들이 하고 있는 모든 광고가 그렇다는 것을 상기시킨다).

우리는 변화를 만들어내야 한다. 모두가 이것을 알고 있다. 기다릴 수 없다. 우리의 위를 쏜살같이 달리는 성장이라는 대형 트럭을 멈추게 하려면 시스템을 바꿔야 한다. 멸종반란의 가장 훌륭한 지지자인 그레타 툰베리는 올해 초 전세계 '엘리트'들에게 굉장히 인상적인 말을 남겼다. "우리는 대멸종의 시작점에 있지만, 당신들이 하는 이야기는 오로지 끝없는 경제성장이라는 동화뿐입니다. 어떻게 감히 그럴 수 있죠!" 시스템을 바꿔야 한다. 이념적인 이유 때문이 아니라 단지 비상 상황에서 필요하기 때문이다. 그것은 제2차 세계대전 당시 영국에서 시행한 식량 배급과 거의 비슷하다. 사회주의 같은 이유가 아니라 모든 것이 생존과 관련되어 있었다. 식량 배급은 사회를 더 평등하게 만들었고, 사람들을 더 건강하게 만들었다. 다시 한번 아름다운 우연을 성취할 수 있다는 희망이 여기에 있다. 살아남기 위해 우리가 해야 할 일은 더 나은 삶을 살기 위해 우리가 해야 할 일과 같다.

이 책의 앞 장에서 제이슨은 자본주의의 놀라운 역사를 이야기한다. 너무나 암울해서 부인하고 싶을지도 모른다. 그러나 사실이다. 그렇기에 우리는 진실을 마주해야 하고 우리가 견뎌내고 있는, 기후 파괴와 생태 파괴를 낳은 현실을 직시해야 한다. 제이슨이 말한 "GDP 성장은 자본주의의 행복에 관한 지표일 뿐 인간의

행복에 관한 지표가 아니다"라는 엄연한 진실에 귀를 기울여야
한다.

우리는 잊어서는 안 된다. 붕괴는 이미 일어나고 있다. 사실상
붕괴를 초래하는 데 원인을 거의 제공하지 않은 세계의 일부 지
역에서 붕괴가 일어나고 있지만, 서구 미디어는 좀처럼 이를 다
루지 않는다. 진화된 운동은 수단과 방법을 가리지 않는 우리의
성장 모델을 뛰어넘어 남반구와 연대하여 일어나야 한다. 또한
반드시 탈식민지화와 배상에 관한 것이어야 한다. 그게 아니면
운동은 핵심을 놓친 것이다.

현대사회에 사는 우리는 문제를 해결할 방법으로 항상 더 많
은 기술혁신을 상상하는 경향이 있다. 그런데 왜 사회혁신은 그만
큼 상상하려 하지 않는가? 자본주의 말고는 선택의 여지가 없다
고 전제함으로써 자본주의를 멈출 수 있다는 상상력을 매우 빈약
하게 만든다. 그렇지 않다! 우리는 창조적인 존재다. 우리는 더 큰
것을 상상할 수 있다. 우리는 모든 **종류**의 방식으로 혁신할 수 있
다.『적을수록 풍요롭다』는 해답을 제시하지 않는다. 하지만 이 책
은 한가지 해답의 **가능성**, 즉 우리가 질문하고 찾고, 사실상 그렇
게 할 것을 결심한다면 해결책이 더 많을 수 있다는 전망을 분명
하게 제시한다.

무엇보다도 이 책은 우리가 요구하는 것들이 비현실적이지 않
다는 증거를 제시한다. 정말로 현실을 마주하고자 한다면 현재의
상황을 더 오래 지속시킨다는 판타지보다 더 비현실적인 것은 없
을 것이다.

이 책에서 제이슨은 혼란스러운 상황을 들여다보는 데 많은 시간을 할애하지 않는다. 우리가 실패하면 결국 어떻게 될까 하는 걱정 말이다. 지금까지 멸종반란은 성공적이라 할 수 있다. 드디어 붕괴(의 가능성)에 대한 자신들의 두려움과 절망조차 기꺼이 직면하고, 붕괴에 대하여 큰 과업을 떠맡겠다고 약속하는 사람들이 점점 늘고 있기 때문이다. 당신도 이 과정을 도울 수 있다. 우리 사회가 가고 있는 궤적에 대해 솔직하게 말하는 양심에 동참하라. 그리고 그러한 가짜 운명, 자멸을 향해 가는 현재의 방향에 대항하는 반란에 참여하라.

이 책에서 제이슨이 제시한 비전에 동의한다면 우리에게는 그에 따라 행동할 중대한 책임이 있다. 그 비전을 실현할 책임, 다른 길로 빠지는 것을 막을 책임 말이다. 이는 통상적인 정치의 역량을 넘어서는 방식으로 현재 상황을 급격하게 전환할 급진적인 행동을 필요로 한다. 포스트 코로나의 순간은 훨씬 더 평등하고 훨씬 더 지속가능한 세계의 비전을 창조하고 실현하기 위해 인류가 우리 공동의 취약성으로부터 배울 수 있는 마지막 기회일지도 모른다.

제이슨의 책은 세상을 아주 훌륭하게 해석한다. 이제 이 세상을 변혁하는 길에 우리와 함께 나서자.

생명을 위한 반란, 생명을 위해 저항하는
루퍼트 리드와 코피 마우리 클루,
2020년 4월 영국에서

인류세에 오신 것을 환영합니다

> 나의 가슴은 내가 구할 수 없는 모든 것들로부터 감동받는다. 너무
> 나 많은 것이 파괴되었다. 나는 대단한 힘도 없이 여러 해가 지나도 고
> 집스럽게 세상을 재구성할 이들과 운명을 같이했다.
>
> —에이드리엔 리치

깨달음은 때때로 조용한 기억처럼, 무언가 잘못됐다는 가장 약한 암시처럼 당신에게 살금살금 다가간다.

내가 예전에 스와질란드로 알려진 남아프리카의 작은 나라 에스와티니에서 자랄 때 우리 가족에게는 삐걱거리는 낡은 도요타 픽업트럭이 있었다. 1980년대 이 지역에서 아주 흔한 차였다. 차를 오래 타고 나면 차 앞쪽의 엔진 방열판에 쌓인 곤충들을 제거하는 일은 나의 몫이었다. 때로는 곤충이 세겹으로 쌓여 있었다. 수백종은 아니지만 상상할 수 있는 모든 크기와 색깔의 나비, 나

방, 말벌, 메뚜기, 딱정벌레 등 수십 종류의 곤충이 쌓였다. 아버지가 내게 지구상에 있는 곤충들을 합친 무게가 인간을 포함한 다른 동물들을 전부 합친 것보다 더 많이 나간다고 말해주었던 기억이 난다. 나는 그 말에 놀랐고, 어쩐지 힘이 났다. 어린 시절 나는 대다수 아이들이 생각하는 것처럼 생명세계가 처한 운명을 걱정했다. 그래서 아버지가 해준 곤충 이야기 덕분에 나는 모든 것이 다 잘될 거라고 생각했다. 무진장해 보이는 생명의 풍요로움을 생각하면 안심이 됐다. 무더운 밤에 주석 지붕이 있는 집 현관 밖에 앉아서 산들바람이 불어오기를 바라며 불빛 주변으로 날아드는 나방과 딱정벌레를 쳐다보고, 때때로 먹을 것을 낚아채기 위해 급강하하는 박쥐를 피하는 동안 이 사실이 마음에 떠오르곤 했다. 나는 곤충에 마음을 빼앗겼다. 한때는 펜과 작은 공책을 손에 들고 집 주변에 있는 여러 종류의 곤충들을 모두 알아보려고 했다. 결국에는 포기해야 했다. 수를 세기에는 너무 많았다.

아버지는 여전히 종종 곤충에 관한 오래된 이야기를 들려주신다. 늘 흥분된 어조로, 아버지들이 하는 방식대로, 아버지가 방금 발견한 것이 새로운 사실인 것처럼. 그러나 요즘에는 아버지의 말이 진짜처럼 들리지 않는다. 어쩐지 상황이 달라 보인다. 최근 조사차 남아프리카로 돌아왔을 때 길었던 여정 후에도 차는 대체로 깨끗해 보였다. 아마도 파리 몇마리가 여기저기 날아다녔을 테지만 어떤 것도 예전 같지 않았다. 어쩌면 어린 시절의 기억 속에서 곤충들이 더 크게 보였기 때문일 수도 있다. 그게 아니라면 더 문제가 될 무슨 일이 벌어지고 있는 것일지도 모른다.

*

    2017년 말, 한 과학 연구팀이 이상하고 다소 놀라운 조사 결과를 발표했다. 그들은 독일의 자연보호구역에서 수십년간 곤충의 숫자를 꼼꼼하게 셌다. 아주 소수의 과학자들이 시간을 들여 이 일을 했다(그야말로 다양한 곤충들을 보면 곤충의 숫자를 세는 활동은 부질없어 보이기도 한다). 그래서 많은 사람들이 이 활동의 결과를 무척 궁금해했다. 연구 결과는 충격적이었다. 연구팀은 독일 자연보호구역에서 25년간 날벌레의 4분의 3이 사라졌다는 것을 발견했다. 그들은 숲 주변을 농지로 전환하고 농약을 집중적으로 사용한 탓이라고 결론 내렸다.

    연구 결과가 퍼져나갔고 전세계의 헤드라인을 사로잡았다. 한 과학자는 "우리는 광대한 토지를 대다수 생명체가 서식하기 힘든 곳으로 만들었으며, 현재 생태적인 대전쟁 속의 어딘가에 있다"고 말했다. "곤충이 사라지면 모든 것이 붕괴될 것이다."[1] 곤충은 수분受粉과 식물 재생산에 필수적이며, 수천에 달하는 다른 종의 식량원이다. 곤충들이 하찮게 보일 수도 있지만, 생명의 그물에서 핵심적인 연결고리다. 마치 이러한 두려움을 확인하려는 듯 몇개월 후 두개의 연구 결과가 발표되었다. 프랑스의 농지에서 곤충 개체 수의 감소가 새의 급격한 감소를 초래했다는 것이었다. 단 15년 만에 평균 개체 수의 3분의 1이 줄었고 밭종다리, 자고새 같은 일부 종들은 80퍼센트까지 감소했다.[2] 같은 해 중국발 뉴스는 곤충의 소멸이 수분 위기를 촉발했다고 보도했다. 사진 속에는 노동자들이 식물에서 식물로 이동하면서 손으로 작물을 수분시키는 황당한 장면이 담겨 있었다.

문제는 이 지역에만 있지 않다. 모든 곳에서 곤충의 감소가 일어나고 있다. 2019년 전세계적으로 증거를 검토한 결과가 발표되었는데 곤충 종 가운데 적어도 10퍼센트가 멸종위기에 처해 있었다. 어쩌면 더 많을지도 모른다.[3]

곤충의 감소는 세상에서 가장 외딴 일부 지역에서도 일어나고 있다. 2018년 한 과학 연구팀이 푸에르토리코 엘 윤케El Yunque 열대우림의 곤충에 관한 연구 결과를 발표했다. 이곳은 고속도로, 농장, 공장 등에서 아주 멀리 떨어진 보호구역으로, 당신이 기대하는 만큼 야생적이다. 연구 결과에 따르면, 지난 36년간 정글의 중심부에서도 곤충의 생물량이 98퍼센트까지 감소했다. 거의 전체 개체가 사라진 셈이다. 그들 중 한 과학자는 "우리는 첫날의 결과를 믿을 수 없었다"고 『이코노미스트』에 밝혔다. "1970년대에는 비가 내린 후에 나비들이 곳곳에 있었던 기억이 난다. 2012년 당시 첫날 나는 나비를 거의 보지 못했다."[4] 더욱 심각한 문제는 곤충 숫자의 감소로 인해 곤충을 먹이로 삼아 의존하는 광범위한 종의 감소가 일어났다는 것이다. 도마뱀부터 새에 이르기까지 모든 종이 감소했다. 시스템 전체가 와해되는 것처럼 보인다.

정글의 중심부를 공격하는 이런 재앙의 원인은 무엇일까? 이 경우, 과학자들은 기후변화를 그 원인으로 지적했다. 푸에르토리코의 열대우림은 산업혁명 이전보다 약 2도 더 더워졌다. 이는 세계 평균의 두배 정도 된다. 2도는 열대 곤충을 한계 온도 이상으로 밀어내기에 충분하다. 미국의 곤충학자 데이비드 와그너는 자신이 지금껏 보았던 연구 결과 중 가장 충격적인 결과였다고 말했다. 푸에르토리코 열대우림에서 일어나고 있는 일은 지구온난화가 가속화된다면 세계 나머지 지역에서 일어날 수도 있는 일을 엿볼 수 있기 때문이다. 세계의 평균 기온은 지금까지 1도 상승했다. 2도에 가까이 가기 시작하면 모든 곳의 곤충 개체가 사라지기 시작할 수 있다. 엘 윤케 삼림에서 죽어가는 나비들은 석탄 광산의 카나리아와 같다.[5]

*

이 책은 종말이 아닌 희망에 관한 책이다. 우리가 지배와 추출 중심으로 조직된 경제로부터 생명세계와의 상호 의존 관계에 뿌리내린 경제로 전환할 수 있는 방법을 다룬다. 그러나 이 여정을 시작하기 전에 무엇이 위태로운지 이해하는 것이 중요하다. 우리 주변에서 일어나고 있는 생태 위기는 우리가 일반적으로 가정하고 있는 것보다 훨씬 더 심각하다. 그것은 다른 모든 것이 정상적으로 진행되는 동안 이곳저곳에 선별적으로 개입하여 해결할 수 있는 한두가지 개별적인 사안이 아니다. 지금 일어나고 있는 일은 다양하고 상호 의존적인 시스템, 인간이 기본적으로 의존하고 있는 시스템의 붕괴다. 이미 무슨 일이 일어나는지 훤히 알고 있는 사람이라면 이 부분을 대충 읽고 싶을 수도 있다. 만약 그렇지 않다면 마음을 단단히 먹어야 할 것이다. 곤충들만 그런 게 아니니까.

대멸종 시대에 살아가기

당시에는 좋은 생각처럼 보였다. 토지를 대기업에 이전해주고, 울타리와 나무를 뽑아낸 자리에 단일 작물을 심고, 비행기로 작물의 씨앗을 뿌린 다음 엄청나게 큰 콤바인으로 수확하는 것 말이다. 20세기 중반부터 모든 풍경이 산업계의 이윤이라는 전체주의 논리에 따라 개조되었다. 대부분의 땅은 추출을 극대화하는 목표와 함께 가축 사료를 위해 사용되었다. 대기업들은 이를 녹색혁명이라고 불렀으나 생태학의 관점에서 보자면 '녹색'은 없었다. 복잡한 생태 시스템을 단일 차원으로 환원하자 다른 것들은 모두 눈에 띄지 않게 되었다. 누구도 곤충과 새에게 일어나는 일을 알아차리지 못했다. 또는 토양 그 자체에 대해서도.

당신이 검고 향기로우며 비옥한 흙 한움큼을 집어본 적이 있다면 그 안에 온갖 벌레들, 곤충들, 곰팡이, 수백만의 미생물 같은 생명체가 꿈틀거리고 있음을 알 것이다. 생명체는 토양을 회복시키고 기름지게 만든다. 그러나 지난 반세기 이상의 기간 동안, 과도한 경운과 농약 투입에 의존해온 산업형 농업은 토양 생태계를 급속하게 죽이고 있다. 유엔의 과학자들은 현재 지구 토양의 40퍼센트가 심각하게 침식되어 있음을 발견했다. 농토는 형성되는 속도보다 더 빠른 속도로 유실되고 있다.[6] 2018년 일본의 한 과학자가 전세계의 지렁이 개체군에 대한 증거를 자세히 살펴보려고 애썼다. 그는 산업형 농업 농지의 지렁이 생물량이 83퍼센트까지 급감했음을 발견했다. 그리고 지렁이가 사라지자 토양의 유기물 함량이 절반 이상 줄어들었다. 토양이 생명 없는 흙으로 변하고 있다.[7]

이 결과는 아무리 좋게 말해도 우려스러운 것임에 분명하다. 전세계 농지의 5분의 1에서 작물 수확량이 줄어들고 있다.[8] 이런 상황이 계속된다면 앞으로 지구에서 농작물을 수확할 수 있는 기간이 60년밖에 안 될 수도 있다고 과학자들은 경고한다.[9] 수만년 동안 인류 문명의 토대를 형성했던 토양이 갑자기 수십년 내에 붕괴하려 한다. 비슷한 일은 해양에서도 일어나고 있다. 슈퍼마켓에 가서 좋아하는 해산물을 찾는 걸 우리는 당연하게 여긴다. 대구와 명태류 또는 연어나 참치 같이 전세계인의 식단에서 중심이 되는 온갖 종류의 해산물이 다 있다. 하지만 이런 느긋한 확신이 무너지기 시작했다. 최근의 수치는 세계 어족 자원의 85퍼센트가 현재 고갈되거나 붕괴에 직면해 있음을 보여준다. 해덕대구는 기존 어획량의 1퍼센트로 감소했고, 바다의 화려한 거인 넙치는 1퍼센트에서 5분의 1이 더 줄었다. 역사가 기록된 이래 처음으로 전세계적으로 어획량이 감소하기 시작했다.[10] 2048년이 되면 아시아 태평양에서 어업 산출량은 0이 될 상황이다.[11]

가장 큰 원인은 공격적인 남획이다. 농업에서처럼 기업들은 점점 더 줄어드는 물고기를 잡기 위해 산업용 대형 저인망을 사용하여 바다의 바닥을 긁어냈고, '시장가치'를 지닌 소수 종들을 잡기 위해 수백 어종을 그물로 끌어올렸으며, 그 과정에서 산호밭과 다채로운 생태계를 생명이 없는 곳으로 만드는 등 어업을 전쟁 행위로 바꾸었다. 이윤을 얻으려는 쟁탈전으로 인해 바다의 모든 풍경이 심하게 훼손되었다. 한편 다른 힘도 작용하고 있다. 질소나 인과 같은 화학비료가 강으로 흘러들어가 결국 바다에 이르러 거대한 녹조현상을 만들어내는데, 녹조현상은 산소가 그 아래 생태계로 들어가는 것을 차단한다. 광대한 '죽음의 해역', 즉 데드존dead zone은 유럽과 미국처럼 산업화된 지역의 해안선을 따라 불규칙하게 퍼져 있다. 한때 생명체로 가득했던 우리의 바다 대부분을 물고기가 아닌 플라스틱이 점령하면서 섬뜩할 정도로 텅 비어가고 있다.

바다 역시 기후변화의 영향을 받고 있다. 바다는 지구온난화로 생성된 열의 90퍼센트 이상을 흡수한다.[12] 완충지대 역할을 하는 바다는 온실가스 배출의 가장 해로운 영향으로부터 우리를 보호한다. 그 결과 바다가 고통을 겪고 있다. 바닷물이 뜨거워지고 양분 순환nutrient cycle이 파괴되었으며 먹이사슬이 끊어지고 거대한 해양 서식지가 사라지고 있다.[13] 또한 탄소배출은 바다를 더 산성으로 만든다. 이것은 큰 문제다. 해양의 산성화는 과거 여러 차례 대멸종을 이끌었기 때문이다. 해양 산성화는 6600만년 전 마지막 멸종에서 주요한 역할을 했다. 당시 바다의 산성도pH는 0.25 낮아졌다. 그 작은 변화는 해양 생물 종 가운데 75퍼센트를 절멸시키기에 충분했다. 현재 우리가 배출하는 경로를 보면 바다의 산성도는 금세기 안에 0.4만큼 낮아질 것이다.[14] 우리는 무슨 일이 일어나는지 알고 있다. 그 일이 벌어지는 것을 볼 수 있다. 사실상 이미 실시간으로 발생하기 시작했다. 해양 동물은 육지 동물이 사라지는 속도의 두배 속도로 사라지고 있다.[15] 광대한 산호초 생태계는 하얗게 탈색되어 무색의 죽은 해골이 되고 있다.[16] 다이버들은 한때는 생명체로 가득했던 산호초들이 이제 부패하는 과정에서 나오는 악취에 시달린다고 보고했다.

*

나방과 딱정벌레에 대한 막연한 느낌으로 시작된 어린 시절의 어렴풋한 기억은 복부에 가해진 일격처럼 주체하기 어려운 깨달음으로 바뀌었다. 우리는 지구 역사에서 여섯번째 대멸종이자, 인간의 경제활동에 의해서는 처음으로 발생하는 대멸종을 향해 몽유병 환자처럼 걸어가고 있다. 현재의 멸종 속도는 산업혁명 이전보다 1000배 이상 빠르다.

몇년 전만 해도 사실상 아무도 이 이야기를 하지 않았다. 곤충 이야기를 하는 나의 아버지처럼 사람들 모두가 생명의 그물이 늘 손상되지 않고 그대로일 것이라고 가정할 뿐이었다. 상황이 너무나 심각해지자 유엔은 이 상황을 모니터링할 특별 기구를 설치했다. 바로 생물다양성과학기구IPBES다. 2019년 IPBES는 지구 생물종에 관한 획기적인 평가를 담은 첫 종합 보고서를 발간했다. 전세계 1만 5000개의 연구 보고서를 토대로 한, 과학자 수백명의 총의를 대변한 보고서였다. 연구자들은 지구의 종 다양성이 인류역사상 전례 없는 비율로 급격히 떨어지고 있음을 발견했다. 현

재 약 100만종에 달하는 생물종이 수십년 내 멸종할 위기에 처해 있다.[17]

나는 숫자들을 계속해서 바라보고 있지만, 도저히 이해가 되지 않는다. 이 모든 숫자들이 세상을 이상하고 낯설고 불균형하게 보여주는 나쁜 꿈처럼 초현실적으로 느껴진다. IPBES의 의장 로버트 왓슨은 이 유엔 보고서를 두고 심상치 않다고 말했다. 왓슨은 "우리를 포함한 다른 모든 생물종들이 의존하는 생태계의 건강이 어느 때보다 급속도로 악화되고 있다"고 말했다. "우리는 전 세계적으로 경제와 생계, 식량 안보, 건강, 삶의 질의 기반을 손상시키고 있다." IPBES의 사무총장 안 라리고드리는 심지어 더 솔직하게 말했다. "우리는 지금 살아 있는 비인간 존재를 체계적인 방식으로 전부 몰살시키고 있다." 원래 과학자들은 이렇게 강경하게 말하는 사람들이 아니다. 과학자들은 글을 쓸 때 중립적이고 객관적인 어조를 선호한다. 하지만 이 보고서들을 읽다보면 과학자 다수가 어쩔 수 없이 표현을 바꿔야 한다는 걸 느꼈다는 사실을 알 수 있다. 진지하고 보수적인 저널로 이름 높은 『미국국립과학원회보』에 실린 최신 연구 결과에서는 멸종위기를 "생물학적 전멸"biological annihilation이라고 표현하며 멸종위기가 "인류 문명의 기반을 위협하는 공격"이라고 결론지었다. 저자들은 "인류는 우리가 우주에서 알고 있는 유일한 생명 집합체를 소멸시킨 데 대해 결국 아주 비싼 대가를 치르게 될 것"이라고 썼다.[18]

*

이것은 생태학의 문제다. 모든 것은 상호 연결되어 있다. 우리로서는 생태계가 어떻게 작용하는지 파악하기 어렵다. 세상을 복잡한 전체가 아닌 개별적인 부분들의 측면에서 생각하는 데 익숙하기 때문이다. 사실상 그렇게 해서 우리는 자신을 개인이라고 생각하도록 배웠다. 존재 간의 관계에 주의를 기울이는 법을 잊었다. 곤충은 수분에 필수적이다. 새는 작물의 해충을 억제하는 데 필수적이고, 땅벌레와 지렁이는 토양을 비옥하게 하는 데 필수적이다. 물의 정화에는 맹그로브가 필수적이다. 물고기 개체군이 살아가는 데에는 산호초가 필수적이다. 이러한 생명 시스템은 '저 밖'에 있지 않고, 인간으로부터 단절되어 있지 않다. 그와 반대로 우리의 운명은 서로 얽혀 있다. 그들은 진정한 의미에서 우리다.

애초에 생태 위기를 낳은 환원주의적 사고방식으로 우리의 생태 위기를 적절하게 이해하기는 불가능하다. 기후변화에 관한 한 특히 분명하다. 우리는 기후변화를 주로 기온의 문제라고 생각하는 경향이 있다. 기후변화를 특별히 걱정하는 사람이 그다지 많지 않은데, 일상의 경험에서 몇도 정도는 실제로 큰 차이를 만들어내지 않기 때문이다. 그러나 기온은 단지 시작일 뿐이다. 기온은 스웨터의 풀어진 올과 같다.

기온 상승의 몇몇 결과는 매우 분명하다. 우리가 직접 보고 경험할 수 있기 때문이다. 매년 발생하는 초대형 태풍의 숫자는

1980년대 이후 두배가 되었다.[19] 이제는 초대형 태풍이 너무 자주 불어닥치는 바람에 엄청난 참상들조차 사람들의 기억에서 흐릿해질 지경이다. 당신도 기억하겠지만 2017년에만 기록상 엄청나게 파괴적인 허리케인 몇몇이 미국을 강타했다. 허리케인 하비는 텍사스의 많은 지역을 파괴했다. 어마는 서인도제도 바부다를 사실상 거주 불가능한 곳으로 만들었다. 마리아는 푸에르토리코를 몇달간 어둠에 빠뜨렸고 섬에서 기르던 농작물의 80퍼센트를 쓸어가버렸다. 이 허리케인들은 모두 5등급으로 가장 강력한 등급의 허리케인이었다. 이 같은 태풍이 과거에는 한 세대에 한번 발생했다. 그러나 2017년에는 허리케인이 잇따라 들이닥쳐 대혼란과 파괴를 남겼다.

기온 상승은 또한 치명적인 폭염을 유발했다. 2003년 유럽을 강타한 폭염은 단 며칠 만에 놀랍게도 7만명을 사망케 했다. 프랑스는 1주일 이상 기온이 40도까지 치솟아 타격이 가장 컸다. 가뭄이 유럽 대륙을 황폐하게 만들어 밀 수확량이 10퍼센트나 줄었다. 몰도바에서는 모든 작물의 수확량이 감소했다. 3년 후 다시 가뭄이 발생했고 북유럽 전역의 기온이 기록을 갈아치웠다. 2015년 인도와 파키스탄에서 발생한 폭염으로 45도 이상의 날씨가 이어졌고, 5000명 이상의 목숨을 앗아갔다. 2017년 포르투갈 전역에서 발생한 폭염은 산불을 일으켜 삼림을 태웠다. 불을 피하려던 사람들이 자신들의 차 안에서 불에 타 죽었고 도로는 묘지가 되었다. 연기가 멀리 런던의 하늘까지 검게 물들였다. 2020년 호주의 산불로 인해 사람들이 피신한 해변은 종말을 다룬 영화를 연상시

컸다. 10억마리나 되는 야생동물이 죽었다. 까맣게 탄 캥거루와 코알라들이 흩어져 있는 광경은 실로 끔찍했다.

이런 사건들은 현실적이고 실질적인 느낌을 준다. 미디어의 헤드라인이 된다. 하지만 기후변화의 더 위험한 측면은 헤드라인이 되지 못한다. 적어도 아직은 아니다. 지금까지는 산업혁명 이전 대비 겨우 1도 상승을 돌파했다. 현재 경로대로 간다면 우리는 금세기 말까지 4도 상승하는 길을 따르게 된다. 자발적이고 구속력 없는 파리기후협정에 따라 국가들이 약속한 온실가스 감축 목표를 고려하더라도 세계 기온은 여전히 3.3도나 상승할 것이다. 기온 상승은 점진적인 변화가 아니다. 인간은 이러한 행성에서 살아본 적이 없다. 2003년 유럽을 강타했던 치명적인 폭염은 어떤가? 그러한 것이 평범한 여름이 될 것이다. 스페인, 이탈리아, 그리스는 사막으로 변할 것이며 우리가 알고 있는 지중해가 아니라 사하라 사막에 더 가까운 기후를 갖게 될 것이다. 중동은 영구적인 가뭄을 겪게 될 것이다.

동시에 해수면 상승은 알아보기 어려울 정도로 세계를 변화시킬 것이다. 1900년 이후 지금까지 해수면은 20센티미터 이상 올라갔다. 이 작은 상승에도 확연하게 범람이 자주 일어났고 폭풍해일은 더 위험해졌다. 2018년 허리케인 마이클이 미국을 강타했을 때 14피트(약 4.27미터) 높이의 해일로 인해 플로리다 해안 일부는 가옥이 산산이 부서지고 금속재가 뒤틀리면서 지옥 같은 풍경으로 바뀌었다. 우리가 특별한 조치를 취하지 않고 평소 추세대로business as usual 계속 탄소를 배출한다면 이 모든 것은 훨씬 더 나빠질 것이다. 사실상 우리가 기온 상승을 2도 이하로 제한하는 파리협정의 목표를 달성한다 해도 금세기 말까지 해수면은 30~90센티미터까지 더 상승할 것이다.[20] 20센티미터 상승에 따른 피해만도 이 정도인데, 해수면이 지금보다 네배 이상 높아질 경우 어떤 상황이 될지 상상하기 어렵다. 폭풍해일만으로도 큰 재앙이 될 것이다. 허리케인 마이클이 만들어낸 해일의 벽은 아무것도 아닐지도 모른다. 기온이 3도 또는 4도 상승한다면 해수면은 100센티미터까지 상승할 것이고 200센티미터 상승도 가능할 수 있다. 사실상 지구의 모든 해안이 물에 잠길 것이다. 1억 6400만명의 고향인 방글라데시의 대다수 지역이 사라질 것이다. 뉴욕이나 암스테르담 같은 도시는 영원히 침수될 것이고 자카르타와 마이애미, 리우데자네이루와 오사카도 마찬가지다. 셀 수 없을 정도로 많은 사람들이 해안 지역을 떠나야 할 것이다. 금세기 내내.

이 모든 것이 파멸적이지만, 기후변화로 인해 가장 우려되는 영향은 훨씬 더 평범한 어떤 것과 연관되어 있다. 바로 식량이다. 아시아 인구의 절반 정도가 히말라야에서 흘러내리는 물에 의존하고 있다. 식수를 비롯해 가정에서 필요한 물뿐만 아니라 농업에도 사용된다. 수천년 동안 이 빙하에서 흘러내리는 물은 새로운 빙하로 인해 매년 새로 보충되어왔다. 그러나 현재 빙하는 대체되는 속도보다 훨씬 빠르게 녹고 있다. 우리가 3도 또는 4도의 온난화를 일으킨다면, 빙하의 대부분이 이번 세기가 끝나기 전에 사라질 것이고 아시아 지역 식량 시스템의 중심을 강타하여 8억명의 사람들을 곤경에 빠뜨릴 것이다. 유럽 남부와 이라크, 시리아, 중동의 많은 지역에서 극심한 가뭄과 사막화로 인해 지역 전체가 농업에 부적당한 곳이 될 것이다. 미국과 중국의 주요 식량 생산 지역 또한 영향을 받을 것이다. 나사NASA에 따르면 아메리카 평원과 남서 지역에서 발생한 가뭄은 이 지역들을 건조지대로 변화시킬 수 있다고 한다.[21]

과학자들은 어림잡아서 우리가 지구를 1도 높일 때마다 주요 곡물의 수확량이 10퍼센트까지 감소할 것이라고 말한다.[22] 우리가 현재 경로로 간다면, 이는 금세기에 최대 30퍼센트가 감소한다는 것을 의미한다. 일부의 경우는 상황이 더 나쁘다. 인도의 밀과 미국의 옥수수는 60퍼센트까지 감소할 수 있다.[23] 정상적인 환경 아래에서는 한 지역의 식량이 부족하면 다른 지역에서 남는 식량으로 감당하면 된다. 그러나 기후 붕괴는 여러 지역의 식량 부족을 동시에 촉발할 수 있다. 기후변화에 관한 정부 간 협의체IPCC에 따르면, 2도 이상의 온난화는 "전세계적으로 지속적인 식량 공급의 붕괴"를 초래할 가능성이 있다고 한다. 보고서를 작성한 주요 저자 중 한명은 다음과 같이 말했다. "여러 곡창지대의 잠재적 위험이 증가하고 있다." 토양 고갈, 수분 매개체 소멸, 어업 붕괴까지 더해져 우리는 가중되는 식량 비상 상황을 맞이하고 있다.

식량 비상 상황은 세계의 정치 안정성에 심대한 영향을 미칠 것이다. 식량 부족의 영향을 받는 지역에서는 사람들이 안정적인 식량 공급을 찾아 떠남으로써 대규모 이동이 일어날 것이다. 사실 이미 벌어지고 있다.[24] 과테말라나 소말리아 같은 지역에서 다수의 사람들이 자신들의 농지에서 더이상 살아갈 수 없어 떠나고 있다. 전쟁과 가뭄으로 고향을 떠나는 사람들이 6500만명에 이르자 국제기구들이 긴장하고 있다. 이는 제2차 세계대전 이후 그 어떤 시기보다 높은 수치다. 이주 압력이 높아지면서 정치는 양극화되고 파시스트 운동이 전진하면서 국제 동맹의 신경이 날카로워지기 시작했다. 기근, 태풍, 해수면 상승에다 점점 줄어드는 경작지를 고려해보면 어떤 재해가 일어날지 예측할 수 없다.

*

생태계는 복잡한 네트워크다. 생태계는 스트레스를 받아도 놀라운 회복력이 있지만, 핵심적인 연결고리가 끊어지기 시작하면 연쇄반응이 생명의 그물 전체에 반향을 일으킨다. 이렇게 해서 과거에 대멸종이 일어났다. 대멸종을 일으키는 것은 운석이나 화산과 같은 외부 충격이 아니다. 내부적인 고장이 줄줄이 이어지기 때문이다. 이런 종류의 일이 어떻게 진행될지 예측하는 것이 어려울 수 있다. 다른 무엇보다 티핑 포인트와 되먹임 고리feedback loop 같은 것들은 모든 것을 훨씬 더 위험하게 만든다. 기후 붕괴를 매우 우려하게 만드는 요소들이다.

극지방의 만년설을 예로 들어보자. 얼음은 태양에서 오는 빛을 우주로 튕겨내는 거대한 반사경 같은 기능을 한다. 알베도 효과라고 알려진 현상이다. 하지만 대륙의 빙하가 사라져 빛을 반사하지 않는 거무스름한 지형과 바다가 드러나면 태양에너지가 모두 흡수되고 대기 중의 열로 방출된다. 이로 인해 추가적인 온난화가 발생하여 인간이 배출한 온실가스 영향과 별도로 빙하가 더 빠른 속도로 녹게 된다. 1980년대 북극해의 빙하는 평균 700만제곱킬로미터를 덮었다. 내가 이 글을 쓰고 있는 지금, 빙하의 면적은 약 400만제곱킬로미터로 줄었다.

되먹임 고리는 삼림에도 영향을 미친다. 지구가 더워지면 숲은 더 건조해지고 불에 더 취약해진다. 숲이 불에 타면서 탄소를 대기 중으로 방출하고 우리는 미래의 탄소 흡수원인 숲을 잃게 된다. 이는 지구온난화를 악화시키는 동시에 강수량에도 직접적인 영향을 미친다. 숲은 말 그대로 비를 만들어낸다. 예컨대 아마존은 눈에 보이지 않지만 하늘로 흐르는 거대한 강처럼 매일 200억 톤의 수증기를 대기 중으로 증발시킨다. 수증기의 대부분은 결국 비가 되어 숲에 내리지만, 남미 전역과 심지어 훨씬 더 북쪽에 있는 캐나다와 같이 더 먼 곳에도 비를 뿌린다. 숲은 지구의 순환 시스템에 대단히 중요하다. 숲은 전세계적으로 생명수를 불어넣는 심장과 같다.[25] 숲이 사라지면서 가뭄은 흔한 일이 되었고 그 결과 숲은 불에 더 취약해지고 있다. 이런 일이 일어나는 속도는 놀라울 정도다. 현재의 경로대로라면 열대우림은 이번 세기가 끝나기 전에 시들어 사바나가 될 것이다.

경우에 따라 티핑 포인트가 매우 급격하게 작용하면 전체 시스템이 매우 단기간에 붕괴될 수 있다. 과학자들은 해양 빙벽 불안정성이라고 불리는 현상을 특히 우려한다. 과거 기후변화 모델의 대부분은 지구온난화가 서남극 빙상의 전체를 녹이더라도 붕괴 과정은 두세기에 걸쳐 일어날 것이라고 가정해왔다. 하지만 2016년 미국의 과학자 롭 데콘토와 데이비드 폴러드는 붕괴가 매우 빠르게 일어날 수도 있다는 견해를 담은 논문을 『네이처』에 발표했다. 가장자리보다 중간에 있는 빙상이 더 두껍다. 그래서 빙산이 부서지면 더욱 큰 빙벽이 드러나게 된다. 빙벽은 자기 무게를 지탱할 수 없으므로 더 문제가 된다. 빙벽이 한번 드러나면 붕괴되는 고층 건물처럼 도미노 효과로 하나씩 차례대로 무너지기 시작한다. 이로 인해 빙상은 수세기가 아니라 수십년 안에, 어쩌면 짧게는 20~50년 안에 붕괴될 수도 있다.[26]

이런 일이 발생한다면 서남극의 빙상만으로도 우리가 살아 있는 동안 해수면이 1미터 이상 추가로 높아질 수도 있다. 그린란드에서도 같은 일이 발생한다면 상황은 더 나빠질 것이다. 세계의 해안 도시들은 적응할 시간이 거의 없을 만큼 빠른 속도로 물에 잠길 것이다. 콜카타, 상하이, 뭄바이, 런던은 모두 세계경제의 기반시설과 함께 물에 잠길 것이다. 이런 상황은 거의 상상이 불가능할 정도의 재앙이 될 것이다. 이런 일이 전에도 일어났기 때문에 우리는 이 상황이 재연될 수 있다는 것을 알고 있다. 실제로 마지막 빙하기 말에 일어났던 일이다. 빙벽 동학을 연구하는 과학자들은 기후 모델에서 이런 위험을 설명하지 않는 정부들을 강력하게 비판해왔다.

이 모든 복잡성은 지구의 기온을 조절할 수 있다는 우리의 능력에 실질적인 의문을 던진다. 일부 과학자들은 파리협정이 상정한 것처럼 기온 상승을 2도로 '멈출' 수 없을지도 모른다고 우려한다. 우리가 기온을 2도 높인다면 통제되지 않고 폭포처럼 밀어닥치는 온난화를 촉발할 수 있고, 지구를 영구적인 '온실 상태'hothouse state 속으로 밀어넣을 수도 있다. 그러면 기온이 목표 임계점을 넘어서 치솟을 수 있는데 우리에게는 이것을 막을 힘이 전혀 없다.[27] 이러한 위험을 고려해보면 유일한 이성적인 대응은 온난화를 1.5도 이하로 유지하기 위해 가능한 모든 일을 하는 것이다. 이는 세계 온실가스 배출을 0으로 감축하는 것, 현재 계획하고 있는 것보다 훨씬 빨리 감축하는 것을 의미한다.

생태 정보의 이면

물론 당신이 이 모든 이야기들을 처음 들어본 것은 아닐 테다. 어쩌면 이미 걱정되기 때문에 이 책을 읽고 있을 수도 있다. 당신은 이미 우리가 처한 위기에 관한 불편한 진실을 수십개 읽었을 것이다. 당신은 뭔가 매우 잘못되었다는 것을 알고 있다. 나는 당신을 설득할 필요가 없다. 그것은 이 책의 목적이 아니다.

철학자 티머시 모턴은 생태 정보에 대한 우리의 집착을 외상 후스트레스증후군PTSD으로 고통받는 사람들의 악몽에 비유했다. PTSD 상태에서 꿈을 꾸면 트라우마를 다시 체험하면서 본능적으로 무서움을 느끼고 땀을 흘린 채 떨면서 일어나게 된다. 몇가지 이유로 악몽은 계속해서 일어난다. 지크문트 프로이트의 주장에 따르면 이것은 트라우마 발생 직전 순간에 들어가서 두려움을 완화하려는 마음의 작용이다. 즉 트라우마 상황을 예상할 수 있다면 피할 수 있거나 적어도 스스로 정신적으로 대비할 수 있다. 모턴은 생태 정보가 이와 비슷한 기능을 한다고 생각한다. 무서운 생태 정보를 끊임없이 반복해서 말함으로써, 잠재의식 단계에서 붕괴가 일어나기 직전 가상의 순간에 우리 자신을 끼워넣으려 한다. 그러면 붕괴가 다가오는 것을 알 수 있고, 붕괴에 대해 뭔가를 할 수 있다는 것이다. 붕괴가 다가올 때 우리는 적어도 준비되어 있다고 느낀다.[28]

이런 점에서 생태 정보는 이중적인 메시지를 지닌다. 한편으로 생태 정보는 우리에게 깨어나 지금 당장 행동하라고 외친다. 하지만 다른 한편으로는 트라우마가 아직은 완전히 다가온 게 아님을 암시한다. 재난을 피할 시간이 있다는 것이다. 이는 생태 정보를 매력적으로 만드는 이유인 동시에 우리가 생태 정보를 이상하리만치 더 갈망하는 듯 보이는 이유이기도 하다. 이중 메시지가 지닌 위험은 우리가 생태적인 사실들이 더 극심해지기를 기다리게 된다는 데 있다. 일단 그 지점에 이르기만 하면 우리는 마침내 그 상황에 대해 뭔가를 할 수 있을 거라고 스스로에게 말한다. 하지만 궁극적인 생태 정보라는 건 결코 오지 않을 것이다. 절대 충분한 정보일 수 없다. PTSD 상태에서 꾸는 꿈처럼 생태 정보는 예상대로 작동하지 않는다. 우리는 결국 한밤중에 울면서 말로 표현할 수 없는 두려움에 떨며 일어난다. 어떤 깊은 차원에서 트라우마가 이미 도착했다는 것을 알고 있기 때문이다. 우리는 이미 한가운데 있다. 우리는 죽어가는 세상에 살고 있다.

정보는 수십년간 축적되어왔다. 정보는 해가 갈수록 더욱 정교해지고 더욱 우려스러워졌다. 그러나 우리는 어떤 이유에서인지 방향을 변화시킬 수 없었다. 지난 반세기는 복지부동inaction의 이정표로 가득했다. 인간 활동이 초래한 기후변화에 대한 과학적 합의는 1970년대 중반 처음으로 형성되기 시작했다. 첫 국제 기후정상회의는 내가 태어나기 3년 전인 1979년에 개최되었다. 1988년에 나사의 과학자 제임스 핸슨은 미국 상원에서 화석연료 연소가 어떻게 기후 붕괴를 초래하는지 설명하는 기념비적인 증언을 했다. 유엔기후변화협약UNFCCC은 온실가스 배출에 대한 구속력 없는 제한을 설정하기 위해 만들어졌다. 국제기후정상회의인 당사국총회COP는 배출 감축 계획을 협상하기 위해 1995년 이후 매년 열렸다. 유엔기후변화협약은 1997년 교토의정서와 2009년 코펜하겐 합의, 2015년에는 파리협정 등 세 차례에 걸쳐 확장되었다. 그런데도 전세계 이산화탄소 배출은 매년 계속해서 늘어나는 반면 생태계는 치명적인 속도로 붕괴되고 있다.

우리는 인류 문명 자체가 위험에 처해 있다는 사실을 거의 반세기 동안 알았음에도 불구하고 생태계 붕괴를 저지하는 데 진전이 없었다. 아무런 진전도 없었다. 놀라운 역설이다. 미래 세대가 우리를 돌아본다면, 우리가 무슨 일이 일어나는지 정확하고 고통스러울 만큼 자세하게 알고 있으면서도 이 문제를 해결하지 못했다는 데 놀라워할 것이다.

이 관성을 어떻게 설명해야 할까? 어떤 이들은 화석연료 기업, 그리고 기업들이 우리의 정치 시스템을 통제하는 악덕 같은 것을 지목할 것이다. 여기에는 분명 진실이 있다. 거대 기업들 중 일부는 기후 붕괴를 공적인 논의로 다루기 오래전부터 그 위험에 대해 알고 있었음에도 과학을 노골적으로 부인하거나, 가능한 한 의미 있는 행동을 방해했던 정치인들에게 자금을 댔다. 국제적인 기후협약이 법적 구속력이 없는 것은 상당 부분 화석연료 기업들의 노력 덕분이다. 화석연료 기업들은 그러한 조치에 반대하는 적극적인 로비 활동을 했다. 더불어 수십년간 기후행동에 대한 대중적인 지지를 약화시킨, 엄청나게 성공적인 정보 왜곡 캠페인을 벌여왔다. 세계적인 전환을 주도하고 실행할 수 있는 유일한 국가인 미국에서 특히 그랬다.

화석연료 기업과 이 기업들이 매수한 정치인들은 우리의 곤경에 상당한 책임이 있다. 하지만 이것만으로는 우리의 행동 실패를 설명하지 못한다. 다른 것, 더 심층적인 것이 있다. 화석연료 중독, 화석연료 산업의 얼토당토않은 행위는 사실상 앞선 문제의 증상일 뿐이다. 본질적으로 위험에 처한 것은 지난 수세기 동안 사실상 지구 전체를 지배해온 경제체제, 즉 자본주의다.

*

자본주의라는 단어를 언급하면 사람들은 곧바로 격한 반응을 보인다. 모든 사람들이 자본주의에 대해 어떤 식으로든 강렬한 감정을 갖는데, 대개는 그럴 만한 충분한 이유가 있다. 그러나 우리가 자본주의에 대해 어떻게 생각하든, 자본주의가 무엇이고 어떻게 작동하는지에 관한 명확한 시각을 갖는 것은 매우 중요하다.

우리에게는 '시장'market이나 '교환'trade처럼 익숙하면서도 진부한 어휘로 자본주의를 설명하려는 경향이 있다. 하지만 이는 그리 정확하지 않다. 시장과 교환은 자본주의 이전에도 수천년간 존재했고 그 자체로는 해가 되지 않는다. 자본주의가 역사상 다른 대다수 경제 시스템과 구별되는 지점은 지속적인 팽창 또는 '성장'이라는 정언명령을 중심으로 형성되었다는 것이다. 성장은 산업적인 추출과 생산, 소비 수준을 끊임없이 증가시키는 것으로,

우리는 국내총생산GDP으로 성장을 측정하게 되었다.[29] 성장은 자본의 주요 지침이다. 특별한 목적을 위한 성장이 아니라 성장 그 자체를 위한 성장이라는 것에 유의하라. 성장에는 일종의 전체주의적인 논리가 있다. 모든 산업, 모든 부문, 모든 국가경제는 확인할 수 있는 종착 지점 없이 항상 성장해야 한다.

이것이 함축하는 바를 파악하기란 쉽지 않다. 우리는 성장이라는 개념을 당연한 것으로 여기는 경향이 있다. 성장은 매우 자연스러운 것처럼 들리기 때문이다. 그리고 자연스럽기도 하다. 살아 있는 유기체는 모두 성장한다. 그러나 자연에는 성장을 스스로 제한하는 논리가 있다. 유기체는 성숙한 단계까지 자란 다음 건강한 평형 상태를 유지한다. 성장이 멈추지 않는다면, 세포가 스스로를 위해 계속 복제한다면, 그것은 암에서 발생하는 것과 같은 코딩 오류 때문이며 빠르게 죽어가는 종류의 성장이 된다.

자본주의하에서 세계 GDP는 매년 적어도 2퍼센트 내지 3퍼센트까지 성장해야 한다. 대기업들이 총수익의 증가를 유지하는 데 필요한 최소치다.[30] 이 수치는 작은 증가처럼 보이지만 기하급수적인 곡선이고, 이는 우리에게 놀라운 속도로 부지불식간에 다가오게 될 무언가를 의미한다는 사실을 명심해야 한다. 3퍼센트 성장은 23년마다 세계경제 규모를 두배로 늘린다는 것이며, 그리고 계속해서 이미 두배가 된 상태를 다시 두배로 늘리는 것을 의미한다. GDP가 그냥 허공에서 얻어지는 것이라면 괜찮을 수도 있다. 하지만 아니다. GDP는 에너지와 자원 사용과 결합되어 있으며 자본주의 전 역사 동안 그랬다. 둘 사이의 관계에 탄력성이 조금 있기는 하지만 크지는 않다. GDP가 성장하면서, 세계경제는 과학자들이 안전한 지구의 위험 한계선planetary boundaries이라고 규정한 것을 초과한 지점까지 더 많은 에너지와 자원을 소모하고 쓰레기를 쏟아내면서 생명세계에 파괴적인 결과를 초래하고 있다.[31]

그러나 인류세라는 단어가 함축하는 것과는 달리 인간들이 모두 동등하게 생태 위기를 초래한 것은 아니다. 이것은 중요하게 이해해야 할 지점이다. 2장에서 알게 되겠지만 사실상 대다수가 남반구에 위치한 저소득 국가들은 지구의 위험 한계선 안쪽, 그들이 지켜야 할 선 안에 자리를 지키고 있다. 오히려 많은 경우 저소득 국가들은 인간의 필요를 충족하기 위해 에너지와 자원 사용을 늘려야 한다. 여기서 문제가 되는 것은 고소득 국가들이다. 고소득 국가들에서는 성장이 필요의 개념에서 완전히 벗어나 인간의 번영에 필요한 수준을 상당히 초과한 지 오래다. 지구의 생태계 붕괴는 거의 전적으로 고소득 국가의 과도한 성장과 특히 매우 부유한 사람들의 과도한 축적에 따른 것이다. 반면 그로 인한 결과는 불균형하게 남반구와 가난한 이들에게 나쁜 영향을 미쳤다.[32] 이것은 본질적으로 다른 무엇보다도 불평등의 위기다.

*

우리는 기후 붕괴를 피하기 위해 무엇을 해야 하는지 정확하게 알고 있다. 화석연료 사용을 적극적으로 줄이고 재생에너지를 재빨리 확충하고 전세계적으로 그린뉴딜 정책을 신속하게 실시함으로써 10년 안에 전세계 탄소배출량을 절반으로 줄이고 2050년 전까지 제로가 되게 만들어야 한다. 이것이 세계 평균 목표치라는 점을 명심하자. 역사적으로 고소득 국가에 배출량의 더 큰 책임이 있다는 점을 고려해보면 고소득 국가는 더 신속하게 더 많이 줄여서 2030년 전에 제로에 도달해야 한다.[33] 이 과정이 얼마나 급격한 것인지는 두말하면 잔소리다. 이 목표는 그간 인류가 직면했던 과제 중 가장 도전적인 과제다. 좋은 소식은 전적으로 달성 가능한 목표라는 점이다. 다만 문제가 하나 있다. 과학자들은 우리가 과제를 수행하는 동안에도 경제를 계속 성장시킨다면 1.5도 이하 또는 심지어 2도 이하로 기온 상승을 유지할 만큼 충분히 빨리 과제를 달성할 수 없음을 명백히 하고 있다.[34] 왜 그런가? 더 많은 성장은 더 많은 에너지 수요를 의미하고, 에너지 수요가 더 많아진다면 우리에게 남은 단기간 내에 그 수요를 충족시킬 만큼 충분한 재생에너지를 확충하기가 더더욱 어렵기 때문이다. 아니 사실상 불가능하다.[35]

이것이 문제가 아니더라도 우리는 스스로에게 이렇게 물어야 한다. 청정에너지 100퍼센트에 도달하면 그 에너지로 무엇을 할 것인가? 경제가 작동하는 방식을 바꾸지 않는 한 우리는 화석연료로 하고 있는 바로 그 일을 계속할 것이다. 우리는 청정에너지를 이용해 점점 더 빠른 속도로 지속적인 채굴과 생산에 동력을 공급하고 생명세계에 점점 더 많은 압력을 가할 것이다. 자본주의가 그것을 필요로 하기 때문이다. 청정에너지는 배출을 조절하는 데 도움이 될 수 있지만 삼림 벌채, 남획, 토양 고갈, 대멸종을 되돌리는 데에는 아무런 도움이 되지 않는다. 청정에너지로 동력을 공급받는 성장 집착 경제는 여전히 우리를 생태 재앙에 빠뜨릴 것이다.

이에 대해 다른 선택의 여지가 거의 없어 보인다는 점은 이 문제를 더욱 까다롭게 만든다. 자본주의는 근본적으로 성장에 의존한다. 경제가 성장하지 않으면 경제는 침체되어 무너진다. 빚이 쌓이고, 사람들은 일자리와 집을 잃고, 삶은 산산이 부서진다. 정부는 위기를 피하기 위해 지속적으로 노력함으로써 산업 활동을 계속 성장시키도록 안간힘을 쓴다. 우리는 덫에 갇혔다. 성장은 구조적인 명령이고 철칙이다. 그리고 성장은 견고한 이념적 지지를 받고 있다. 좌파와 우파의 정치인들은 성장의 이익을 어떻게 분배할 것인가를 놓고 언쟁을 벌일 수는 있으나 성장 자체를 추구하는 것에 관해서는 단결한다. 그들 사이에는 틈이 없다. 우리가 말하는 성장주의는 현대사에서 가장 패권적인 이데올로기 중 하나다. 아무도 그것에 이의를 제기하지 않는다.

정치인들은 자신이 생태 붕괴를 멈출 의미 있는 행동을 할 수 없다는 것을 알고 있다. 그들이 성장주의에 헌신하고 있기 때문이다. 우리에게는 이 문제를 해결할 수십개의 아이디어가 있다. 하지만 실행에 옮길 용기가 없다. 실행하게 되면 성장을 저해할 수 있기 때문이다. 성장에 의존하는 사회에서 성장을 저해하는 일은 일어날 수 없다. 생태계 붕괴에 관한 끔찍한 이야기를 게재하던 바로 그 신문사들도 분기마다 GDP가 얼마나 성장하고 있는지 흥분해서 보도한다. 기후 붕괴에 대해 한탄하던 바로 그 정치인들 또한 매년 충실하게 더 많은 산업 성장을 요구한다. 인지 부조화cognitive dissonance는 놀라울 정도다.

어떤 이들은 기술이 우리를 구할 것이고 혁신이 성장을 '녹색'으로 만들 것이라는 희망에 기대면서 이러한 긴장을 가라앉히려고 애쓴다. 효율성을 개선하면 GDP가 생태적 영향을 초래하지 않을 수 있기에 자본주의의 어떤 것도 바꾸지 않은 채 세계경제를 계속해서 영원히 성장하게 할 수 있다는 것이다. 또한 효율성 개선이 작동하지 않더라도 우리는 언제든 비상시에 우리를 구해줄 거대한 지구공학적 계획에 기댈 수 있다고 말한다.

이런 이야기는 위안을 주는 환상이다. 사실 나도 한때는 그렇게 믿었다. 하지만 좋아 보이는 미사여구의 겉치레들을 벗겨내기 시작하자 그것이 환상일 뿐임을 깨달았다. 나는 생태경제학을 연구하는 동료들과 협력하면서 수년 동안 이것을 연구해 2019년 기존 증거에 대한 비판을 발표했다. 그리고 2020년 과학자들은 수백 건의 연구 데이터를 검토하여 여러 메타 분석을 실행했다.[36] 3장에서 구체적으로 설명하겠지만 결론을 요약하면 이렇다. '녹색성장' 같은 건 없다. 실증적 증거가 없다. 이 발견은 내게 깨달음의 순간이었고, 이 발견으로 인해 나는 입장을 바꾸었다. 생태적 비상 시대에는 환상을 중심으로 한 정책을 구축할 여유가 있을 수 없다.

오해하지 말기를 바란다. 생태계 붕괴에 대항하려면 기술이 절대적으로 필요하다. 우리에게는 얻을 수 있는 모든 효율성 개선이 필요하다. 하지만 과학자들은 생태계 붕괴를 해결하는 데 효율성 개선 그 자체만으로는 충분치 않다는 사실을 명백하게 알고 있다. 왜 그런가? 성장 지향의 경제하에서는, 생태적 영향을 줄이는 데 도움이 될 수도 있었을 효율성 개선을 성장 목표를 앞당기고, 채굴과 생산의 순환에 점점 더 많은 자연을 밀어넣는 데 이용하기 때문이다. 문제는 기술이 아니다. 성장이다.

동요의 조짐

프레드릭 제임슨은 자본주의의 종말보다 세계의 종말을 상상하는 게 더 쉽다는 유명한 말을 했다. 정말로 그다지 놀랍지 않다. 여하튼 자본주의는 우리가 알고 있는 전부다. 우리가 어떻게든 자본주의를 종식시킨다면 그다음에는 무슨 일이 일어날까? 자본주의를 무엇으로 대체할까? 혁명을 이룬 다음 날 무엇을 할까? 그것을 뭐라고 불러야 할까? 우리의 사고, 심지어 언어 능력까지 자본주의의 경계선에 멈춰 서 있으며 그 너머에는 두려운 혼란이 놓여 있다.

너무 기묘하다. 우리는 새로움에 매료되고, 발명과 혁신에 집착하는 문화 속에 살고 있다. 창의적이고 독창적인 사고방식을 찬양한다. 우리는 결코 스마트폰이나 미술작품에 대해 이렇게 말하지 않을 것이다. "이것은 이제껏 만들어진 것 중 최고의 기기 또는 그림이고 어떤 것도 이를 넘어서지 못할 것이므로 시도조차 하지 말아야 한다." 인간의 창의력을 과소평가하는 것은 순진한 일이다. 경제 시스템으로서 자본주의가 유일한 선택지이므로 더 나은 시스템을 만들어낼 생각조차 말아야 한다는 것을 곧이곧대로 선뜻 받아들이는 이유가 무엇인가? 우리는 미래에 어울리지 않을 것이 분명한 자본주의를 미래로 질질 끌고 갈 정도로 왜 이렇게 오래된 16세기 모델의 칙칙한 도그마에 매달려 있는가?

그러나 아마 뭔가 변화하고는 있는 것 같다. 2017년 미국의 대학교 2학년 학생인 트레버 힐은 텔레비전으로 방송 중이던 뉴욕의 타운홀 미팅 도중 일어나서 당시 미국 하원의장이자 세계에서 가장 영향력 있는 사람 중 한명인 낸시 펠로시에게 간단한 질문을 던졌다. 그는 18세부터 29세 사이의 미국인들 가운데 51퍼센트가 더이상 자본주의를 지지하지 않는다는 사실을 보여주는 하버드 대학의 연구 결과를 인용하면서 펠로시의 정당인 민주당이 이렇듯 빠르게 변화하는 현실을 받아들일 수 있는지, 그리고 대안경제의 비전에 대해 입장을 표명할 수 있는지 물었다.[37]

펠로시는 눈에 보일 정도로 당황하며 말했다. "질문 감사합니다. 하지만 미안하게도 우리는 자본주의자고, 그게 원래 그렇습니다."

영상은 널리 퍼져나갔다. 그 장면은 공개적으로 자본주의에 이의를 제기해서는 안 된다는 금기를 생생하게 보여주었기에 강력했다. 트레버 힐은 강경 좌파가 아니다. 평균적인 밀레니얼 세대일 뿐이다. 그는 영리하고 정보에 밝으며 세상에 호기심이 많고 더 나은 세상을 상상하는 데 적극적이다. 힐은 솔직하게 질문했던 반면 말을 더듬거리면서 방어적으로 대응한 펠로시는 즐거울 수 없었다. 펠로시는 자신의 입장에 대한 정당성을 의미 있고 논리정연하게 말하지 못했다. 자본주의를 너무나 당연하게 여겨서 지지자들조차 자본주의를 정당화하는 방법을 알지 못한다. "그게 원래 그렇습니다"라는 펠로시의 답변은 그 질문을 그치게 하려는 의도였지만 오히려 정반대의 결과를 낳았다. 그의 답변은 고리타분한 이데올로기의 약점을 드러냈다. 마치 「오즈의 마법사」에서 커튼을 당겨 올리는 것과 같았다.

젊은이들은 다르게 생각할 준비가 되어 있고, 오래된 확신에 이의를 제기할 준비가 되어 있음을 보여주었기에 그 비디오는 사람들의 마음을 사로잡았다. 그들만 있는 것이 아니다. 대부분의 사람들이 스스로를 반자본주의자라고 말하지는 않지만 그럼에도 설문조사 결과에 따르면 대다수가 자본주의 경제학의 핵심적인 사상에 의문을 품고 있다. 2015년 유고브^{YouGov}에서 실시한 설문조사에서는 영국인 중 64퍼센트가 자본주의가 공정하지 않다고 생각하는 것으로 나타났다. 미국에서도 55퍼센트나 되는 많은 사람들이 그렇게 답했다. 독일에서는 확실하게 77퍼센트가 그렇게 답했다. 2020년 에덜먼 트러스트 바로미터^{Edelman Trust Barometer}의 설문조사에 따르면 전세계 사람들의 대다수(56퍼센트)는 "자본주의는 이로움보다 해가 더 많다"는 주장에 동의한다. 프랑스에서는 69퍼센트나 된다. 인도에서는 놀랍게도 74퍼센트나 된다.[38] 게다가 모든 주요 자본주의 경제하에 사는 사람들 가운데 적어도 4분의 3은 기업들이 부패했다고 생각한다.[39]

이러한 견해는 성장의 측면에서 질문할 때 더욱더 강력해진다. 2018년 예일 대학이 실시한 설문조사에서 미국인의 70퍼센트가 "환경보호가 성장보다 중요하다"는 주장에 동의했다. 이 결과는 최남부 지역을 비롯해 공화당이 강세인 주에서도 유지된다. 오클라호마, 아칸소, 웨스트버지니아주에서는 비율이 가장 낮았지만, 그곳에서도 유권자의 압도적인 다수(64퍼센트)가 이러한 입장을 취하고 있다.[40] 이 결과는 경제를 바라보는 미국인들의 입장에 관한 오랜 가정을 완전히 뒤집는다.

2019년 유럽외교위원회는 유럽연합 열네개 국가의 국민들에게 좀더 확실한 질문을 던졌다. 그들은 질문을 이렇게 표현했다. "당신은 경제성장에 해가 되더라도 환경이 우선시되어야 한다고 생각합니까?" 분명 사람들은 이처럼 상충되는 둘 중 하나를 선택하는 것에 주저할 것이다. 하지만 거의 모든 사례에서 대다수의 사람들(55~70퍼센트 사이)이 '그렇다'고 답했다. 지지가 50퍼센트를 약간 밑도는 나라는 두곳뿐이었다. 우리는 서유럽과 북아메리카 밖에서도 비슷한 결과를 발견한다. 설문조사에 대한 과학적인 검토에서 사람들이 환경보호와 성장 중 선택해야 할 때 "환경보호는 대부분의 설문조사와 대부분의 국가에서 우선시된다"는 것을 확인했다.[41]

일부 설문조사에서는 사람들이 더 강한 의견을 피력할 의사가 있다는 것도 분명히 드러났다. 주요 소비자 연구 조사에서 전세계의 중위소득 또는 고소득 국가의 사람들 중 평균 약 70퍼센트는 과소비가 우리의 지구와 사회를 위험에 빠뜨린다고 생각하고 있음을 확인했다. 덜 구매하고 덜 소유해야 하며, 그렇게 하면 우리의 행복 또는 좋은 삶well-being을 양보하지 않아도 될 것이라 생각한다.[42] 놀라운 결과다. 어쩌면 이 사람들이 자본주의의 핵심 논리에 직접적으로 대항하는 분명한 원칙들을 담은 정치적 견해를 표현할지도 모른다. 이것은 전혀 드러나지 않은 특별한 이야기다. 전세계 사람들이 더 나은 세계를 조용히 갈망하고 있다.

탈성장

과학적인 증거는 때로 문명의 주류 세계관과 충돌한다. 그러한 충돌이 일어날 때 우리는 선택해야 한다. 과학을 무시하거나 아니면 우리의 세계관을 바꾸거나. 찰스 다윈이 인간을 포함한 모든 종이 오래전 공통된 조상의 후손이라는 사실을 처음으로 증명했을 때 그는 무대에서 야유를 받고 떠나야 했다. 인간이 신의 이미지로 창조된 것이 아닌 비인간으로부터 진화했다는 생각, 그리고 이 지구상에서 생명의 역사가 성경이 주장하는 수천년 전보다 훨씬 더 오래되었다는 생각은 당시 본질적으로 수용될 수 없었다. 어떤 이들은 현 상태를 유지하려는 필사적인 시도로 기이한 대안 이론을 고안함으로써 다윈의 증거를 설명하려 했다. 하지만 비밀은 드러났다. 오래지 않아 다윈의 연구 결과는 과학적인 의견 일치를 얻었고 우리가 세상을 바라보는 방식을 영원히 바꾸었다.

지금 비슷한 일이 일어나고 있다. GDP 성장과 생태계 붕괴의 관계에 대한 증거가 계속해서 쌓이자 전세계의 과학자들은 자신들의 접근법을 바꾸었다. 2018년 238명의 과학자들은 유럽의회에 GDP 성장을 포기하는 대신 인간의 행복과 생태적 안정성에 집중하라고 요구했다.[43] 다음 해, 150개 이상의 국가에서 1만 1000명 이상의 과학자들은 세계의 정부들에게 "GDP 성장과 과잉affluence으로부터 벗어나 생태계를 지속시키고 좋은 삶을 증진하는 방향으로 전환하라"고 요구하는 논문을 발표했다.[44] 이는 몇 년 전까지만 해도 주류 학계에서 생각할 수 없는 일이었지만, 이제 의견 일치가 새롭게 이뤄지고 있으니 놀라울 따름이다.

성장에서 벗어나는 것은 생각만큼 과격하지 않다. 수십년간 우리는 사람들의 삶을 개선하려면 성장이 필요하다는 말을 들어왔다. 하지만 실제로는 그렇지 않다는 것이 밝혀졌다. 고소득 국가가 오래전에 넘어선 특정 지점을 지나면 GDP와 좋은 삶의 관계는 완전히 무너진다. 4장에서 보겠지만, 중요한 것은 **성장**이 아니라 어떻게 소득과 자원이 분배되는가이다. 현재 소득과 자원은 매우 불평등하게 분배되고 있다. 이런 걸 생각해보자. 가장 부유한 1퍼센트(그들은 모두 백만장자다)가 매년 19조달러를 가져가는데 이는 GDP의 4분의 1에 해당한다.[45] 생각해보면 정말 놀랍다. 이는 우리가 한 모든 노동과 우리가 추출한 모든 자원과 우리가 배출한 모든 이산화탄소 중 4분의 1이 부유한 이들을 더 부유하게 만드는 과정에서 이뤄졌다는 것을 의미한다.

성장이 필요하지 않다는 것을 깨닫기만 하면 우리가 직면한 위기에 대응하는 방법에 대해 훨씬 더 합리적으로 생각할 수 있다. 과학자들은 생태계 붕괴를 되돌리고 지구온난화를 1.5도 또는 2도 이하로 유지하기 위한 유일하게 실현 가능한 방법은 고소득 국가들이 미친 속도로 하고 있는 추출·생산·소비를 적극적으로 늦추는 것이라는 점을 분명히 했다.[46] 자원 사용을 줄이면 생태계의 스트레스가 사라지고 생명의 그물이 스스로를 다시 직조할 기회가 생긴다. 한편 에너지 사용을 줄이면 수십년이 아니라 몇년 내에, 즉 위험한 티핑 포인트가 한꺼번에 폭포처럼 쏟아지기 전에, 재생에너지로 신속하게 전환하기가 훨씬 쉬워진다.

이것을 '탈성장'이라고 부른다. 에너지와 자원의 과도한 사용을 계획적으로 줄임으로써 경제가 안전하고 정의로우며 공정한 방식으로 생명세계와 균형을 이루게 하는 것이다.[47] 흥미로운 부분은 우리가 이렇게 하는 동안에 동시에 빈곤을 끝낼 수 있고, 인간의 행복을 증진할 수 있으며, 모든 이들의 삶을 꽃피우게 할 수 있다는 점이다.[48] 사실상 이것이 탈성장의 핵심 원리다.

탈성장은 실제로 어떤 모습일까? 첫번째 단계는 경제의 모든 영역이 항상 성장해야 한다는 불합리한 신조에서 벗어나는 것이다. 실제로 필요한지 여부와 관계없이 모든 부문에서 무분별하게 성장을 추구하기보다 우리가 성장시키고 싶은 것(청정에너지, 공중보건, 필수 서비스, 재생 농업 등의 부문. 혹은 그밖의 무엇이든)과 급격히 탈성장해야 할 분야(화석연료, 전용기, 무기, SUV 같은 것)를 결정할 수 있다. 제품을 단기간에 고장나게 만드는 계획적 진부화, 정서를 조작해 우리가 가진 것을 불만족스럽게 느끼도록 하는 광고 전략 등 인간의 필요를 충족하기보다 순전히 이윤을 극대화하기 위해 고안한 경제 부문을 축소할 수도 있다.

사람들이 불필요한 노동의 고역에서 벗어나기 때문에 주당 노동시간을 줄여 완전고용을 유지할 수 있고 소득과 부를 보다 공정하게 분배할 수 있으며 보편적 의료보장, 교육, 저렴한 주거와 같은 공공재에 투자할 수 있다. 5장에서 보겠지만 이러한 조치들은 사람들의 건강과 좋은 삶에 강력하고 긍정적인 영향을 미친다는 점이 계속해서 입증되었다. 이것이 번영하는 사회의 열쇠다. 그 증거는 매우 고무적이다.

나는 탈성장이란 GDP를 줄이는 것이 아니라는 점을 강조하고 자 한다. 물론 불필요한 추출과 생산을 줄이는 것은 GDP가 더 느리게 성장하거나 성장을 멈추거나 혹은 감소하는 것을 의미할 수 있다. 만약 그렇다면 괜찮다. 정상적인 상황에서 이는 경기불황을 유발할 수 있다. 하지만 경기불황은 성장에 의존하는 경제가 성장을 멈출 때 발생한다. 경기불황은 혼란스럽고 피해가 막대하다. 이 지점에서 내가 요구하는 것은 완전히 다르다. 그것은 전적으로 다른 경제, 애당초 성장이 **필요 없는** 경제로의 전환이다. 그러기 위해서는 부채 제도부터 은행 제도에 이르는 모든 것을 재고해야 한다. 또한 사람, 기업, 국가, 심지어 혁신 자체를 반드시 성장해야 한다는 숨 막히는 압박으로부터 해방시켜 자유롭게 더 높은 목표에 집중할 수 있도록 해야 한다.

우리가 이러한 방향으로 실질적인 조치를 밟으면 흥미롭고 새로운 가능성이 눈에 들어온다. 우리는 끝없는 자본축적이 아니라 인간 번영을 중심으로 조직되는 경제, 다시 말하자면 **포스트 자본주의 경제**를 만들 수 있다. 더 공정하고 더 정의로우며 더 많이 돌보는 경제 말이다.

지난 몇십년간 이러한 견해는 희망의 속삭임처럼 여러 대륙에 스며들었다. 우리는 생태경제학의 선구적인 창시자인 허먼 데일리와 도넬라 메도스, 철학자 반다나 시바와 앙드레 고르즈, 사회학자 아르투로 에스코바와 마리아 미스, 경제학자 세르주 라투슈와 요르고스 칼리스, 선주민 작가이자 운동가인 아일톤 크레낙과 베르타 카세리스 같은 이들로부터 그러한 사상을 이어받았다.[49] 이러한 견해는 재빨리 주류로 흘러들어가 과학적 담론에서 이례적인 전환을 불러일으키고 있다. 이제 우리는 선택해야 한다. 우리의 세계관을 유지하기 위해 과학을 무시할 것인가, 아니면 우리의 세계관을 바꿀 것인가? 현 시대의 위기는 다윈의 시대보다 훨씬 더 크다. 이번에는 과학이 존재하지 않는다고 주장할 사치가 우리에게는 없다. 이번에는 사느냐 죽느냐의 문제다.

*

우리 앞에 놓인 길을 찾으려면 우선 우리가 어떻게 성장이라는 정언명령에 갇히게 되었는지를 이해해야 한다. 이를 위해서는 자본주의의 심층적인 역사 속으로 들어가 자본주의가 작동하는 내적 논리와 그 논리가 세계에 어떻게 적용되었는지를 이해해야 한다. 이것이 1장의 여정이다. 이 과정에서 우리는 다른 것, 즉 예상치 못한 것이 위기에 처해 있다는 사실을 발견하게 될 것이다. 자본주의적 성장에서 매우 중요한 추출 과정은 특정한 종류의 존재론, 혹은 존재에 관한 이론에 의존하고 있다. 사실상 여기에 우리의 본질적인 문제가 놓여 있다.

오늘날 자본주의 사회에서 살아가는 우리는 인간 사회와 나머지 생명세계 사이에 근본적인 차이가 존재하고, 인간은 자연과 분리된 동시에 자연보다 우월하며, 인간은 영혼과 마음과 선택할 힘을 지닌 주체인 반면 자연은 움직일 수 없는 기계적인 대상이라고 믿도록 배웠다. 세계를 이렇게 바라보는 방식을 이원론이라고 한다. 우리는 플라톤에서부터 데카르트까지 여러 사상가로부터 이러한 사상을 이어받았다. 그들은 인간이 정당하게 자연을 착취할 수 있고 자연을 통제하에 둘 수 있다는 것을 믿으라고 가르쳤다. 우리가 늘 이 사상을 믿었던 것은 아니다. 사실 16세기에 자본주의의 기틀을 마련하고자 했던 이들은 우선 다르게, 보다 전체론적으로 세계를 바라보는 방식을 파괴해야 했고, 사람들이 이원론자가 되도록 설득하거나 강요해야 했다. 이원론적인 철학은 성장을 위해 생명의 가치를 떨어뜨리는 지렛대 역할을 했으며 이는 더 깊은 수준에서 우리의 생태 위기에 책임이 있다.

하지만 이것이 우리가 생각할 수 있는 유일한 존재 방식은 아니다. 인류학을 전공한 나의 동료들은 인류 역사 대부분에서 인간은 매우 다른 존재론, 넓게는 애니미즘이라는 존재 이론을 통해 세상을 바라보았다고 오래전부터 주장해왔다. 대개 인간은 인간과 나머지 생명세계 간에 근본적인 차이가 있다고 보지 않았다. 정반대로 강과 숲, 동물과 식물, 심지어 지구 자체와의 깊은 상호 의존성을 인식했다. 인간은 나머지 생명세계의 존재를 인간처럼 감각을 느끼고, 동일한 영혼에 의해 생기를 갖는 존재로 보았다. 경우에 따라 이들을 친척으로 간주하기도 했다.

이러한 철학의 자취는 오늘날에도 아마존 유역부터 볼리비아의 고산지대와 말레이시아의 삼림에 이르기까지, 사람들이 (재규어부터 강까지 포함하는) 비인간 존재를 '자연'이 아닌 친척으로 생각하고 상호작용하고 있는 곳에서 여전히 번성하고 있다. 세계를 애니미즘의 방식으로 보게 되면 당신의 행동 방식이 근본적으로 바뀐다. 모든 존재는 도덕적으로 인간과 동등하다는 전제에서 출발한다면 그 존재들로부터 뭔가를 쉽게 빼앗을 수 없다. 인간의 부를 위한 '자원'으로서 자연을 착취하는 것은 비난받아 마땅하다. 이는 노예제 혹은 심지어 식인풍습과 유사하다. 오히려 증여의 정신으로 호혜관계를 맺어야 한다. 적어도 받은 만큼은 되돌려주어야 한다.

생태적 가치를 내재한 애니미즘 논리는 자본주의의 핵심 논리에 직접적으로 반한다. 자본주의의 핵심 논리는 빼앗는 것이며, 더 중요한 점은 당신이 돌려준 것보다 더 많이 빼앗는 것이다. 사실상 이것이 우리가 보게 될 성장의 기본 메커니즘이다.

계몽주의 사상가들은 한때 애니미즘을 후진적이고 비과학적이라고 경시했다. 그들은 애니미즘 사상이 자본주의 확장에 장애물이라 여겼고 필사적으로 애니미즘 사상을 근절하려고 했다. 하지만 오늘날 과학이 따라잡기 시작했다. 생물학자들은 인간이 독립된 개체가 아니라 주로 소화작용 같은 기본적인 기능을 의존하는 미생물 유기체로 구성되어 있다는 사실을 발견하고 있다. 정신과 의사들은 식물 주변에서 시간을 많이 보내는 것이 정신 건강에 중요하다는 것과 특정 식물이 인간의 복잡한 정신적 트라우마를 치료할 수 있다는 사실을 깨닫고 있다. 생태학자들은 나무가 생명이 없는 것이 아니라 서로 상호 소통하며 눈에 보이지 않는 토양 속 균근 네트워크를 통해 영양분과 치료제까지 공유한다는 것을 알게 되었다. 양자물리학자들은 멀리 떨어져 있는 것처럼 보이는 개별 입자들이 심지어 먼 곳에 있는 다른 입자들과 뗄 수 없을 정도로 서로 얽혀 있다는 사실을 우리에게 알려주고 있다. 지구시스템과학자들은 지구 자체가 살아 있는 거대한 유기체처럼 움직인다는 증거를 발견하고 있다.

이 모든 것은 생명의 그물 안에서 우리의 위치를 생각하는 방식을 바꾸고 있고, 새로운 존재 이론으로 향하는 길을 만들고 있다. 지구가 생태적 재앙으로 빠져들어가는 바로 이 시점에, 우리는 나머지 생명세계와의 관계 속에서 우리 자신을 바라보는 다른 방식을 배우기 시작했다. 우리는 오래전에 잊었던 비밀, 선조들의 속삭임처럼 우리의 가슴 속에 남아 있는 비밀을 기억해내기 시작했다.

이것은 20세기 환경주의가 갖고 있던 칙칙하고 오래된 이미지를 뒤엎는다. 환경운동가들은 때로 '한계'나 '절제', 개인적 청교도주의의 관점에서 말하려는 경향이 있다. 하지만 이것은 정확히 거꾸로 가는 길이다. 한계라는 개념 탓에 우리는 시작부터 발을 잘못 딛게 된다. 한계의 개념은 자연이 '저 밖'에 있고, 우리와는 분리되어 있으며, 우리를 가두고 있는 강경한 힘과 같다고 전제한다. 이러한 사유 방식은 처음부터 우리를 곤경에 빠뜨리는 이분법적 존재론에서 나온다. 내가 여기서 요구하는 것은 전혀 다른 것이다. 한계가 아니라 상호 관계성에 관한 것, 다른 존재와의 근본적인 친밀함을 회복하는 것이다. 청교도주의가 아니라 기쁨, 공생공락, 즐거움에 관한 것이다. '절제'가 아니라 거대함에 관한,

인간 공동체의 경계를 확장하고 우리 언어의 경계를 확장하고 우리 의식의 경계를 확장하는 것이다.[50]

변화해야 할 것은 우리의 경제만이 아니다. 우리가 세계를 바라보고 그 세계 속에서 우리의 위치를 바라보는 방식을 변화시켜야 한다.

미래를 엿보기

때로 새로운 견해는 사물을 완전히 달리 바라보게 만든다. 오래된 신화가 산산이 부서지면서 새로운 가능성이 눈에 들어온다. 어려운 문제는 사라져버리거나 해결하기 훨씬 쉬워진다. 한때는 생각할 수 없었던 것들이 갑자기 명백해진다. 온 세계는 바뀔 수 있다.

나는 에스와티니의 집에서 다시 곤충의 숫자에 매료될 미래의 시간을 상상하고 싶다. 노인이 된 나는, 어린 시절 했던 것처럼 저녁에 현관에 앉아 경이로움으로 곤충을 바라보고, 곤충들이 찍찍거리는 소리에 귀를 기울인다. 미래의 세상은 엄청나게 변했다. 고소득 국가는 자원과 에너지 사용을 지속가능한 수준까지 줄였다. 우리는 민주주의를 좀더 진지하게 생각하기 시작했고, 소득과 부를 좀더 공정하게 분배했으며, 빈곤을 종식시켰다. 부유한 나라와 가난한 나라 사이의 격차가 줄어들었다. '억만장자'라는 단어는 우리의 언어에서 사라졌다. 주당 노동시간이 40~50시간에서 20~30시간으로 줄어들면서 사람들은 지역사회와 돌봄과 삶의 예술에 몰두하는 데 더 많은 시간을 보내게 됐다. 모든 이들이 높은 질의 공중보건과 교육을 이용할 수 있다. 사람들은 더 오래, 더 행복하고, 더 의미 있는 삶을 살게 되었다. 그리고 스스로를 다르게 생각하기 시작했다. 나머지 생명세계와 분리되지 않고 연결된 존재라고.

지구에는 놀라운 일이 일어났다. 아마존, 콩고, 인도네시아에서 열대우림이 다시 자라나 빽빽한 녹색 풍경을 되찾고 생명이 가득해졌다. 유럽과 캐나다 전역에 온대림이 다시 확대되었다. 맑은 강물이 흐르고 강은 물고기로 가득 차 있다. 전체 생태계가 회복되었다. 우리는 재생에너지로 신속하게 전환했고, 지구의 기온이 안정화되었으며, 기상 시스템은 예전의 작동 방식을 회복하기 시작했다. 간단히 말하면, 모든 것이 치유되기 시작했고… 우리가 치유되기 시작했으며… 상상했던 것보다 더 빠른 치유가 가능했다. 우리는 덜 가졌다. 하지만 훨씬 많은 것을 얻었다.

이 책은 꿈에 관한 것이다. 우리는 여정을 앞두고 있다. 그 여정은 우리를 500년간의 역사로 데려다줄 것이다. 우리는 현재 경제 시스템의 뿌리에 대해서, 그 뿌리가 어떻게 착근했으며 이를 작동하게 만드는 것이 무엇인지 탐색할 것이다. 우리는 생태계 붕괴를 되돌릴 수 있고, 포스트 자본주의 경제라는 대안을 구축할 수 있는 구체적이고 실천적인 조치를 살펴볼 것이다. 그리고 우리는 상상의 온전한 새 지평을 여는 방식으로 생명세계와 상호작용하는 지역 공동체와 문화를 찾아 대륙 전역으로 여행을 떠날 것이다.

지금 당장은 이것이 가능성에 관한 가장 희미한 속삭임에 불과할지도 모른다. 하지만 속삭임은 바람이 되고 폭풍이 되어 세상을 놀라게 할 수 있다.

1부

MORE
IS
LESS

많을수록
빈곤하다

1장

자본주의: 탄생 이야기

애니미즘이 사물에 영혼을 부여했다면 산업주의는 영혼을 사물로 만든다.

— 막스 호르크하이머, 테오도어 아도르노

인간은 오늘날 우리와 같이 완전히 진화되고 지적 능력을 갖춘 상태로 지구에서 거의 30만년간 살아왔다. 우리 조상들은 그 기간의 약 97퍼센트 동안 지구 생태계와 비교적 조화를 이루며 살았다. 초기 인류 사회가 생태계를 변화시키지 않았다는 말은 아니다. 문제가 없었다는 의미도 아니다. 예를 들어, 어떤 사회는 털북숭이 매머드, 자이언트 나무늘보, 사브르 이빨고양이 같은 고대의 몇몇 대형 동물을 멸종시키는 데에 중요한 역할을 했다. 그러나 오늘날 우리가 목도하고 있는 다층적인 생태계 붕괴 같은 문제를 초래한 것은 결코 아니었다.

생태계 파괴는 수백년 전에 등장한 자본주의, 그리고 1950년
대부터 가속화된 산업화와 함께 시작되었다. 그로 인해 지구적
인 규모에서 균형이 깨지기 시작했다. 이 사실을 이해하면 문제
를 생각하는 방식을 변화시킬 수 있다. 우리는 이런 인간의 시대
를 인류세Anthropocene라고 부른다. 그러나 사실 지금의 위기 자체는
인간과 아무런 관계가 없다. 그것은 특정 경제 시스템의 압도적
지배력과 관련이 있다. 이 시스템은 최근에 등장했고, 역사적으로
특정한 시대에 특정한 장소에서 발전했으며, 모든 사회가 동일한
정도로 도입하지 않았다. 사회학자 제이슨 무어가 지적했듯이, 이
것은 인류세가 아니다. 자본세Capitalocene다.[1]

처음에는 믿기 어려울 수 있다. 우리는 자본주의가 최소한 초
기적 형태로라도 항상 우리 주변에 있었다고 매우 당연하게 가정
하는 경향이 있다. 결국 자본주의는 시장에 관한 것이고, 시장은
오래되었다. 그러나 이는 잘못된 등식이다. 시장은 다른 시대, 다
른 장소에서 수천년 동안 존재해왔다. 반면 자본주의는 상대적으
로 최근에 등장했다. 약 500년밖에 되지 않았다.[2] 자본주의의 특
징은 시장이 아니라 지속적인 성장 추구다. 자본주의는 확실히
역사상 처음으로 등장한, 본질적으로 팽창주의적인 경제 시스템
이다. 자본주의는 자연과 인간의 노동력을 상품 생산 과정에 점
점 더 많이 밀어넣는다. 게다가 자본의 목표가 잉여를 뽑아내고
축적하는 것이기 때문에 자연과 인간의 노동을 가능한 저렴하게
얻어야 한다. 요컨대 자본주의는 단순하고 간단한 공식에 따라
작동한다. 자연으로부터 그리고 노동으로부터 주는 것보다 더 많

이 가져간다는 공식 말이다.

생태 위기는 이러한 시스템이 초래한 불가피한 결과다. 자본주의로 인해 생명세계의 균형이 깨졌다. 이 사실을 알게 되면 새로운 질문들이 떠오를 것이다. 어떻게 이런 일이 일어났을까? 자본주의는 어디에서 왔을까? 왜 그것이 자리 잡게 되었을까?

일반적인 이야기에 따르면, 우리의 본성에는 미시경제학 교과서에서 만나게 되는 이윤 추구 자동기계같이 이윤을 극대화하려는 이기적인 행위자가 있다. 일부 사람들이 묘사했던 **호모 이코노미쿠스** 말이다. 이러한 자연스러운 경향이 점진적으로 봉건주의의 억압을 깨고, 농노제를 종식시켰으며, 현재 우리가 알고 있는 자본주의를 탄생시켰다고 배운다. 그것이 우리의 이야기이다. 우리의 기원 설화다. 모든 사람들이 받아들이도록 자주 반복되기까지 한다. 자본주의의 등장은 내재된 인간 본성, 즉 인간의 이기심과 욕망의 표현으로 설명되므로, 불평등이나 생태계 붕괴 같은 문제들은 불가피하고 실제로 변화시키기 어려운 것처럼 느껴진다. 그러나 놀랍게도 우리 문화에 깊이 뿌리박힌 이 이야기는 사실이 아니다. 자본주의는 그냥 '출현'한 게 아니다. 자본주의로 원활하고 자연스럽게 '이행'한 것이 아니며, 인간의 본성과도 아무런 관계가 없다. 역사가들이 훨씬 더 흥미를 갖는 상당히 어두운 이야기가 있다. 그 이야기는 우리 경제가 실제 어떻게 작동하는지에 대한 놀라운 진실의 일면을 드러낸다. 이를 이해하면 생태 위기의 깊숙한 원인을 파악할 수 있고, 우리가 무엇을 할 수 있을지에 대한 중요한 단서를 얻을 수 있다.

잊힌 혁명

우리는 학교에서 봉건제가 인간의 삶을 비참하게 만든 잔인한 제도라고 배운다. 사실이다. 영주와 귀족이 토지를 통제했고, 그곳에 사는 사람들(농노들)이 지대, 세금, 십일조, 무보수 노동 등의 형태로 조공을 바쳐야만 했다. 그러나 대부분의 사람이 알고 있는 것과는 반대로 자본주의의 등장으로 인해 봉건제가 무너진 것이 아니다. 그 승리는 어떤 이유로 거의 완전히 잊힌 일상의 혁명가들이 오랜 전통에 따라 용감하게 맞서 싸웠기에 가능했다.

1300년대 초반, 유럽 전역의 평민들이 봉건제에 저항하기 시작했다. 평민들은 귀족과 교회가 요구하는 무보수 노동, 세금, 십일조를 거부했고, 그들이 경작하는 토지를 직접 관리하겠다고 요구하기 시작했다. 이것은 단지 산발적으로 나타난 사소한 불만이 아닌 조직화된 저항이었다. 그리고 몇몇 경우에는 노골적인 군사적 충돌로 확대되었다. 1323년, 농노와 노동자들이 플랑드르에서 무장봉기했다. 이 전투는 플랑드르 귀족들에게 패배하기까지 5년간 지속되었다. 브뤼주·겐트·피렌체·리에주·파리 등 유럽 전역에서 유사한 저항이 일어났다.[3]

초기 저항은 거의 성공을 거두지 못했다. 대부분이 무기를 제대로 갖춘 군대에 의해 짓밟혔다. 1347년 흑사병이 발생하자 상황이 더욱 악화되기만 할 것 같았다. 가래톳페스트로 인해 유럽 인구의 3분의 1이 사망했고, 전례 없는 사회정치적 위기가 촉발되었기 때문이다.

그러나 이러한 재난의 여파로 예상하지 못한 일이 일어났다. 노동력이 부족해지고 토지가 남아돌면서, 갑자기 농노와 노동자의 교섭력이 강화되었다. 지대를 낮추고 노동임금을 올려달라고 요구할 수 있게 되었다. 영주는 전 세대에 걸쳐 처음으로 본인들의 세력이 약해졌으며, 권력의 균형이 평민에게 유리하게 기울어졌다는 사실을 알게 되었다. 평민들은 이것이 기회임을 깨닫기 시작했다. 즉 사회정치적 질서의 기본 토대를 변화시킬 수 있는 기회를 갖게 된 것이다. 그들은 더욱더 희망적이고 자신만만해졌으며, 그들의 저항은 힘을 얻었다.[4]

1381년 잉글랜드에서 "이제 속박의 멍에를 벗어던지고, 자유를 찾을 때가 왔다"라는 호소로 유명한 급진적인 성직자 존 볼에게서 영감을 받은 와트 타일러가 봉건제에 저항하는 농민봉기를 이끌었다. 1382년 이탈리아의 도시에서 치옴피Ciompi의 난으로 노동자들이 정권을 잡는 데 성공했다. 1413년 파리에서는 '노동자 민주주의'가 권력을 장악했다. 그리고 1450년 영국 농노와 노동자의 군대가 런던을 행진했다. 잭 케이드 반란Jack Cade's Rebellion으로 알려진 것이다. 이 기간 동안 전 지역에서 결사체를 형성하고 군대를 모집하면서 들고일어났다.

1400년대 중반까지 서유럽 전역에 걸쳐 농노와 귀족 사이에 전쟁이 일어났고, 저항운동이 커지면서 농민과 노동자들의 요구도 확대되었다. 그들은 시스템의 가장자리를 살짝 개선하는 데 관심이 있는 것이 아니었다. 혁명과 다를 바 없는 것을 원했다. 중세시대 정치경제학 전문가인 역사학자 실비아 페데리치에 따르면 "반란자들은 봉건적 통치를 일부 제한하는 요구에도, 단지 생활환경을 개선하는 협상에도 만족하지 않았다. 그들의 목적은 영주의 권력을 종식시키는 것이었다."[5]

대부분의 개별적인 저항은 진압되었지만(와트 타일러와 존 볼은 1500명의 추종자들이 지켜보는 가운데 처형되었다), 운동은 유럽 전반의 농노제를 폐지하면서 궁극적으로 성공을 거두었다. 잉글랜드에서는 1381년 봉기 이후 농노제가 거의 근절되었다. 농노는 자유농민이 되었고, 자신이 소유한 땅에서 살게 되었으며, 방목을 위한 목초지, 사냥과 벌채를 위한 숲, 낚시와 관개를 위한 수로와 같은 커먼즈commons를 자유롭게 이용할 수 있게 되었다. 부수입을 원할 경우 임금을 받는 일을 했다. 강압은 거의 없었다. 독일에서는 농민이 전 국토의 90퍼센트까지 관리하게 되었다. 심지어 봉건주의적인 관계가 온전히 남아 있는 곳에서도 농민들의 환경이 상당히 개선되었다.

봉건제가 무너지면서 자유농민들은 명확한 대안을 마련하기 시작했다. 지역 단위의 자급자족 원칙에 기반한 평등하고 협력적인 사회가 그것이다. 혁명은 평민 복지의 측면에서 놀라운 결과를 낳았다. 임금이 역사상 전례 없는 수준으로 상승했다. 대부분의 지역에서 두배, 심지어 세배까지 올랐고 일부 지역에서는 여섯배 정도 높아졌다.[6] 지대가 하락했고, 식료품이 저렴해졌으며, 영양 상태가 개선되었다. 노동자들은 노동시간 단축과 주말 휴무를 협상할 수 있었으며, 근무 시 식사와 일 때문에 발생하는 이동 비용 제공과 같은 혜택을 요구할 수 있었다. 여성들의 임금 역시 상승했고 그로 인해 봉건제하에서 매우 컸던 성별 임금 격차가 줄어들었다. 역사가들은 1350년부터 1500년까지의 기간을 '유럽 프롤레타리아의 황금기'라고 표현한다.[7]

이 시기는 유럽 생태 환경의 황금기이기도 했다. 봉건주의 체제는 생태적 재난의 시기였다. 영주는 농노에게 아무런 대가도 주지 않고 토지와 숲을 수탈하라고 압박했다. 이는 산림 파괴, 과도한 방목, 토양 비옥도의 점진적인 감소 등 위기를 초래했다. 그러나 1350년 이후 나타난 정치운동은 이러한 추세를 역전시켰고, 생태적 재생의 시기를 열었다. 토지를 직접 장악하면서, 자유농민들은 자연과 더욱 호혜적인 관계를 유지할 수 있었다. 그들은 경작, 방목, 숲의 이용을 조정하는 세부적인 규칙을 세우고 민주적인 집회를 운영하면서 목초지와 공유지를 종합적으로 관리했다. 유럽의 토양이 회복되기 시작했다. 숲이 다시 자라났다.[8]

백래시(backlash)

　말할 것도 없이, 유럽의 지배층은 이러한 사태의 변화가 달갑지 않았다. 그들은 높은 임금을 '괘씸'하다고 생각했고, 평민들이 짧은 기간 혹은 한정된 일에만 종사하려 하고, 자신의 필요를 충족할 만큼 충분한 수입을 벌면 곧 떠나는 것에 분노했다. 존 가워는 『인류의 거울』*Miroir de l'Omme*, 1380에서 "이제 하인이 주인이고 주인이 하인이다"라고 불평했다. 1500년대 초, 한 작가는 이렇게 썼다. "농민이 너무 부유하다. (…) 그리고 복종이 무엇을 의미하는지 모른다. 법을 전혀 고려하지 않고 귀족이 없어지기를 바란다. (…) 그리고 우리의 땅에서 우리가 받아야 하는 지대를 결정하려고 한다."[9] 또다른 작가에 따르면 "농민은 자유민의 길을 모방하는 척하며, 자유민의 옷을 입고 자유민의 외양을 가지려 한다."[10]

　1350년부터 1500년까지 혁명기 동안, 지배층은 역사학자들이 '만성적인 비축적'chronic disaccumulation의 위기라고 부르는 고통을 겪었다.[11] 국민소득이 인구 전체에 고르게 나누어지면서 지배층이 봉건제하에서 누렸던 이윤 축적이 더 어려워졌다. 이는 중요한 지점이다. 우리는 종종 자본주의가 봉건제의 붕괴로부터 어느 정도 자연스럽게 출현했다고 가정한다. 사실 그러한 이행은 불가능하다. 자본주의는 지배층의 축적을 필요로 한다. 축적은 대규모 투자를 위해 잉여의 부를 쌓는 것을 말한다. 그러나 자급자족, 높은 임금, 풀뿌리 민주주의, 공동의 자원 관리와 같이 봉건제 이후의 사회가 추구하는 평등주의의 조건은 지배층 축적의 가능성에 반하는 것이었다. 이것이야말로 정확히 지배층이 불평했던 것이다.

당시의 새로운 사회가 어떤 모습으로 성장할 수 있었을지 우리는 결코 알 수 없게 되었다. 왜냐하면 무참히 파괴되었기 때문이다. 귀족, 교회, 상인 부르주아지가 농민의 자율성을 박탈하고, 임금을 낮추기 위해 조직적으로 결합했다. 그들은 불가능하다는 것이 이미 입증된 농민의 재농노화 방식을 이용하지 않았다. 대신 농민들을 그들의 땅에서 폭력적으로 몰아냈다. 전 대륙에 걸쳐 강제 퇴거가 행해졌다. 지배층은 평민들이 농촌 공동체의 지속가능성을 위해서 공동으로 관리하던 목초지·숲·강에 울타리를 치고 사유화했다. 그것들은 한마디로 재산이 되었다.

이러한 과정은 '인클로저'라고 알려져 있다.[12] 인클로저 운동 기간 동안 수천개의 농촌 공동체가 붕괴되었다. 작물이 뜯기고 불태워졌으며, 마을 전체가 완전히 파괴되었다. 평민들은 토지·숲·사냥감·사료·물·물고기 등 삶에 필수적인 모든 자원에 대한 접근권을 상실했다. 개혁은 박탈을 부채질했다. 전 유럽에 걸쳐 가톨릭 수도원이 해체되면서 귀족들이 토지를 사들였고 그곳에 살던 사람들을 쫓아냈다.

물론 농민 공동체들이 저항 없이 물러선 건 아니다. 그러나 거의 성공하지 못했다. 1525년 독일에서 조직화된 농민반란이 일어났으나, 10만명 이상의 사망자를 낸 대학살로 마무리되며 패배했다. 이는 세계 역사상 가장 잔인한 유혈 학살 사건 중 하나다. 1549년 영국인 로버트 킷이 이끈 반란군이 영국에서 두번째로 큰 도시인 노리치를 거의 장악했으나 군대에 의해 진압당했다. 3500명이 학살되었고, 지도자들은 도시의 성벽에서 교수형에 처해졌다. 1607년에 일어난 미들랜드 반란Midland Revolt은 뉴턴에서 정점을 찍었고, 그곳에서 농민들은 인클로저를 주도한 사람들과 다시 무장 전투를 벌였다. 그러나 패배한 뒤 50명이 처형되었다.

300년에 걸쳐 영국과 그외 유럽의 광대한 땅에 울타리가 쳐졌고, 수백만의 사람들이 쫓겨났다. 이는 국내 난민 위기를 초래했다. 이 기간을 규정하는 큰 변동들은 부풀려 말하기도 어렵다. 어쨌든 그것은 인도주의적인 재앙이었다. 역사상 처음으로 평민들이 생존에 필수적인 거의 모든 기초 자원에 접근할 수 없도록 구조화되었다. 사람들은 집과 먹을 것을 잃었다. 인클로저가 농노제보다 훨씬 더 열악한 조건들을 만들어냈다는 사실을 확인하기 위해 자급자족의 삶을 낭만적으로 묘사할 필요는 없을 것 같다. 영국에서는 인클로저에 기원을 둔 '빈민'과 '부랑자' 집단을 묘사하는 말로 '가난'이라는 단어가 일반화되었다. 이 기간 전에는 영어에서 거의 사용하지 않던 단어들이다.

그러나 유럽의 자본주의자들 입장에서 보자면, 인클로저는 마법처럼 작동했다. 인클로저는 자본주의자들에게 이전에는 금지되었던 거대한 규모의 토지와 자원들을 소유할 수 있게 해주었다. 경제학자들은 일종의 초기 축적이 자본주의의 등장에 필수적이었다는 사실을 항상 인정해왔다. 애덤 스미스는 이를 '선행 축적' previous accumulation이라 불렀고, 선행 축적은 소수의 사람들이 정말로 힘들게 일해서 번 수입을 저축했기 때문에 일어났다고 주장했다. 이러한 목가적인 이야기가 경제학 교과서에서 여전히 반복되고 있다. 그러나 역사학자들은 그의 주장을 순진하다고 여긴다. 선행 축적은 순수한 저축의 과정이 아니었다. 약탈의 과정이었다. 카를 마르크스는 축적이 수반하고 있는 폭력의 야만적 본질을 강조하기 위해 선행 축적을 '본원적 축적'primitive accumulation 이라고 불러야 한다고 주장했다.

한편 자본주의의 등장은 또다른 무언가에 의지하고 있었다. 바로 노동력이다. 풍부하고 저렴한 노동력. 인클로저 운동은 이 문제도 해결했다. 자급자족 경제가 무너지고 공유지에 울타리가 쳐지면서, 사람들은 임금을 받기 위해 노동력을 팔 수밖에 없었다. 이전의 사회체제에서와 같이 약간의 부수입을 벌기 위한 것도, 농노제하에서와 같이 영주의 요구를 충족시키기 위한 것도 아니라 단순히 생존을 위한 것이었다. 요컨대 그들은 프롤레타리아가 되었다. 이는 세계 역사상 완전히 새로운 것이었다. 이 사람들은 당시에 '자유노동자'라고 불리었으나 이 용어는 오해의 소지가 있다. 사실 그들은 노예나 농노로 일하도록 강요받지 않았다. 그럼에도 불구하고 그 문제에 있어 선택의 여지가 없었다. 그들이 갖고 있는 대안이 오로지 굶주림뿐이었기 때문이다. 생산수단을 통제했던 사람들은 밑바닥 수준의 임금을 지불한 채 빠져나갈 수있었고, 자유노동자들은 그것을 받아들일 수밖에 없었다. 임금이아무리 낮아도 죽음보다는 나았다.

*

　이 모든 것들은 자본주의의 등장에 대해 우리가 알고 있는 일반적인 이야기를 뒤엎는다. 자본주의의 등장은 자연스럽고 불가피한 과정이 아니었다. 흔히들 짐작하는 것과 같은 점진적인 '이행'은 없었으며, 분명히 평화롭지 않았다. 자본주의는 조직화된 폭력, 대규모 빈곤, 자급자족 경제의 체계적인 파괴에 기반해 등장했다. 자본주의는 농노제를 종식시키지 않았으며 오히려 농노제를 폐지한 진보적인 혁명을 없애버렸다. 실제로 생산수단 전반에 대한 통제권을 완전히 장악하고, 농민과 노동자들의 생존을 빌미 삼아 그들을 자본가에게 의존하도록 만들어, 농노제의 원리를 새로운 극단으로 바꾸었다. 사람들은 새로운 시스템을 두 팔 벌려 환영하지 않았다. 도리어 그것에 저항했다. 산업혁명으로 향하는 1500년대부터 1800년대까지의 기간은 세계 역사상 가장 잔혹했던 격동의 시기였다.

　인간 복지의 측면에서, 인클로저는 파괴적인 결과를 초래했다. 인클로저는 자유농민이 얻은 모든 이익을 빼앗아갔다. 경제학자 헨리 펠프스 브라운과 실라 홉킨스에 따르면, 1500년대부터 1700년대까지 실질 임금이 70퍼센트 하락했다.[13] 영양 상태가 악화되었고 굶주림이 흔해지기 시작했다. 유럽 역사상 최악의 기근 중 몇건이 1500년대에 발생했다. 자급자족 경제가 무너졌기 때문이다.

　사회구조가 파괴됨에 따라 1600년부터 1650년까지 서유럽 전역의 인구가 실제로 감소했다. 공중보건에 관한 역사 기록을 보면, 잉글랜드 지역에 재난의 흔적이 분명하게 남아 있다. 출생 시 평균 기대수명이 1500년대 43세에서 1700년대 30대 초반으로 떨어졌다.[14]

우리는 토머스 홉스의 유명한 문구를 알고 있다. 그는 "자연 상태"에서 인간의 삶은 "더럽고, 잔인하고, 짧다"고 했다. 그는 이 글을 1651년에 썼다. 홉스의 글은 자본주의 전에 존재했던 것으로 추정되는 비참한 상태를 묘사하는 내용이라고 알려졌다. 자본주의가 해결하게 될 문제 말이다. 하지만 진실은 정반대다. 그가 표현한 비참한 상황은 자본주의의 등장으로 인해 생겨난 것이었다. 실제로 당시 유럽은 전세계에서 가장 가난하고 병든 지역 중 하나였다. 최소한 평민들의 경우에는 그랬다.[15] 그리고 홉스가 알지 못했던 것은 이 상황이 더 악화될 거라는 사실이었다.

인클로저 운동은 유럽의 다른 어떤 지역보다 영국에서 더욱 확산되었다. 영국 왕실에서는 처음에 인클로저를 제한하려 했다. 인클로저가 초래할 사회적 위기를 우려했기 때문이다. 그러나 인클로저 제한 조치들은 1640년대 내전과 1688년 명예혁명 이후 폐지되었다. 부르주아지는 의회를 장악하고, 그들이 원하는 것은 무엇이든 할 수 있는 권력을 얻었다. 그들은 국가의 전권을 휘두르면서 일련의 법률을 도입했다. 이를 의회 인클로저Parliamentary Enclosures라고 한다. 이로써 전례 없이 더 빠르고 광범위한 탈취의 물결이 시작되었다. 1760년부터 1870년까지, 합법적으로 700만에이커의 토지에 울타리를 쳤다. 영국 국토의 6분의 1에 해당하는 크기다. 이 기간의 말미에 다다르자 국토에는 공유지가 거의 남아 있지 않았다.

영국 소농 시스템의 붕괴 과정에서 이 마지막 어두운 사건은 산업혁명과 정확하게 일치한다. 박탈당한 사람들은 절망과 충격 속에 도시로 쏟아져 들어가 값싼 노동력을 제공했다. 그들의 노동력이 윌리엄 블레이크의 시에 표현된 바 있는 검은 악마의 맷돌을 움직였다.

산업 자본주의가 시작되었으나 엄청나게 많은 인적 비용이 들었다. 공중보건 데이터를 역사적으로 연구하는 세계적인 전문가 사이먼 스레터는 산업혁명 초기 100년 동안 기대수명이 현저하게 악화되었다는 사실을 보여주었다. 14세기 흑사병 이후로 볼 수 없었던 수준까지 떨어졌다. 산업화의 두 거인인 맨체스터와 리버풀에서의 기대수명이 영국 내의 산업화되지 않은 지역에 비해 급락했다. 맨체스터에서는 25세까지 하락했다. 이는 영국만의 문제가 아니었다. 연구가 이루어진 다른 유럽 국가에서도 모두 같은 현상이 발생했다. 자본주의 시대 이전에는 없었던 비참한 상황이 자본주의의 초기 몇백년 동안 발생했다.[16]

식민지 수탈을 통한 성장

역사가들의 연구는 자본주의 등장이 어떻게 인클로저에 의존했는지를 이해하는 데 큰 진전을 가져왔다. 그러나 이 이야기는 흔히 같은 시기 유럽 해안 너머에서 일어난 본원적 축적의 양상을 두고는 유럽에서 일어난 동일한 과정의 일환이라며 큰 관심을 두지 않는다. 유럽에서 일어난 것의 축소판이라고 할 정도로 남반구 전역에서 자연과 인간이 인클로저 상태에 처해졌다.

1492년 이후 수십년간 유럽인들이 아메리카 대륙을 식민지화하기 시작했을 때, 그들을 움직인 것은 우리가 학교 교과서에서 보았던 '탐험'과 '발견'의 낭만이 아니었다. 식민지화는 유럽에서 일어난 농민혁명으로 인해 지배층이 처한 비축적의 위기에 대응하기 위한 것이었다. 요컨대 '해결책'fix이었다. 지배층은 유럽에서 인클로저를 주도했던 것처럼 해외에서 새로운 개척지를 찾았다. 이는 크리스토퍼 콜럼버스가 아메리카 대륙으로 떠난 첫번째 항해와 함께 시작되었다. 두 과정은 동시에 전개되었다. 1525년 독일 귀족들이 농민 10만명을 학살한 바로 그해에 스페인 국왕 카를로스 1세가 에르난 코르테스에게 왕국 최고의 영예를 수여했다. 코르테스는 그의 군대가 멕시코를 행진할 때 선주민 10만명을 살해하고 아즈텍의 수도 테노치티틀란을 파괴한 정복자다. 두 사건이 동시에 일어난 것은 우연이 아니다. 자본주의가 시작된 수십년 동안 인클로저와 식민지화가 동일한 전략의 일환으로 전개되었다.

식민지 전유의 규모는 충격적이었다. 1500년대 초반부터 1800년대 초반까지, 식민지 개척자들은 안데스에서 유럽의 항구로 1억킬로그램의 은을 빼돌렸다. 이것이 어느 정도의 규모인지 이해를 돕기 위해 다음과 같은 사고실험을 생각해보자. 만약 1800년에 당시 평균 이자율로 투자를 했다면, 은의 양은 오늘날 세계 GDP의 두배가 넘는 165조달러의 가치가 있을 것이다. 이는 같은 기간 동안 남아메리카에서 채굴한 금보다도 많다. 이 뜻밖의 횡재가 유럽 자본주의의 등장에 핵심적인 역할을 했다. 그것은 산업혁명에 투자하게 된 잉여 자금의 일부를 제공했다. 잉여 자금은 아시아의 땅에서 생산한 상품을 구매할 수 있게 만듦으로써 유럽에서 농업으로부터 산업 생산으로의 인구 이동을 가능하게 했다. 또한 식민지 정복에 추가적인 동력을 제공하기 위한 군대 확장 자금으로도 쓰였다.[17]

식민지화는 산업혁명을 촉진할 핵심 원자재도 공급했다. 예컨대 면과 설탕을 획득했다. 면은 영국 산업의 발흥에 가장 중요한 상품이었고, 랭커셔의 상징인 방적공장의 생명줄이었다. 설탕은 영국 산업 노동자들을 위한 저렴한 칼로리의 주요 원천이 되었다. 그러나 면이나 설탕이 유럽의 성장을 가져온 것은 아니다. 그것들을 얻기 위해 유럽인들은 브라질, 서인도제도, 북아메리카에서 수백만에이커의 광대한 토지를 플랜테이션 농업에 전용했다. 1830년 한해 동안 영국은 신세계 식민지에서 2500만에서 3000만에이커에 해당하는 비옥한 토지를 전용했다.[18] 이것은 조절에 신경 쓰는 양심적인 생산이 아니었다. 식민지 광업, 벌목, 플랜테이션 단일재배는 그 당시로 보면 역사적으로 전례 없는 규모의 생태계 피해를 초래했다. 애초에 식민지 개척지가 자본가의 흥미를 끈 것은 토지와 그곳에서 사는 사람들을 처벌받지 않고 마음대로 다룰 수 있다는 사실 때문이었다.

광산과 플랜테이션에서 일했던 500만명에 이르는 아메리카 선주민들이 그들의 목적을 위한 노예가 되었고, 그 과정이 매우 폭력적이었으므로 인구의 상당수가 사망했다.[19] 그러나 이것으로도 충분하지 않았다. 1500년대부터 1800년대까지, 유럽의 권력자들이 지원하는 인신매매가 자행되던 300년 동안 또다른 1500만명의 사람들이 아프리카에서 대서양을 건너 배편으로 실려왔다. 미국은 노예가 된 아프리카인들로부터 엄청난 노동력을 착취했다. 만약 아프리카인들에게 적절한 수준의 이자율과 함께 당시 미국의 최저임금 정도로 임금을 지급했다면, 이는 현재 가치로 97조달러 정도 될 것이다. 미국 GDP의 네배 규모다.[20] 게다가 이 수치는 단지 미국에만 해당하는 것으로 카리브제도와 브라질은 계산에 넣지도 않았다. 노예무역은 엄청난 양의 노동력을 충당했고, 아메리카 선주민과 아프리카 공동체의 노동력을 유럽 상공업자들의 주머니로 옮겨놓았다.

여기에는 더 세련된 수탈.방법도 있었다. 영국의 식민주의자들은 농부와 장인에게 세금을 부과하는 방식으로 인도에서 엄청난 양의 돈을 뜯어냈다. 1765년부터 1938년 사이에 그들은 인도에서 45조달러에 상당하는 자금을 영국 국고로 빼돌렸다. 이러한 흐름 덕분에 영국은 국가의 산업화에 필수적인 철·타르·목재와 같은 전략 물자를 구매할 수 있었다. 그들은 또한 그 돈을 캐나다나 호주같이 백인들이 정착한 식민지의 산업화 자금으로 사용했고, 1870년대 이후 결국 인클로저로 야기된 비참한 상황에 대처하기 시작했던 영국 복지 체계의 비용으로도 사용했다(19세기 후반, 영국 국내 예산의 반 이상이 인도와 다른 식민지로부터 착복한 자금으로 운영되었다).[21] 오늘날 영국 정치인들은 종종 영국이 인도의 발전을 도왔다고 주장하면서 식민주의를 옹호하려는 시도를 하곤 한다. 사실 진실은 정확히 그 반대다. 영국은 자국의 발전을 위해 인도를 이용했다.

요점은 유럽의 자본주의와 산업혁명이 무無에서 발생하지 않았다는 것이다. 그것은 피식민자들로부터 빼앗은 토지에서 노예 노동자들이 생산하고, 인클로저에 의해 강제로 쫓겨난 유럽 농민들이 배치된 공장에서 가공된 상품에 의존했기에 가능했다. 우리는 이러한 것들을 별개의 과정이라고 생각하는 경향이 있다. 그러나 모두 같은 프로젝트의 일부이며, 동일한 기본 논리로 운영되었다. 인클로저는 국내에서 일어난 식민지화의 과정이었고, 식민지화는 인클로저의 과정이었다. 유럽의 농부들은 아메리카 대륙의 선주민들과 마찬가지로 그들의 땅에서 쫓겨났다(비록 명백히 후자가 인권, 더 나아가 인류의 영역에서조차 배제되면서 더 나쁜 대우를 받았다고 할지라도). 노예무역은 무엇보다 신체의 인클로저와 식민화 과정이었다. 이때 신체는 토지와 마찬가지로 잉여를 축적할 목적으로 사용되며, 토지와 동일한 방식으로 자산으로 다루어졌다.

자본주의의 역사에 있었던 폭력의 순간들을 단지 일탈로 경시하고 싶은 유혹을 느낄 수도 있다. 그러나 그렇지 않다. 그 순간들은 자본주의의 기반이다. 자본주의하에서 성장은 새로운 개척지를 필요로 하며 늘상 개척지로부터 가치를 뽑아내고는 가치에 대한 지불은 하지 않는다. 즉 자본주의는 성격상 본질적으로 식민주의적이다.

식민지 개입은 자본주의 등장에 마지막 퍼즐 조각을 더했다. 유럽의 자본주의자들은 대량생산 체계를 만들어냈다. 그리고 나니 어딘가 팔 곳이 필요했다. 누가 이러한 생산물을 전부 소화해줄 것인가? 인클로저가 부분적인 해결책을 제시했다. 인클로저는 자급자족 경제를 파괴함으로써 대량의 노동자뿐 아니라 대량의 소비자도 양산했다. 소비자는 식량, 의복, 그밖에 다른 필수품을 얻기 위해 자본에 완전히 의존하는 사람들을 말한다. 그러나 이것만으로는 충분하지 않았다. 자본주의자들은 해외의 새로운 시장에 침입할 필요가 있었다. 하지만 대부분의 남반구, 특히 아시아는 세계에서 가장 품질이 좋다고 인정받는 수공업을 갖고 있었고, 자국에서 스스로 만들 수 있는 물품을 해외에서 수입하는 데 관심이 없었다. 식민주의자들은 남반구의 지역 산업을 파괴하는 불균형한 무역 규칙을 이용하여 이 문제를 해결했다. 그리고 식민지가 유럽의 대량 생산품을 위한 원자재 공급처뿐 아니라 전속 시장이 될 것을 강제했다. 이것으로써 자본의 순환이 완성되었다. 결과는 너무나 파괴적이었다. 유럽의 자본이 성장하면서 전세계에서 남반구의 제조업 점유율이 1750년 77퍼센트에서 1900년 13퍼센트로 하락하며 무너졌다.[22]

인위적 희소성의 역설

인클로저 이후, 도시로 이주하지 않고 농촌 지역에 남아 있던 유럽의 농민들은 자신들이 새로운 경제체제에 속해 있다는 사실을 알게 되었다. 그들은 다시 지주의 통치 아래로 돌아갔다. 심지어 지위가 더욱 열악해졌다. 농노제하에서는 최소한 토지를 쓸 수 있도록 보장받았다. 그러나 이제는 일시적인 토지 임대만을 허가받게 되었다. 더욱이 이것은 일반적인 임대가 아니었다. 농민들은 생산성을 기준으로 할당받았기에 토지를 이용하기 위해 생산을 증대하는 방법을 고안해야만 했다. 노동시간을 늘리고 매년 땅에서 더 많은 것을 채취했다. 경쟁에서 뒤처진 사람들은 임차권을 잃고 굶주림에 직면하곤 했다. 이는 농부들을 서로 간에, 그리고 자신의 친척·이웃과도 경쟁하게 만들면서 공동 협력 시스템을 절망적인 적대감이 중심이 된 시스템으로 바꾸었다.

경쟁 논리를 토지와 농업에 적용함으로써 인간의 역사는 근본적인 변화를 맞이하게 된다. 이는 생산성 증대와 생산량 극대화라는 정언명령이 처음으로 사람들의 삶을 지배했다는 것을 의미했다.[23] 생산은 더이상 필요의 충족에 관한 것도, 지역의 자급에 관한 것도 아니었다. 대신 그것은 이익을 중심으로, 자본의 이득을 위해 조직되었다. 이것은 결정적이다. 우리가 인간의 본성에 새겨져 있다고 가정하는 **호모 이코노미쿠스**의 원리들이 인클로저

과정 동안에 **생성되었다**는 것을 의미하기 때문이다.[24]

같은 압박은 도시에서도 일어났다. 인클로저 때문에 도시 빈민 가로 쫓겨난 난민들은 선택의 여지 없이 보잘것없는 임금을 받고 일해야만 했다. 난민의 수는 많은 반면 일자리는 적었기 때문에 노동자들 간의 경쟁이 노동비용을 하락시켰고, 이전에 숙련된 장 인의 생계를 보호했던 길드 시스템을 파괴했다. 노동자들은 언제 든 대체될 수 있다는 위협에 직면했고, 물리적으로 가능한 한 많 이 생산해야 한다는 압박을 받았다. 그들은 하루에 꼬박 열여섯 시간씩 일했다. 이는 인클로저 이전보다 현저히 더 긴 시간이다.

이렇게 강제된 경쟁체제로 인해 생산성이 급증했다. 1500년부 터 1900년까지, 1에이커의 토지에서 수확한 곡물의 양이 네배로 치솟았다. 생산성 향상은 인클로저에 정당성을 부여하게 된 핵심 특징이었는데, 그 당시 '증진'improvement으로 알려졌다. 영국의 토 지 소유주이자 철학자인 존 로크는 인클로저가 공유지와 평민들 에게서 도둑질해간 과정이었다는 사실을 인정했지만 이러한 도 둑질이 농업 생산물을 증가시킨 집약적 상업 방식으로의 변화 를 가능하게 했기 때문에 도덕적으로 정당하다고 주장했다.[25] 그 는 총생산량의 증가는 '더 큰 이익', 즉 인류의 향상에 기여한다 고 말했다. 동일한 논리가 식민지화를 정당화하는 데 이용되었고, 로크가 자신의 아메리카 토지 소유권을 방어하는 데 행사되었다. 발전은 일방적 수탈에 대한 변명이 되었다.

오늘날, 꼭 같은 알리바이가 토지, 숲, 어장, 대기 자체에 대한 새로운 인클로저와 식민지화를 정당화하는 데 일상적으로 활용된다. 다만 우리는 그것을 '증진' 대신 '발전'development 혹은 '성장'growth이라고 부른다. 사실상 GDP 성장에 기여한다면 무엇이든 정당화될 수 있다. 성장이 전체적으로 인류에 이익을 가져온다는 말을 우리는 신조로 받아들인다. 성장이 인류의 진보에 필수적이라는 것이다. 그러나 로크가 살던 시대조차도 그러한 알리바이는 분명 계략이었다. 농업의 상업화로 인해 총생산량이 증가할 때 '증진'한 것은 오로지 토지 소유주의 이익뿐이었다. 생산물이 급증했던 시기에 평민들은 두세기 동안 식량난을 겪었다. 공장 역시 마찬가지였다. 노동생산성 급상승의 이득이 노동자에게 전혀 돌아가지 않았다. 사실 인클로저 기간 동안 임금은 하락했다. 이익은 생산수단을 소유한 사람들의 주머니로 들어갔다.

　여기서 파악해야 할 요점은 자본주의를 특징짓는 엄청난 생산력의 발생이 인위적 희소성의 상태를 만들어내고 유지하는 데 달려 있다는 것이다. 희소성과 굶주림의 위협은 자본가의 성장 동력으로 작용했다. 희소성은 실제로는 자원이 부족하지 않았다는 점에서 인위적이다. 늘 그랬듯이 모든 토지·숲·물은 그대로 남아 있었다. 그러나 자원에 대한 사람들의 접근이 갑자기 제한되었다. 지배층의 축적이라는 바로 그 과정에서 희소성이 조장되었다. 희소성은 국가 폭력으로 강제되었고, 농민들이 땅으로부터 자신들을 차단하는 장애물을 제거하려고 용기를 낼 때마다 정부는 그들을 학살했다.[26]

이것은 유럽 자본가들의 고의적인 전략이었다. 영국의 역사 기록에는 혁명 기간 동안 농민들이 공유지를 이용함으로써 여유를 갖게 되었고 그래서 '오만'해졌다고 생각한 토지 소유주와 상인들의 논평이 가득하다. 그들은 인클로저를 대중 '산업'을 강화하는 도구로 보았다.

1695년 퀘이커 교도 존 벨러스는 "숲과 거대한 공유지는 마치 인디언들처럼 가난한 사람들을 지나치게 의존하게 만든다"라고 썼다. "[그들은] 산업의 훼방꾼이고, 게으름과 오만의 온상이다." 1794년 슈롭셔의 농업에 대한 보고서를 쓴 작가 존 비슈튼 경은 다음과 같이 동의했다. "공유지 이용은 일종의 독립 상태로서 마음에 영향을 미친다." 그는 인클로저 이후 "노동자들이 1년 내내 매일 일하고, 그들의 자녀들이 일찌감치 노동에 투입될 것이다." "그로 인해 현 시대가 그토록 원하는 사회 하층계급의 종속이 확실하게 확보될 것이다"라고 기록했다.

1771년 농학자 아서 영은 "하층계급은 가난해야 한다. 그렇지 않으면 결코 근면해질 수 없다는 것은 바보만 빼고 모두가 알고 있는 사실이다"라고 썼다. 1786년 성직자 조지프 타운센드는 "그들을 노동하도록 자극하고 고무할 수 있는 것은 오직 굶주림뿐이다"라고 강조했다. 타운센드는 계속해서 다음과 같이 주장했다. "법률적 제약에는 지나치게 많은 문제, 폭력, 잡음이 따른다. (…) 반면 굶주림은 평화롭고, 고요하고, 꾸준한 압력이 될 뿐만 아니라 가장 자연스러운 산업의 동인으로 작용한다. 굶주림은 가장 강력한 행동을 끌어낸다. (…) 굶주림은 사나운 동물을 길들인다. 굶주림은 야만적이고 고집 세며 악독한 사람들에게 품위와 교양, 순종과 복종을 가르칠 것이다."

영향력 있는 스코틀랜드 상인 패트릭 콜크훈은 빈곤을 산업화의 필수적인 전제 조건으로 보았다.

빈곤은 개인이 잉여 노동을 예비해놓지 않은 사회, 다시 말해 삶의 다양한 직업에서 늘 근면하게 일함으로써 얻는 것 외에 재산상의 잉여나 생계수단을 갖지 못한 상태와 조건이다. 그러므로 빈곤은 사회의 필수불가결한 요소이다. 빈곤이 없으면 국가와 공동체가 문명 상태로 존재할 수 없을 것이다. 빈곤은 인간의 운명이다. 부의 원천이다. 빈곤이 없으면 노동이 있을 수 없고, 그러면 부를 소유하는 사람들에게 재물, 교양, 안락, 이익도 없을 것이기 때문이다.

데이비드 흄(1752)은 이러한 정서를 기반으로 '희소성'에 대한 이론을 딱 부러지게 구축했다. "지나치게 심하지 않다면 가난한 사람들은 희소성의 시기에 더 많이 일하며, 진정으로 더 잘 살게 된다는 사실이 항상 관찰된다."[27] 이러한 구절들은 주목할 만한 역설을 드러낸다. 자본주의 지지자들은 성장을 만들기 위해서는 사람들을 가난하게 만들 필요가 있다고 믿었다.

유럽이 식민지를 개척하는 기간 동안 이와 같은 전략이 전세계의 수많은 지역에 적용되었다. 인도에서 식민지 개척자들은 자급

농업을 아편·인디고·면·밀·쌀 같은 영국 수출용 환금 작물로 전환하도록 압력을 가했다. 그러나 인도 사람들은 자발적으로 변화하려 하지 않았다. 그들의 저항을 꺾기 위해 영국 정부는 세금을 부과했다. 세금이 농부들을 빚더미로 밀어넣었기 때문에, 선택의 여지 없이 따를 수밖에 없었다. 영국 동인도회사 그리고 이후 영국의 인도 통치는 사람들이 의존하는 공동의 지원 체계를 해체함으로써 변화에 속도를 내려 했다. 그들은 곡물창고를 파괴했고, 관개시설을 사유화했으며, 사람들이 목재·사료·사냥감을 얻는 데 이용했던 공유지에 울타리를 쳤다. 전통적인 복지제도가 음식을 쉽게 구하고 여가를 누리는 데 익숙해지게 해 사람들을 '게으르게' 만든다는 이론이었다. 따라서 그것들을 제거함으로써 굶주림의 위협을 가르치고, 토지에서 더 많은 수확을 얻기 위해 서로 경쟁하도록 만들 수 있었다.

농업 생산성의 관점에서 보면 이는 효과가 있었다. 그러나 자급 농업과 공동의 지원 체계를 파괴함으로써 농부들을 시장 변동과 가뭄에 취약하게 만들었다. 대영제국의 최전성기였던 19세기의 마지막 25년 동안 인도인 3000만명이 헛되이 굶어 죽었다. 역사학자 마이크 데이비스는 이를 '후기 빅토리아 시대의 홀로코스트'Late Victorian Holocausts라고 불렀다. 헛되다고 한 것은 기아가 최고조에 달했을 때에도 식량의 순 잉여분이 있었기 때문이다. 실제로 인도의 곡물 수출은 1875년 300만톤에서 1900년 1000만톤으로 세배 넘게 증가했다. 인도인들의 죽음은 인위적 희소성이 초래한 새로운 극단으로, 유럽에 가해졌던 그 어떤 것보다도 끔찍했다.[28]

아프리카에서 식민지 개척자들은 그들이 '노동자 문제'the Labour Question라고 공공연히 부르는 상황에 직면했다. 아프리카인들을 저임금으로 광산과 플랜테이션 농장에서 일하게 하는 방법을 말한다. 아프리카 사람들은 일반적으로 자급하는 생활 방식을 선호했고, 유럽의 산업에서 고된 일을 할 의향이 없어 보였다. 아프리카인들을 필요 없다고 여기는 노동으로 끌어들이는 데에는 임금을 약속하는 것만으로 충분하지 않았다. 유럽인들은 아프리카인들의 저항에 분개했고, 사람들을 그들의 토지에서 강제로 떼어놓거나(남아프리카 원주민 토지법The Native Lands Act in South Africa은 흑인들을 국가 영토의 단 13퍼센트에 밀어넣었다), 유럽 통화로 세금을 납부하도록 했다. 어느 쪽이든 선택의 여지 없이 아프리카인들은 스스로를 임금노동자로 팔 수밖에 없게 되었다.

유럽의 식민지 건설 기간 동안 인클로저와 강제된 프롤레타리아화라는 동일한 과정이 계속해서 일어났다. 영국뿐 아니라 스페인·포르투갈·프랑스·네덜란드도 마찬가지였다. 사례가 너무 많아서 여기에 다 인용할 수 없을 정도다. 모든 경우에서 희소성은 자본주의의 팽창을 위해 목적의식적으로 조장되었다.

*

이례적인 물질 생산성을 창출하는 체제인 자본주의의 역사가 엄청난 기근, 수세기에 걸친 궁핍화와 같은 희소성을 지속적으로 조성함으로써 이루어졌다는 것이 얼마나 이상한 일인가. 1804년

제8대 로더데일 백작인 제임스 메이틀랜드가 처음으로 이러한 명백한 모순에 주목했다.[29] 메이틀랜드는 '사적인 부'private riches 와 '공공의 부'public wealth 혹은 공유지라고 부르는 것 사이에 반대의 관계가 있으며, 전자는 후자의 비용을 치른 후에야 증가할 수 있다는 사실을 지적했다.

메이틀랜드는 "공공의 부는 인간이 소망하는 모든 것으로 구성되며 그것은 유용하거나 즐거움을 준다고 정확하게 정의될 것이다"라고 썼다. 다시 말해 그것은 공기·물·식량을 포함해 풍부할 때에도 고유의 사용가치를 지닌 것들과 관련이 있다. 반대로 사적인 부는 "유용하거나 즐거움을 주는 것으로써 인간이 소망하는 모든 것으로 구성된다. 이것은 어느 정도 희소한 상태에서 존재한다."

더 부족할수록 그것을 필요로 하는 사람들로부터 더 많은 돈을 빼앗을 수 있다. 예를 들어 물처럼 풍부한 자원을 차단하고 독점권을 얻으면, 사람들에게 사용료를 부과할 수 있으므로 사적인 부가 증가한다. 동시에 메이틀랜드가 '개인적 부의 총합'이라고 칭했고, 오늘날 우리가 GDP라고 부르는 것을 증가시킬 것이다. 그러나 이는 한때 풍부하고 자유로운 이용이 가능했던 것에 대한 접근권을 빼앗아야만 달성될 수 있다. 사적인 부는 증가하지만 공공의 부는 감소한다. 이것은 '로더데일의 역설'Lauderdale Paradox로 알려지게 되었다.

메이틀랜드는 이 역설이 식민지화 과정에서 발생했다는 것을 인정했다. 그는 식민지 개척자들이 과일과 견과류를 생산하던 과수원을 불태웠고, 그래서 자연의 풍요로운 땅에서 살았던 사람들이 임금노동을 하게 되었으며, 유럽의 식량을 구매할 수밖에 없게 되었다는 사실에 주목했다. 한때 풍부했던 것이 부족하게 되어야만 했다. 아마도 가장 상징적인 사례는 영국이 인도를 식민통치할 당시 인도에 부과한 소금 세금일 것이다. 소금은 인도의 전 해역에서 자유롭게 얻을 수 있었다. 허리를 굽혀 주워 담기만 하면 되었다. 그러나 영국은 식민지 정부의 세입을 창출할 계획의 일환으로 사람들이 소금을 얻을 권리에 돈을 지불하도록 만들었다. 공공의 부는 사적인 재산을 위해 희생되어야만 했다. 즉 커먼즈는 성장을 위해 파괴되었다.

거대한 분리

인클로저와 식민지화는 유럽 자본주의 등장에 필수적인 전제조건이었다. 그들은 저가의 자원을 충당하기 위해 국경을 개방했고, 자급 경제를 파괴했으며, 값싼 노동력을 대량으로 확보했다. 그리고 인위적 희소성을 조장함으로써 생산성 경쟁의 동력에 불을 붙였다. 그러나 이 힘이 강력했음에도 불구하고 지배층의 축적을 방해하는 장벽을 부수기에는 역부족이었다. 무언가 다른 것이 필요했다. 훨씬 교묘하면서도 똑같이 폭력적인 어떤 것 말이다. 초기 자본주의자들은 사람들이 그들을 위해 일하게 할 방법을 찾아야 했을 뿐만 아니라 사람들의 신념을 바꿔야 했다. 사람들이 생명세계를 생각하는 방식을 바꿔야 했다. 궁극적으로 자본주의는 자연에 대한 새로운 이야기가 필요했다.

*

30만년 역사 대부분의 기간 동안, 인류는 세계의 다른 존재들과 친밀한 관계를 유지했다. 현대인들이 보통 배우, 유명인, 정치인, 상품 브랜드 등에 숨겨진 사실들을 아는 것처럼, 초기 인간 사회의 사람들은 수천개, 적어도 수백개의 식물·곤충·동물·강·산·토양 등의 이름, 특징, 성격을 묘사할 수 있었을 것이다. 그들은 자신의 존재가 주변 생태계의 안녕에 달려 있다는 것을 알았기에 생태계 시스템에 세심한 주의를 기울였다. 또한 인간을 다른 살아 있는 생명 공동체와 뗄 수 없는 한 부분으로 여겼고, 자연을 인간과 본질적인 특질을 공유하는 존재라고 보았다. 실제 우리 조상들이 전세계의 돌 표면에 새긴 예술을 보면, 그들이 인간과 비인간 존재 사이에 일종의 영적인 상호 호환성을 믿었음을 알 수 있다.

인류학자들은 세상을 보는 이러한 방식을 애니미즘이라고 부른다. 모든 생명체는 상호 연결되어 있고 동일한 정신이나 본질을 공유한다는 생각이다. 애니미스트는 근본적으로 인간과 자연을 구분짓지 않고, 많은 경우 모든 존재가 기본적인 관계, 더 나아가 **친족 관계**를 맺고 있다고 주장한다. 그렇기에 다른 생명체를 착취하지 않으려는 강력한 윤리 규범을 갖고 있다. 오늘날 애니미즘 문화를 보면, 물론 사람들은 낚시·사냥·채집·농경 등을 하지만, 추출이 아닌 **호혜의 정신**으로 그렇게 한다. 비인간 존재와의 거래에서는 사람들끼리 선물을 주고받을 때처럼 존경과 예의를 갖춘다. 우리가 일가붙이를 착취하지 않도록 신경 쓰듯이, 애니미스트들 역시 생태계가 재생가능한 범위 이상을 취하지 않고, 땅을 보호·복원하여 되돌려주는 일에 주의를 기울인다.

최근 인류학자들은 이런 태도를 단순한 문화적 차이 이상으로 보게 되었다. 문화적 차이보다 더 심오하다. 근본적으로 인간을 달리 개념화하는 방식이다. 그것은 다른 종류의 **존재론**, 즉 상호 연결된 존재에 관한 이론이다.

제국의 등장으로 애니미즘적 존재론이 공격을 받으면서 사람들은 점점 세상을 둘로 갈라진 것으로 보게 되었다. 그중 하나는 다른 피조물로부터 분리되어 그 위에 존재하는 신의 영적인 영역이다. 새로운 질서에서 인간은 특권을 지닌 자리를 차지했다. 스스로를 신의 이미지로 만들어 나머지 피조물들을 지배할 권리를 가졌다. 이러한 사상, 즉 '지배권'dominion의 원리는 주요 유라시아 문명에 걸쳐 중국의 유교, 인도의 힌두교, 페르시아의 조로아스터교, 레반트의 유대교, 그리스의 궤변학파와 같은 초월 철학과 종교가 시작된 축의 시대Axial Age 동안 더욱 강고해졌다. 우리는 3000년 전 고대 메소포타미아 문헌에 기록된 설명을 볼 수 있다. 그리고 「창세기」만큼 이것을 분명하게 적어둔 곳은 아마 없을 것이다.

하나님이 가라사대 우리의 형상을 따라 우리의 모양대로 우리가 사람을 만들고, 그로 바다의 고기와 공중의 새와 육축과 온 땅과 땅에 기는 모든 것을 다스리게 하자 하셨다.

기원전 5세기, 세상을 보는 새로운 시각은 플라톤으로부터 힘을 얻었다. 플라톤은 지상의 영역과 분리된 초월적 영역의 개념으로 자신의 철학 전체를 확립했다. 초월적 영역은 추상적인 진실이자 실재의 원천, 사물의 이상적인 본질이었다. 반면 물질세계는 조악한 모방, 단순한 그림자였다. 이러한 이념은 죄·쇠락·죽음 등 단순한 물질로 구성된 세속 영역과 반대되는, 기독교의 영적 천국 개념에 영감을 주었다. 실제로 교회와 함께 유럽 전역으로 확대된 기독교 로마제국은 플라톤의 견해를 강력하게 지지했다. 그리고 그것은 **콘템프투스 문디**contemptus mundi, 즉 '세계에 대한 경멸'contempt for the world 의 교리로 공인되었다.

그러나 새로운 이념들의 등장에도 불구하고 대부분의 사람들은 관계적 존재론을 견지했다. 심지어 철학자들 사이에서도 대항 담론이 강하게 남아 있었다. 플라톤의 가장 유명한 제자인 아리스토텔레스는 초월주의를 공개적으로 거부했다. 그는 사물의 본질은 천상의 어딘가가 아니라 그 사물 안에 있고, 모든 존재는 영혼을 갖고 있으며 동일한 정신을 공유한다고 주장했다. 아리스토텔레스를 기반으로 많은 철학자들이 생명세계 자체를 지적인 유기체, 혹은 더 나아가 신으로 간주했다. 기원전 2세기에 키케로는 "세계는 살아 있는 지혜로운 존재다"라고 썼다. 살아 있는 모든 존재는 생각하고 느끼며, 모든 부분이 상호 의존적이기 때문이다. 한 세기 동안 아테네에서 영향력이 있었던 스토아학파에게 신과 물질은 동의어였다. 그러므로 물질 자체는 신성의 맥박이 뛰었다. 로마의 철학자 세네카는 지구를 살아 있는 유기체로 보았다. 지구에는 혈관을 타고 흐르는 피처럼 지구를 관통하며 흐르는 샘과 강이 있고, 지구의 자궁에는 천천히 형성되는 금속과 광물이 있으며, 피부에서 나오는 땀처럼 아침 이슬이 있다는 것이다. [30]

이러한 사상은 신성한 것과 불경스러운 것이라는 기독교의 구별을 거부하며 유럽 전역에 이른바 중요한 이교도 문화로 남아 있었다. 식물과 동물, 산과 숲, 강과 비 등의 생명세계를 영적이고 신성한 에너지로 가득 찬, 매혹적인 것으로 간주했다. 유럽에서 기독교 국가Christendom가 확대되면서, 이들 국가는 애니미즘 계열의 이념을 마주하는 곳이라면 어디에서든 켈트족의 드루이드교를 박해했던 것처럼 억압하려 했다. 그러나 여전히 농민들 사이에서 애니미즘 사상이 널리 퍼져 있어서 완전히 근절되지 못했다. 실상은 1200개에 달하는 애니미즘 사상이 놀라운 부흥을 누렸는데, 유럽에서 아리스토텔레스 저서의 새 번역본을 볼 수 있게 되면서 농민들의 믿음에 정당성을 부여했기 때문이다.[31] 또한 농민반란의 여파로 1350년 이후에 봉건제가 몰락하고 평민들이 봉건 영주의 땅을 빼앗으면서, 이러한 사상이 공공연히 받아들여졌다.

우리는 르네상스 시기로 이어진 애니미즘적 존재론을 추적할 수 있다. 그리고 심지어 르네상스 시대에는 물질세계를 생명이 있는 것으로 간주하고, 지구를 살아 있고 양육하는 어머니로 보는 관점이 지배적이었다. 15세기 피코 델라미란돌라는 다음과 같이 썼다.

세계의 모든 거대한 몸은 영혼이다. 영혼은 지성으로 가득 차 있다. 안으로는 영혼을 채우고 밖으로는 모든 것을 활기차게 하는 신으로 가득 차 있다. (…) 세계는 살아 있고, 모든 물질은 생명으로 가득 차 있다. (…) 물질과 몸 또는 본질은 (…) 신의 에너지다. 모든 존재에는 신이 아닌 것이 없다.

*

그러나 일이 생겼다. 1500년대 유럽 사회에는 애니미즘 사상의 놀라운 복원을 우려해서 이를 파괴하기 시작한 두개의 강력한 분파가 있었다.

첫번째 분파는 교회였다. 성직자들은 영혼이 물질세계에 퍼져 있다는 개념이, 신의 유일한 전달자이자 신성한 권력의 합법적인 대리자라는 자신들의 자격을 위협한다고 느꼈다. 이것은 사제들 그리고 본질적으로 사제들의 지지에 의존했던 왕과 귀족에게도 문제였다. 애니미즘 사상은 체제전복적인 함의가 가득하기에 격파되어야 했다. 영혼이 어디에나 있다면 신은 없다. 신이 없다면 사제와 왕도 존재하지 않는다. 그러한 세계에서 왕의 신권은 일관성을 잃게 된다.[32] 그리고 바로 그런 일이 일어났다. 아리스토텔레스의 사상은 중세시대 봉건제를 타도하고자 했던 여러 농민반란에 영감을 주었다. 교회는 이러한 움직임을 이단이라며 비난했고, 농민반란군에게 가한 잔혹한 폭력을 정당화하기 위해 이단 혐의를 씌웠다.

한편 애니미스트를 문제라고 여긴 또다른 분파가 있었으니 바로 자본가들이다. 1500년 이후 득세하기 시작한 새로운 경제 시스템은 토지, 토양, 지표면 아래 광물과의 새로운 관계를 필요로 했다. 그런 관계 중 하나는 소유, 추출, 상업화, 끊임없이 증가하는 생산성, 혹은 당시의 화법으로 표현하면, '증진'에 토대를 두었다. 어떤 것을 소유하고 추출하려면 그것을 대상으로 삼아야 한다.

모든 것이 살아 있고 영혼과 섭리로 활기가 넘치는 세상에서, 모든 존재가 그 자체로 주체로 인식되는 곳에서는, 소유를 위한 착취(달리 표현하면 재산)가 윤리적으로 이해되기 어려웠다.

역사학자 캐럴린 머천트의 주장에 따르면 애니미즘 사상은 사람들이 대지를 강탈할 수 있는 정도를 제한했다. "살아 있는 유기체와 양육하는 어머니라는 대지의 이미지는 인간의 행위를 제한하는 문화적 제약으로서 역할을 했다"고 머천트는 적고 있다. "사람이라면 금을 찾기 위해 어머니를 기꺼이 죽이거나 어머니의 내장을 파헤치지 않는다. 어머니의 몸을 불구로 만들지도 않는다. (…) 대지가 살아 있으며 섬세한 감정이 있다고 여긴다면 대지를 파괴하는 행위는 인간의 윤리적 행위를 위반하는 것과 같다."[33]

이는 사람들이 대지에서 추출하지 않거나 산을 채굴하지 않았다는 말이 아니다. 사람들은 추출하고 채굴했다. 하지만 그들은 세심하게 예의를 갖추고 존중의 의례를 행하면서 그렇게 했다. 광부, 대장장이, 농부들은 달래기 혹은 속죄 같은 행위를 했다. 그들은 선물을 받듯 땅으로부터 취하는 것을 허락받았지만 너무나 많이 또는 폭력적으로 취한다면 재앙을 불러올 것이라 믿었다. 1세기에 로마의 박물학자 플리니우스는 탐욕 때문에 필요보다 더 채굴한 존재에게 대지가 분노를 표출한 것이 지진이라며 이렇게 적었다.

우리는 대지의 모든 광맥을 찾고 있지만 (…) 땅이 가끔씩 쪼개져 산산조각이 나거나 흔들리는 걸 보고 놀란다. 이런 조짐은 우리의 신성한 부모가 느낀 분노의 표현이지 않을까! 우리는 어머니의 내장을 파고들어 보물을 찾으려 한다. (…) 마치 우리가 밟고 있는 땅들이 우리에게 충분히 풍부하지 않고 비옥하지 않다는 듯!

자본주의를 진전시키고자 하는 이들은 대지에서 인간을 몰아내기 위한 방법만이 아니라 명성을 누리고 있던 애니미즘 사상을 파괴할 방법을 찾아야 했다. 또한 땅에서 정령을 몰아내고 땅을 인간이 추출하는 '자연 자원'의 단순한 저장소로 만들 방법도 찾아야 했다.

*

자본가들은 '근대과학의 아버지'로 칭송받는 프랜시스 베이컨에게서 첫번째 답을 발견했다.

베이컨의 유산은 그가 과학적인 방법론에 상당히 크게 기여했다는 이유로 오늘날 학교 교과서에서 높이 평가받고 있다. 그러나 그의 이야기에는 오히려 대중들이 대부분 인식하지 못하는 사악한 측면이 있다. 베이컨은 생명세계라는 개념을 없애고 그 자리를 자연에 대한 추출을 인정하고 고무하는 새로운 윤리로 대체했다. 이 목적을 위해 그는 자연을 여성으로 보았던 고대의 이론을 가져와 양육하는 어머니 자연을 '공공의 창녀'common harlot 로 바꾸어 불렀다. 그는 자연을(사실 물질 그 자체를) 정직하지 못하고 무질서하고 거칠고 혼란스러운 야수로 낙인찍었다. 그의 말을 인용하자면, 자연은 "제한되어야" 하고 "속박당해야" 하며 "정비되어야" 할 야수였다.

베이컨에게 과학과 기술은 지배하기 위한 도구의 역할을 했다. "과학은 비밀을 캐내기 위해 자연을, 말하자면, 고문해야 한다"고 베이컨은 적었다. 그렇게 얻은 지식으로 '인간'은 "자연의 흐름을 부드럽게 인도하는 것이 아니라" "자연을 정복하고 복종시키며, 자연의 기반을 흔들 수 있는 힘을 가질 것이다." 자연을 "묶어두어 도움이 되도록 해야 하며", '노예'로 만들어야 하고, "자연 상태에서 강제로 빼내고 짜내어 인간의 필요에 맞게 만들어야 한다."

베이컨이 여기서 고문이라는 단어를 은유로 사용했는데, 이는 그가 제임스 1세 통치 시기에 법률 자문을 맡는 동안 본인이 실제로 당시 농민반란군과 이단에게 고문을 가했으며, 국가를 방어하기 위한 수단으로서 고문 관행을 정당화하려고 노력했다는 것을 드러낸다. 베이컨은 고문을 농민반란에 대항하는 무기로 보았듯이, 과학 역시 자연에 대항하는 무기로 보았다. 농민들처럼 자연은 너무나 오랫동안 지배에 저항했다. 과학은 자연을 완전히 깨부숴야 했다.

베이컨의 저작에서 우리는 또다른 사상이 등장할 조짐을 볼 수 있다. 자연은 통제·조작되며, 살아 있는 유기체에서 비활성 물질로 변형된다. 자연이 살아 있고 움직이는 것처럼 보일지 모르지만 자연의 운동은 기계의 운동으로 이해되어야 한다고 베이컨은 말했다. 펌프·스프링·톱니바퀴로 이뤄진 하나의 시스템일 뿐이라는 것이다. 그러나 자연을 기계로 보는 시각이 일관된 철학으로 공식화된 것은 몇년 후 다른 사람의 손을 거친 다음이었다. 바로 프랑스의 사상가 르네 데카르트였다.

데카르트는 자연이 무생물이 될 때에만 베이컨이 요구한 자연에 대한 지배가 정당화될 수 있음을 깨달았다. 이 전제를 완성하기 위해 데카르트는 세계가 둘로 나뉘어 있다는 플라톤의 개념으로 돌아가 그것을 새롭게 만들어냈다. 데카르트는 정신과 물질이 근본적으로 양분되어 있으며, 인간이 정신(또는 영혼)을 가지고 있기에 모든 생명체들 중 가장 특별하다고 주장했다. 정신은 인간이 신과 연결되어 있다는 표시이기 때문이다. 반면 나머지 피조물은 생각 없는 물질에 불과하다. 동식물에는 영혼이나 섭리, 의도나 동기가 없다. 동식물은 자동화된 기계에 불과해 예측 가능한 역학 법칙에 따라 시계처럼 째깍째깍 흘러간다(데카르트가 시계를 좋아했다는 것은 잘 알려져 있다).

이를 증명하기 위해 데카르트는 살아 있는 동물을 해부하는 데 몰두했다. 그는 동물의 사지를 판자에 못으로 고정시킨 뒤 장기와 신경을 조사했다. 데카르트가 아내의 개를 해부했던 것은 특히 기괴한 사건이었다. 동물들이 괴로워하며 몸부림치고 울부짖는 동안 그는 이것이 단지 고통의 '표면적인 모습', 신체 자극에 따라 근육과 힘줄이 자동적으로 반응하는 반사작용일 뿐이라고 주장했다. 데카르트는 사람들에게 직감이나 지성의 겉모습에 속지 말아야 한다고 충고했다. 그는 사슴이나 올빼미는 적절한 분석 대상이 아니라고 보았다. 생명의 역학적 본성을 알아내기 위해서는 신체 전체가 아니라 일부를 파고들어 자세히 살펴봐야 한다. 생명처럼 보이는 것은 실제로 비활성 물질일 뿐이고 하나의 대상일 뿐이다.

데카르트의 손에서, 인간과 나머지 생명세계 사이의 연속체는 붙일 수 없을 정도로 명확하게 둘로 나뉘어졌다. 이 시각은 이원론으로 알려졌고, 데카르트의 물질론은 기계론적 철학으로 알려지게 되었다. 그의 작업은 세계를 미몽에서 깨우는 분명한 시도였고, 남아 있던 애니미즘 철학 원리에 대한 직접적인 공격이었다. 1630년대 이후부터 이원론 사상이 과학을 지배하기 시작했다. 우리는 대개 교회와 과학이 서로 적대적이라고 생각하지만, 실제로 과학혁명의 구조는 상당히 종교적이었으며 성직자들과 공동의 명분을 공유했다. 바로 자연으로부터 정령을 제거하는 것이다.

계몽주의 시대에 와서 이원론 사상은 역사상 처음으로 주류가 되었다. 이원론은 대지를 소유해야 할 것으로 여겼기에 공유지에 대한 인클로저와 사유화를 인정했다. 역으로 인클로저는 이원론이 문화적 우위를 점할 수 있게 해주었다. 평민들은 대지에서 소외되고 숲의 생태계로부터 단절된 다음에야 자신들이 나머지 생명세계와 근본적으로 분리되어 있다는 상상을 납득하고 다른 존재를 대상으로 볼 수 있게 되었다.

물론 기계론적 철학의 오류는 오래가지 못했다. 한세기도 안 되어 과학자들이 동식물과 다른 유기체가 사실상 살아 있다는 것을 분명히 알게 되면서 비활성 물질이라는 개념이 틀렸음이 드러났다.[34] 하지만 악영향이 있었다. 이원론은 유럽 문화를 사로잡았다. 이원론은 세계를 둘로 나누려는 강력한 집단의 필요를 충족시켜주었으므로 확고하게 자리를 잡게 되었다. 자연이 대상이 되자 원하는 일은 무엇이든 할 수 있었다. 소유와 추출에 대해 남아 있던 윤리적 제약이 전부 제거되어 자본에게 큰 기쁨을 안겨주었다. 대지는 재산이 되었다. 생명체는 물건이 되었다. 생태계는 자원이 되었다.

1700년대 후반, 서양철학에서 가장 칭송받는 사람 중 한명인 이마누엘 칸트는 이렇게 썼다. "비인간 존재에 관해 우리에게는 직접적인 의무가 없다. 그들은 단지 목적을 위한 수단으로 존재한다. 목적은 인간이다."

'원료'가 된 몸

유럽의 지배층은 자연에 대한 사람들의 믿음을 바꾸기 위해 데카르트의 이원론을 차용했다. 하지만 그들은 한걸음 더 나아가 노동에 대한 사람들의 믿음까지도 바꾸고자 했다.

혁명의 시대 동안, 농민의 일은 기업가의 관점에서 보자면 비정규적이고 규율이 잡히지 않은 리듬을 따랐다. 날씨와 계절, 축제와 종교적인 제례에 의존했다. 삶은 충족과 욕구의 원리에 따라 형성되었다. 사람들은 필요한 만큼 일하고, 나머지 시간에는 춤을 추고, 이야기를 하며 맥주를 마시고 (…) 즐기면서 보냈다. 사회학자 줄리엣 쇼어는 이렇게 표현했다.

중세의 달력은 축제일로 가득 차 있다. (…) 크리스마스와 부활절, 한여름의 긴 '휴가' 말고도 수많은 성인들의 축일과 안식일이 있다. 공식적인 축하 행사 외에도 종종 몇주간 에일 맥주를 마시는 마을 축제들이 있다. 인생의 중요한 순간(신부들의 축제, 상갓집에서 밤을 새는 축제)과 덜 중요한 행사(영주와 숲의 사람들이 여는 에일 축제, 어린 양 에일 축제, 호크 에일 축제)를 기념하는 축제들이다. 영국에서 공휴일과 여가를 모두 합치면 필시 연간 3분의 1을 차지할 것이다. 확실히 영국인들은 이웃 나라 사람들보다 더 열심히 일하고 있었던 것 같다. 프랑스혁명 이전의 구체제는 52일의 일요일과 90일의 안식일과

38일의 공휴일을 보장한 것으로 알려졌다. 스페인에서 여행자들은 공휴일이 연간 총 5개월에 이른다고 적었다.[35]

영국의 역사학자 E. P. 톰프슨에 따르면, "축제는 남성과 여성들이 살아갈 이유가 되므로 중요한 의미가 있다."[36]

이 모든 것은 1500년대 지배계급에 문제를 야기했다. 지배층은 농민 축제에 불만을 터뜨렸고, 축제가 "음란한 행위이며 방종"이라고 비난했다.[37] 농민들의 생활 방식은 자본축적에 필요했던 종류의 노동과 양립할 수 없었다. 노동이 필요를 훨씬 뛰어넘어 절대적인 삶의 방식이 되어야 했다. 그렇다, 인클로저는 농민을 굶주림에 빠뜨려 서로 경쟁하게 함으로써 이 문제를 일정 정도 해결하는 데 도움을 주었다. 하지만 그것만으로는 충분치 않았다. 인클로저 이후 유럽은 '극빈자'와 '부랑자'로 가득 찼다. 땅에서 쫓겨난 사람들은 일을 찾지 못하거나 혹은 새로운 자본가들이 운영하는 농장과 공장의 잔혹한 노동환경에 따르기를 거부했다. 그들은 구걸을 하고, 돌아다니며 물건을 팔고, 음식을 훔치며 연명했다.

유럽 정부는 약 300년 동안 이 문제에 몰두했다. 이 문제에 대처하기 위해, 그리고 점점 늘어나는 하층계급이 정치적 위협을 가할지도 모른다는 지배층의 두려움을 진정시키기 위해 정부는 사람들을 강제로 일하게 만들 법률을 도입하기 시작했다. 1531년 영국의 헨리 8세는 '게으름'을 "만악의 어머니이자 원천"이라고 말하면서 부랑자들을 묶고 때려 "강제로 일하도록" 명령한 최초의 부랑자처벌법을 통과시켰다. 일련의 다른 부랑자처벌법이 이 어졌는데 각각의 법은 기존 법보다 더 냉혹했다. 1547년 에드워드 6세는 초범 부랑자에게 'V'자 낙인을 찍고, 2년간 강제 노동에 처하라고 명령했다. 재범의 경우 사형으로 처벌할 수 있었다.

이 법들은 정부가 무산자들에게 엄청난 폭력행위를 가하도록 해주었다. 영국에서는 헨리 8세 통치 기간 동안 7만 2000명이나 되는 '게으른 자들'이 교수형을 당했다. 1570년대에는 매년 400명의 '불한당'이 처형당했다.[38] 목적은 노동에 관한 사람들의 믿음을 근본적으로 바꾸는 것이었다. 지배층은 말 그대로 사람들을 채찍으로 때려서 유순하고 순종적이며 생산적인 노동자로 만들어야 했다. 이 기간 동안 철학자들과 정치 이론가들은 신체에 대한 특유의 집착을 발전시켰는데, 그들은 신체를 잠재적인 노동력 저장소로 보았고, 자본주의 잉여의 핵심 원동력으로 생각했다. 문제는 그 속에 잠자고 있는 가치를 가장 효율적으로 추출하는 방법이었다.

여기서도 데카르트가 구원자로 나섰다. 이원론은 인간과 자연, 주체와 대상 사이를 분명하게 구분했다. 그러나 새로운 시스템에서 대상화된 것은 자연만이 아니었다. 신체 역시 대상화되었다. 신체는 자연의 일부로 재조명되었다. 『인간론』*Treatise of Man* 에서 데카르트는 인간은 두가지 독특한 구성 요소, 즉 비물질적인 정신과 물질적인 육체로 나뉜다고 주장했다. 신체는 자연과 마찬가지로 짐승 같은 물질이고, 신체의 기능은 기계의 기능과 같다. 데카르트는 해부학 교실에 매료되었다. 이곳에서 시체는 공개적으로 펼쳐져 해부되었다. 신체는 한낱 살덩이에 불과하며, 불경스럽고, 영혼이 결여되어 있으며, 밧줄·도르래·바퀴로 구성된 존재로 여겨졌다. "나는 나의 몸이 아니다"라고 데카르트는 주장했다. 오히려 개인을 이루는 것은 육체와 분리된 생각 또는 마음이나 이성이다. 이렇게 우리 모두는 "나는 생각한다. 고로 존재한다"는 구절을 통해서 데카르트를 알고 있다.

데카르트는 몸에서 마음을 떼어내는 데 성공했고, 둘 사이의 위계 관계를 성공적으로 정립했다. 지배계급이 생산성이라는 목적을 위해 자연을 지배하고 통제하는 것처럼 마음도 같은 목적으로 몸을 지배했던 것이다.

1600년대 동안 데카르트의 관점은 몸을 통제하고, 몸의 열정과 욕망을 부수고, 몸에 규칙적이고 생산적인 질서를 부과하기 위해서 사용되었다. 기쁨·놀이·자발성 등 육체적 경험의 즐거움에 대한 끌림은 부도덕한 것으로 간주될 수 있었다. 1700년대에는 이러한 생각들이 분명한 가치체계로 정리되었다. 요컨대 나태함은 죄악이고 생산성은 미덕이다. 당시 서구 기독교에서 대중화된 칼뱅주의 신학에서는 이윤이 도덕적 성공의 상징, 구원의 증거가 되었다. 칼뱅주의는 이윤을 극대화하기 위해 사람들이 생산성을 중심으로 자신의 삶을 꾸려가도록 유도했다.[39] 생산성 경쟁에서 뒤처져 빈곤에 빠진 사람들에게는 죄인이라는 낙인이 찍혔다. 가난은 땅에서 쫓겨난 결과가 아니라 개인의 도덕적으로 실패한 징후로 비춰졌다.

이제 훈육과 절제에 관한 윤리들이 자본주의 문화의 중심에 자리 잡게 되었다. '게으른' 가난한 이들을 흡수하기 위해 본당 사목구들이 영국 전역에 설립한 '구빈원'workhouses은 생산성과 시간의 가치, 권위에 대해 존중할 것을 가르치는 한편 남아 있는 저항 정신을 근절하면서 부분적으로는 공장으로, 부분적으로는 문화 재교육 수용소로 기능했다. 1800년대에 공장들은 각 노동자로부터 최대의 산출량을 쥐어짜낼 목적으로 시간표와 조립라인을 만들었다. 1900년대 초반에는 테일러주의가 생겨나 노동자 신체의 작은 동작 하나하나는 가능한 가장 효율적인 움직임으로 축소되었다. 작업에서 의미, 즐거움, 재능, 전문성이 점진적으로 제거되었다.

호모 이코노미쿠스를 연상시키는 생산주의적인 행동은 자연스럽거나 타고난 것이 아니다. 그러한 피조물은 500년 동안 문화적으로 다시 프로그래밍된 산물이다.

몸에 관한 데카르트의 이론으로 인해 인간 노동이 자기로부터 분리될 수 있고, 추상화될 수 있으며, 자연과 마찬가지로 시장에서 교환될 수 있다는 생각이 가능해졌다. 대지와 자연이 그랬던 것처럼 노동도 단순한 상품으로 바뀌었다. 이는 한세기 전만 해도 생각할 수 없었던 개념이었다. 인클로저가 낳은 난민들은 권리를 지닌 주체로서가 아니라 자본주의의 성장을 위해 훈련되고 통제되어야 할 노동 집단으로 인식되었다.

저렴한 자연

1600년대에 자연을 바라보는 새로운 방식이 생겨났다. 자연을 '다른' 어떤 것, 즉 대지·토양·숲·산은 물론 인간의 육체까지도 사회로부터 분리된 것이라고 보는 시각이다. 새로운 세계관 덕분에 자본가들은 자연을 대상화하고 축적의 회로 속에 집어넣을 수 있었다. 한편 이 세계관은 다른 일도 했으니, 자본가들이 자연을 경제의 '외부적인 것'으로 생각하게 만들었다. 그리고 자연이 외부적이라는 이유로 자연은 저렴한 것이 될 수 있었다.

성장에 필요한 이윤 창출을 위해 자본가는 가능한 값싸게(이상적으로는 공짜로) 자연을 수탈하려 했다.[40] 1500년 이후 지배층이 유럽 지역에 있는 커먼즈를 약탈한 것은 자연에 대한 방대하고 보상되지 않는 전유로 볼 수 있다. 식민지화 또한 마찬가지였는데 유럽인들은 남반구의 광대한 면적을 탈취했다. 유럽 자체보다 훨씬 넓은 땅과 매우 많은 자원이었다. 남미의 은과 금, 면화와 설탕 생산을 위한 카리브해 지역의 토지, 연료와 배를 만들기 위한 인도의 숲, (1885년 이후 아프리카 쟁탈전이 일어나는 동안) 다이아몬드·고무·코코아·커피 등 셀 수 없이 많은 물자를 빼앗았다. 이 모든 것을 사실상 공짜로 전유했다. 여기서 '공짜'란 그들이 자원에 대해 돈을 지불하지 않았다는 의미 외에 되돌려주지 않았다는 의미도 포함한다. 땅에 대한 호혜성 같은 제스처는 없었다.

그것은 순전한 추출이었고, 순전한 절도였다. 자연이 '외부의 것'인 시스템에서는 자연을 약탈하는 비용도 외부화될 수 있다.

인클로저와 식민지 건설은 값싼 노동의 전유도 가능하게 했다. 자본은 보잘것없는 정도라 해도 유럽의 프롤레타리아 노동자들(주로 남성들)에게 임금을 지불했던 반면, 그들을 재생산하는 노동자들(대부분 여성)에게는 아무것도 지불하지 않았다. 여성들은 남성들의 음식을 만들었고 아픈 남성들을 돌보았으며, 다음 세대에 노동자가 될 이들을 양육했다. 사실상 생계수단과 임금노동으로부터 여성을 단절시키고 재생산의 역할로만 제한함으로써 오늘날 우리에게 있는 가정주부의 전형을 처음으로 만든 것이 인클로저였다. 새로운 자본주의 시스템에서 지배층은 잠재적인 여성노동자 집단을 사실상 공짜로 착취했다. 이러한 과업에도 데카르트의 이원론이 활용되었다. 이원론적 틀 안에서 육체는 하나의 스펙트럼으로 펼쳐졌다. 여성은 남성보다 '자연'에 더 가깝다고 인식되었다. 이에 따라 여성들은 종속되고 통제되고 착취당하는 대우를 받았다.[41] 보상은 필요 없었다. '자연'의 범주로 치환된 모든 것과 마찬가지로, 추출의 비용이 외부화되었기 때문이다.

비슷한 일이 식민지에서도 나타났는데 그곳에서는 한층 더 나아갔다. 식민지 시대에 남반구의 민중들은 언제나 '자연'과 같은 것, '야만적'이고 '야생적'이며 인간 이하의 것으로 묘사되었다. 스페인 사람들이 아메리카의 선주민들을 자연과 같은 것naturales 이라고 지칭한 것은 시사적이다. 식민지의 대지와 식민화된 그들의 육체에 대한 전유를 정당화하기 위해서 이원론이 이용되었다.

이원론은 유럽의 노예무역에서도 확실한 역할을 했다. 결국 어떤 사람들을 노예로 만들려면 우선 그들의 인간성을 부정해야 한다. 유럽인들은 아프리카인들과 아메리칸 선주민들을 물건으로 묘사했고 그렇게 착취했다. 마르티니크 출신 작가 에메 세제르가 말한 것처럼, 식민지 건설은 기본적으로 물화의 과정이다.[42]

한편 또다른 일도 일어나고 있었다. 식민화된 이들은 인간과 자연의 이원론적 원리를 받아들이기를 거부했다는 바로 그 이유 때문에 '원시적'이라고 간주되었다.[43] 유럽의 식민지 개척자들과 선교사들의 저술에서 우리는 그들이 만났던 수많은 사람들이 세계가 살아 있고, 산·강·동식물 심지어 대지조차 주체성과 정령을 가진, 의식이 있는 존재라고 주장하는 것에 대해 그들이 경악했다는 사실을 알 수 있다.

유럽의 지배층은 유럽에서처럼 식민지에서도 애니미즘 사상을 자본주의의 장애물로 생각했기에 근절하려고 애썼다. 이는 '문명화'의 이름으로 수행되었다. 문명화되고, 온전하게 인간이 되기 위해(그리고 기꺼이 자본주의 세계경제의 참여자가 되기 위해), 선주민들은 애니미즘의 원리를 포기할 수밖에 없었고 자연을 물건으로 간주하도록 강요당했다.

우리는 식민지화의 폭력이 가해자들에 의해 '문명화라는 사명'의 일환으로 정당화되었다는 것을 알고 있다. 하지만 사명의 핵심 목적 중에 애니미스트 사상 근절이 있었다는 것까지는 알지 못한다. 그 목적은 식민지의 사람들을 이원론자로 변화시키고, 대지와 몸과 마음까지도 식민화하는 것이었다. 케냐의 작가 응구기 와

티옹오는 이렇게 말했다. "식민주의는 군대를 동원한 정복과 뒤이은 정치적 독재를 통해 부의 사회적 생산을 통제했다. 하지만 식민지배의 가장 중요한 영역은 식민지 사람들의 정신세계이므로, 그들이 자신과 세계와의 관계를 인식하는 방식을 어떻게 문화로 통제하는지가 중요했다."[44]

데카르트 리트윗하기

우리는 모두 이원론적 존재론의 상속자들이다. 우리가 오늘날 자연에 대해 사용하는 말 어디에서나 이원론을 볼 수 있다. 우리는 항상 생명세계를 '천연자원' '원자재'로 묘사하며, 생명세계의 종속성과 예속성을 강조하기라도 하듯이 심지어 '생태계 서비스'라고 묘사한다. 우리는 폐기물과 오염과 기후변화를 '외부성'이라고 이야기한다. 자연에서 일어나는 일은 근본적으로 인간의 관심 영역 밖에 있다고 믿기 때문이다. 이러한 용어들이 우리 입에서 튀어나오지만 우리는 그 용어를 두번 다시 생각하지 않는다. 이원론은 상당히 뿌리가 깊어서 우리가 좀더 신중하려고 할 때조차도 우리의 언어 속에 똬리를 틀고 있다. 우리가 돌봐야 할 '환경'이라는 개념은 생명세계란 수동적인 보관 장소, 인간의 이야기가 펼쳐지는 배경에 지나지 않는다고 가정하는 셈이다.

'환경'이라는, 순수해 보이는 이 개념의 이상함은 스페인어로 ambiente(주변의)라고 번역할 때 더욱 분명해진다. 정복자의 언어 속에서 생명세계는 분위기를 조성하는 조명에 불과하다. 애니미즘 존재론의 관점에서 보면, 이는 당신의 어머니와 형제자매를 그저 벽에 걸린 장식용 초상화라고 간주하는 것과 같다. 생각할 수도 없는 이야기일 것이다.

이원론은 베이컨과 데카르트로 끝나지 않았다. 수많은 철학자들이 줄을 이어 이 견해를 리트윗했고 세련되게 다듬었다. 이원론의 가정은 포스트모더니즘 사상에도 등장했다. 포스트모더니즘은 정신과 자아와 진실의 교만함을 비판하고, 인간 진보라는 위대한 거대 담론에 문제를 제기하는 것을 자랑으로 삼는다. 하지만 포스트모더니즘은 결국 이원론을 새로운 극단에 빠지게 할 뿐이다. 세계, 즉 실재는 실제로 존재하지 않는다. 혹은 실재는 존재하더라도 그 자체로 그게 뭐든 중요하지 않다. 실재란 인간이 구성하는 모든 것이기 때문이다. 인간에 의해 인식되고 인간의 언어로 구성되어 이름과 의미가 부여되기 전까지, 우리의 상징세계에 포함되기 전까지는 실제로 아무것도 존재하지 않는다. 우리 자신의 경험 밖에 있는 실재는 말 그대로 점점 줄어들어 무의미해진다. 포스트모더니스트들이 모더니즘을 비판할 수는 있지만, 이는 모더니즘의 기본 용어들을 수용한 뒤라야 가능하다.[45]

우리가 계속해서 쌓여가는 대멸종 위기에 관한 통계 수치에 너무나 태연하게 반응하는 것은 놀랍지 않다. 우리는 이러한 정보를 놀랍도록 침착하게 받아들이는 습관을 갖고 있다. 우리는 눈물 흘리지 않는다. 속상해하지도 않는다. 왜 그런가? 인간을 근본적으로 나머지 생명 공동체로부터 분리되어 있다고 이해하기 때문이다. 비인간 종들은 저 밖에, 환경 속에 있다. 그들은 여기에 있지 않으며, 우리에게 속해 있지도 않다.[46] 우리가 이렇게 행동하는 것은 놀라운 일이 아니다. 결국 자본주의의 핵심 원리는 이것이다. 세계란 실제로 살아 있지 않고, 확실히 우리의 친척도 아니며, 오히려 추출되고 버려지는 물건일 뿐이다. 그리고 여기에는 이곳에서 살아가는 인간 존재 대다수도 포함된다. 자본주의는 첫번째 원리부터 생명 자체와의 전쟁을 시작했다.

데카르트는 과학의 목적이 "우리 자신을 자연의 주인이자 소유자로 만드는 것"이라고 주장했다. 400년이 지난 후 이러한 규범은 우리 문화 속에 깊숙이 자리 잡았다. 우리는 생명세계를 별개로 여길 뿐만 아니라 적으로 여긴다. 과학과 이성의 힘으로 싸우고 제압해야 할 적 말이다. 구글의 경영자들은 2015년 생명과학 회사를 새로이 설립한 후 '베릴리'Verily라는 이름을 붙였다. 이 별난 이름에 대해 설명해달라는 요청을 받자 베릴리의 최고경영자 앤디 콘래드는 "오로지 진실을 통해서만이 우리가 대자연을 무너뜨릴 수 있기 때문에" 그 이름을 선택했다고 말했다.

2장

저거너트(Juggernaut)˙의 등장

> 인간에게 호흡을 멈추라고 '설득할' 수 없는 것처럼
> 자본주의에게 성장을 제한하라고 '설득할' 수는 없다.
>
> —— 머레이 북친

학교에서 처음으로 자본주의의 역사를 배웠던 때가 아직도 기억난다. 18세기 증기기관의 발명으로 시작해 비행선부터 개인용 컴퓨터에 이르는 일련의 기술혁신까지 이어지는 이야기는 정말 만족스러웠다. 교과서 속 반들반들한 사진에 놀랐던 기억이 난다. 이 이야기가 보여주는 것처럼 경제성장은 기술 자체로부터 샘솟는 돈의 원천과도 같다. 정말 멋진 이야기다. 적절한 기술이 있으면 어느 정도는 맨땅에서도 성장이 가능하리라는 희망적인 느낌

• 인도 신화에서 유래한 수레의 이름으로 멈출 수 없는 압도적이고 폭력적인 힘을 의미하는 말로 많이 쓰인다. 사회학자 앤서니 기든스는 현대성을 이 저거너트에 비유했다.

을 갖게 한다.

하지만 자본주의의 더 긴 역사를 생각해보면 이 이야기에는 분명 뭔가가 빠져 있다. 인클로저, 약탈, 노예무역… 역사적으로 성장은 늘 수탈의 과정이었다. 자연으로부터 그리고 (특정 종류의) 인간으로부터 에너지와 일을 수탈했다. 그렇다. 자본주의는 일부 놀라운 기술혁신을 추동했고 성장의 가속화를 이끌었다. 그러나 기술이 성장에 기여하는 가장 주요한 방식은 느닷없이 돈을 만들어내는 것이 아닌, 자본이 전유의 과정을 확장하고 강화할 수 있게 만드는 것이었다.[1]

이것은 증기기관이 나오기 훨씬 전부터 그랬다. 1500년대 초 설탕 제분 기술의 혁신으로 플랜테이션 소유자들은 기존에 처리해왔던 것보다 더 많은 설탕 경작지를 확대할 수 있었다. 마찬가지로 목화씨를 빼내는 조면기가 발명되면서 생산자들이 면화 단작을 확대할 수 있었다. 새로운 풍력 펌프를 이용해 유럽의 야생 습지에서 물을 빼냄으로써 광대한 땅을 농업에 이용할 수 있었다. 대형 용광로의 개발로 철을 더 빨리 녹일 수 있었고 이에 따라 더 많은 채굴이 가능해졌다. 용광로에 연료를 공급하려면 더 많은 벌목이 필요했고, 유럽의 광대한 숲의 나무들이 철을 생산하기 위해 쓰러져갔다. 기술의 힘은 자본과 노동을 더 생산적으로, 즉 더 많이 더 빠르게 생산하도록 만든다. 동시에 자연의 전유 역시 가속화한다.

19세기와 20세기에 이러한 과정은 대규모 화석연료 매장량의 발견, 처음에는 석탄 그다음으로는 석유의 발견과 화석연료를 추출하고 사용하기 위한 (증기기관과 같은) 기술의 발명으로 가속화되었다. 단 1배럴의 원유만으로 1700킬로와트시의 일을 할 수 있다. 이는 인간 노동으로 치면 4.5년분에 해당한다. 자본의 관점에서 보면, 해저의 석유를 이용하는 것은 아메리카 대륙 전체의 재식민화 혹은 제2의 대서양 노예무역에 필적하는, 전유의 횡재나 다름없다. 화석연료 사용은 또한 전유의 과정 자체를 더욱 강화했다. 화석연료는 더 깊은 곳을 채굴하는 대형 시추기, 심해 어업용 트롤선, 집약 농업에 사용되는 트랙터와 콤바인, 더 빠른 벌목을 위한 전동 톱에 전력을 공급하는 데에 사용된다. 엄청난 속도로 이 모든 물자들을 전세계로 이동시키는 배와 트럭과 비행기에도 사용된다. 기술 덕분에 전유의 과정은 기하급수적으로 빨라졌고 더 광범위해졌다.

전유의 가속화는 지난 세기에 걸쳐 치솟은 놀라운 GDP 증가속도에 반영되었다. 하지만 화석연료와 기술이 성장을 만들어냈다는 생각은 착각이다. 화석연료와 기술이 성장을 촉진한 것은 맞다. 하지만 우리는 이렇게 자문해야 한다. 이를테면 자본의 성장을 재촉하는 더 깊은 동인은 무엇인가?

자본의 철칙

몇달 전 나는 현장 관객이 있는, 자본주의의 미래에 관한 생방송 TV 토론 무대에 섰다. 나의 상대는 일어서서 자본주의 자체에는 아무런 문제가 없다고 주장했다. 탐욕스러운 경영자들과 타락한 정치인들로 인해 자본주의가 부패하게 된 것이 문제라고 했다. 우리에게 필요한 건 단지 썩은 사과 몇개를 다루는 일이며, 모든 일이 잘될 것이란다. 결국 기본적으로 자본주의는 지역의 농산물 직판장 또는 모로코의 수크souk 같은 시장에서 물건을 사고파는 사람에 관한 것으로 환원된다. 이들은 자신들의 기량으로 생계를 꾸려가는 무고한 사람들이다. 그게 무슨 잘못이겠는가?

좋은 이야기이고 충분히 합리적으로 보인다. 그러나 사실상 농산물 직판장과 수크에 있는 작은 상점 이미지는 자본주의와는 전혀 관계가 없다. 그것은 잘못된 비유다. 게다가 자본주의가 생태계 붕괴를 초래하는 이유를 이해하는 데 도움이 되지 못한다. 자본주의가 어떻게 작동하는지 정말로 이해하고 싶다면 조금 더 깊이 파헤쳐야 한다.

첫번째 단계는 대부분의 인류 역사에서 경제는 '사용가치' 원리를 중심으로 구성되었음을 이해하는 것이다. 농민은 과즙이 많고 달콤한 향이 좋아서, 혹은 오후의 허기를 달래기 위해 배를 재배할지 모른다. 장인은 베란다에서 쉴 때 또는 테이블에서 식사할 때 앉기에 유용하기 때문에 의자를 만들 수도 있다. 그들은 정원을 가꿀 때 쓸 호미나 딸에게 줄 주머니칼과 같은 다른 필요한 물건을 살 돈을 마련하기 위해 이 물건을 팔아야겠다고 생각할 수도 있다. 사실 오늘날 대부분의 사람들은 이렇게 경제에 참여한다. 우리는 가게에 가면 대체로 우리에게 유익한 물건을 구입한다. 저녁 식사에 필요한 재료나 겨울의 추위를 막아줄 겉옷 같은 것 말이다. 이런 종류의 경제를 다음과 같이 요약할 수 있다. 여기서 C는 (의자나 배와 같은) 상품을 의미하고 M은 돈을 의미한다.

$$C1 \rightarrow M \rightarrow C2$$

개인들 간에 유용한 물건을 자유롭게 교환하는 일은 자본주의를 잘 설명해주는 것처럼 보일 수 있다. 농산물 직판장이나 수크 시장처럼 말이다. 하지만 실제로 특별히 자본주의적인 것은 없다. 인류 역사에서 언제 어디서든 있었던 경제 시스템일 수 있다. 자본주의가 독특한 점은 자본가들이 가치를 전혀 다르게 생각한다는 것이다. 자본가들은 의자나 배 같은 물건의 유용성을 알아보지만, 그것들을 생산하고 판매하는 목적은 앉기 좋게 하거나, 오후에 맛있는 간식을 즐기거나, 혹은 필요한 것을 얻기 위해서가 아니다. 물건을 생산하고 판매하는 단 하나의 목적은 바로 이윤을 남기는 것이다. 이 시스템에서 문제가 되는 것은 물건의 사용가치가 아니라 '교환가치'다.[2] 다음과 같이 설명할 수 있는데 여기서 프라임 기호(')는 양의 증가를 나타낸다.

$$M \rightarrow C \rightarrow M'$$

이것은 사용가치 경제와 정반대다. 그런데 여기에 흥미로운 점이 있다. 자본주의 체제에서는 안정적인 이윤 창출만으로는 충분치 않다. 이윤을 재투자해 생산공정을 확장하고 전년도보다 더 많은 이윤을 창출하는 것이 목표다. 이것을 다음과 같이 나타낼 수 있다.

$$M \rightarrow C \rightarrow M' \rightarrow C' \rightarrow M'' \rightarrow C'' \rightarrow M''' \cdots$$

여기서 일어나는 일을 이해하려면 두가지 유형의 기업을 구별해야 한다. 지역의 식당을 예로 들어보자. 한해를 정산해보면 수익을 내지만 식당 주인은 매년 거의 비슷한 수익에 만족한다. 월세를 내고, 가족을 먹여 살리고, 어쩌면 여름에 휴가를 가기에 충분할 정도면 된다. 이런 사업은 자본주의 논리의 요소(임금 지불, 이윤 창출)에 참여하지만, 이윤이 궁극적으로 사용가치 개념을 중심으로 형성되기 때문에 그 자체로 자본주의적이지 않다. 소기업 대부분이 이렇게 운영된다. 이런 상점은 자본주의가 등장하기 전 수천년 동안 존재해왔다.

이제 엑손이나 페이스북 또는 아마존 같은 기업을 살펴보자. 이런 기업은 지역 식당이 선호하는 정상상태steady-state의 접근 방식으로 운영되지 않는다. 아마존의 이윤은 제프 베이조스의 생계를 꾸리는 데 쓰이지 않는다. 회사를 확장하고, 경쟁 기업을 매수하고, 지역의 상점들을 폐업하게 만들고, 새로운 나라에 진출하고, 더 많은 물류센터를 짓고, 사람들이 필요하지 않은 물건을 구입하게 하는 마케팅 캠페인을 벌이는 데에 이윤을 사용한다. 모두 매해 전년보다 더 많은 이윤을 뽑아내기 위해서다.

이것은 자기 강화 순환이다. 계속해서 빨라지는 쳇바퀴다. 돈은 이윤이 되고, 이윤은 더 많은 돈이 되고, 더 많은 돈은 더 많은 이윤이 되는 식이다. 이제 자본주의를 독특하게 만드는 점이 무엇인지 이해되기 시작한다. 자본가들에게 이윤은 하루의 끝에 얻는 단순한 돈도, 특정한 필요를 충족하기 위해 사용하는 돈도 아니다. 이윤은 자본이 된다. 그리고 자본은 더 많은 자본을 만들어내기 위해 전부 재투자된다. 이 과정이 끝없이 계속해서 확대될 뿐이다. 구체적인 특정 필요를 충족하는 데 초점을 두는 지역의 식당과 달리 교환가치의 축적 과정에는 정해진 종착 지점이 없다. 또한 근본적으로 인간 욕구의 어떤 개념과도 상관이 없다.

앞의 공식을 보면 자본이 바이러스처럼 작동한다는 것이 분명하게 보인다. 바이러스는 자신을 복제하도록 프로그램되어 있는 유전자 코드지만 스스로 그렇게 하지는 못한다. 대신 숙주세포를 감염시켜 숙주세포가 바이러스의 DNA를 복제하게 만든다. 그런 다음 각각 복제된 DNA가 다른 세포를 감염시켜 계속해서 더 많은 복제를 만들어낸다. 바이러스의 유일한 목표는 스스로를 복제하는 것이다. 자본 또한 자체 자기복제 코드를 기반으로 바이러스처럼 접촉하는 모든 것을 자기복제하는 것으로 전환하여, 더 많은 자본을 만들어낸다. 이 시스템은 끊임없이 확장하기 위해 프로그램된 멈출 수 없는 기계, 저거너트juggernaut가 된다.

*

우리는 아마존이나 페이스북 같은 기업이 끈질기게 팽창하려는 추진력을 갖는 게 탐욕 때문이라고 이야기하곤 한다. 마크 저커버그와 같은 경영자들이 돈과 권력을 축적하는 데 사로잡혀 있다고 말이다. 하지만 그렇게 단순하지만은 않다. 현실은 기업들과 기업을 운영하는 경영자들이 성장을 위한 **구조적인 정언명령**에 지배를 받는다는 것이다. 전세계의 저커버그들은 거대한 기계 안에서 자발적으로 움직이는 톱니바퀴일 뿐이다.

기계의 작동 방식은 이렇다. 당신이 투자자라고 생각해보자. 예를 들어, 당신은 연간 5퍼센트의 수익을 원하며 그래서 페이스북에 투자를 결정한다. 이것이 기하급수적 함수라는 점을 기억하자. 페이스북이 계속해서 매년 동일한 이익을 만들어낸다면(즉 0퍼센트 성장) 페이스북은 당신의 초기 투자금을 상환해줄 수는 있지만, 투자금에 대한 이자를 지불할 수는 없을 것이다. 투자자 수익을 위한 충분한 흑자를 창출할 유일한 방법은 매해 전년보다 더 많은 이윤을 창출하는 것이다. 투자자가 기업의 '건전성'을 평가할 때 순이익을 보지 않고 이윤율, 즉 기업의 이윤이 매년 얼마나 성장하는지를 보는 이유다. 자본의 관점에서 보면, 이윤만으로는 안 된다. 이윤은 의미가 없다. 중요한 건 성장이다.

투자자들, 즉 축적된 자본을 가진 사람들은 성장의 냄새가 나는 무엇이든 찾으려고 필사적으로 전세계를 샅샅이 뒤진다. 페이스북의 성장이 둔화하는 조짐이 보이면, 투자자들은 대신 엑손, 담배회사, 학자금 대출 등 성장이 있는 곳이면 어디든 자신들의 돈을 쏟아부을 것이다. 절대 멈추지 않는 자본의 움직임은 성장을 위해 할 수 있는 것은 무엇이든 하라고 기업에 엄청난 압박을 가한다. 페이스북의 경우, 보다 공격적으로 광고하고, 보다 중독성 있는 알고리즘을 만들어내고, 사용자의 정보를 부도덕한 기관에 판매하고, 개인정보보호법을 위반하고, 정치적 대립을 조장하고 심지어 민주주의 제도를 훼손한다. 기업이 성장에 실패하면 투자자들이 철수할 테고, 그러면 기업은 무너지기 때문이다. 선택은 극명하다. 성장하거나 죽거나. 한 기업이 확장하려는 추동력은 다른 기업에도 압박을 가한다. 갑자기 아무도 정상상태의 접근 방식에 만족할 수 없게 된다. 당신이 확장을 밀어붙이지 않는다면 당신은 경쟁자들에게 잡아먹힐 것이다. 성장은 모두를 포로로 만드는 철칙이 된다.

투자자들은 왜 이렇게 부단한 성장 추구에 참여할까? 자본은 가만히 앉아 있으면 (인플레이션, 감가상각 등으로 인해) 가치를 잃기 때문이다. 그래서 자본이 축재자의 손에 쌓이면 성장에 대한 엄청난 압력이 생겨난다. 자본이 더 많이 축적될수록 압력도 더 많이 형성된다.

다음 해결책을 찾아서

성장은 복합함수이기에 문제가 된다. 세계경제는 대체로 매년 약 3퍼센트씩 성장했다. 경제학자들의 말로는 3퍼센트 성장이 대부분의 자본가들에게 양(+)의 수익 실현을 보장하는 필수 요건이라고 한다. 3퍼센트가 그다지 크지 않은 것처럼 보이는데 이는 우리가 평소 성장에 대해 선형적으로 사고하기 때문이다. 자본 재투자의 기본 구조인 **복합성장**compound growth 은 우리가 이해하기 어려울 수 있다. 실제로 성장은 우리 곁에 살그머니 다가오는 불가사의한 방법을 갖고 있다.

성장의 초현실적인 성질을 포착한 옛 우화가 있다. 고대 인도의 한 수학자에 관한 이야기다. 수학자의 업적을 치하하기 위해 왕은 그를 왕궁으로 불러 선물을 제시했다. 왕은 "당신이 원하는 것이 뭐든 말해보시오. 그럼 당신 것이 될 것이오"라고 말했다.

남자는 겸손하게 말했다. "왕이시여, 저는 소박한 사람입니다. 제가 부탁드릴 일은 쌀을 조금 주시는 것뿐입니다." 그는 체스판을 꺼낸 뒤 말을 이어갔다. "첫번째 네모 칸에 곡물 한톨을, 두번째 칸에는 두톨을, 세번째 칸에는 네톨을, 이 체스판의 끝에 갈 때까지 각각의 칸에 곡물을 두배로 계속해서 늘려주십시오. 저는 그것으로 만족합니다."

왕은 이상한 요청이라고 생각했지만 동의했고, 수학자가 더 엄청난 것을 요구하지 않은 것이 기뻤다.

체스판의 첫번째 열 끝까지 올린 곡물은 200톨이 채 되지 않았다. 한끼 식사로도 부족한 양이었다. 그러나 그후 상황이 이상해졌다. 체스판의 반밖에 가지 못한 서른두번째 칸에 도달했을 때 20억톨의 곡물을 올려놔야 했고 왕국은 파산했다. 계속할 수 있었다면 왕은 예순네번째 칸에서 900만조톨의 곡물을 올려놔야 했을 것이다. 인도 전체를 1미터 두께로 뒤덮을 만큼의 양이다.

경제적 확대에 관한 한 불가사의한 메커니즘이 똑같이 발생한다. 1772년 수학자 리처드 프라이스는 이러한 경향성을 알아차렸다. 복합성장은 "처음에는 느리게 증가하지만 (…) 증가 속도가 끊임없이 가속화되어 어느 순간 모든 상상력을 조롱하듯 아주 빨라질 것"이라고 그는 지적했다.

2000년의 세계경제가 연평균 3퍼센트 성장한다는 예를 들어보자. 그다지 크지 않아 보이는 증가에도 경제총생산은 23년마다 두배가 될 것이고, 이는 인간 수명의 절반 이내인 반세기 전에 네배가 된다는 뜻이다. 같은 비율로 계속해서 성장한다면 세기말까지 경제는 20배, 2000년대에 우리가 이미 하고 있던 것보다 20배나 더 커질 것이다. 100년이 지나면 경제가 370배 더 커진다. 다시 100년이 지나면 경제는 7000배 더 커진다. 모든 상상력을 조롱할 정도다.

어떤 이들은 자본주의의 특징인 빠른 혁신이 이런 공격적인 에너지에 있다고 생각한다. 그 말에는 분명 진실이 있다. 하지만 공격적인 에너지에는 극도로 폭력적이 되는 경향도 있다. 자본이 축적의 장벽들(가령 포화 상태의 시장, 최저임금법, 환경보호 등)에 부딪힐 때마다 자본은 거대한 흡혈 오징어처럼 장벽을 걷어내고 성장의 원천에 촉수를 뻗기 위해 필사적으로 몸부림친다.[3] 이것이 바로 '해결책'이라 알려져 있는 것이다.[4] 인클로저 운동은 하나의 해결책이었다. 식민화도 하나의 해결책이었다. 대서양 노예무역도 해결책이었다. 중국과의 아편전쟁도 해결책이었다. 미국에서 서부의 개척은 해결책이었다. 하나같이 폭력적이었던 각각의 해결책들은 자본의 성장에 있어 전유와 축적을 위한 새로운 경계를 열어젖혔다.

19세기 세계경제의 가치는 오늘날의 돈으로 환산하면 1조달러가 조금 더 되는 정도였다. 이는 매년 자본이 30억달러 상당의 가치가 있는 새 투자처를 찾아야 했다는 것을 의미한다. 그렇기에 19세기를 특징짓는 식민지 확장을 포함해 자본 측의 엄청난 노력을 요구했다. 오늘날 세계경제는 80조달러의 가치가 있고, 수용 가능한 성장률을 유지하기 위해 자본은 다음 해에 2조 5000억달러에 해당하는 또다른 새 투자 출구를 찾아야 한다. 세계에서 가장 큰 경제 가운데 하나인 영국 경제 전체에 해당하는 규모다. 어쨌든 우리가 이미 하고 있는 일 말고도 내년에 영국 경제 정도의 규모를 추가해야 하고, 그다음 해에는 그보다 더 많이 추가해야 한다.

이러한 증가량을 어디에서 찾을 수 있을까? 압력이 엄청나게 커진다. 이 압력이 미국에서 오피오이드 위기*의 배후에 있는 제

---

* 마약성 진통제 과다 복용 사건이 급증하는 사회현상.

약회사들을 움직였다. 아마존을 불태우는 소고기 회사들, 총기규제에 맞서 로비하는 무기회사들, 기후변화 부정론에 자금을 대는 석유회사들, 점점 더 정교해지는 광고 기술로 우리의 삶에 침투해 사실상 필요하지 않은 것을 사게 만드는 판매업체들을 움직이고 있다. 이들은 예외적인 '썩은 사과'가 아니라 자본의 철칙에 복종하고 있는 것이다.

지난 500년 동안, 자본의 확장을 촉진하기 위해서 유한책임, 기업법인, 주식시장, 주주 가치 규칙, 부분 지급 준비금 제도, 신용등급 등 전체 인프라가 만들어졌다. 우리는 축적이라는 정언명령을 중심으로 점점 더 구조화되는 세계에 살고 있다.

개인의 정언명령에서 공적 강박증으로

자본의 내적 역학을 이해하는 것으로는 성장의 정언명령을 단지 부분적으로만 설명할 수 있다. 작동 중인 압력을 이해하려면 우리는 정부가 하는 일에 주목해야 한다. 물론 정부는 자본주의 확장이라는 이해를 증진시키는 일에 늘 관여한다. 인클로저와 식민지화는 결국 본질적으로 정부의 군대가 뒷받침했다. 하지만 대공황 시기인 1930년대 초부터 이 불꽃에 진짜 연료를 부어넣는 일이 발생했다.

대공황은 미국과 서유럽의 경제를 황폐화시켰고, 정부들은 앞을 다투어 대응에 나섰다. 미국에서는 관료들이 벨라루스 출신의 젊은 경제학자 사이먼 쿠즈네츠에게 매년 미국이 생산한 모든 재화와 서비스를 돈의 가치로 나타내는 회계 시스템을 개발해달라고 요청했다. 경제에서 무슨 일이 일어나는지 보다 명백하게 알 수 있다면 어디에서 잘못됐는지 그리고 어디에 더 효과적으로 개입할지를 파악할 수 있을 거라는 생각이었다. 쿠즈네츠는 오늘날 우리가 사용하는 국내총생산GDP 측정에 토대를 제공한 국민총생산GNP이라는 측정 기준을 만들었다.

다만 쿠즈네츠는 GDP에 결함이 있음을 신중하게 강조했다. GDP는 경제활동을 돈으로 환산하여 총계하지만, 그 활동이 유용한지 파괴적인지에 대해서는 개의치 않는다. 당신이 목재를 얻기 위해 숲을 쓰러뜨리면 GDP는 올라간다. 근무일을 늘리고 은퇴 연령을 미룬다면 GDP는 올라간다. 오염으로 인해 병원 이용이 늘더라도 GDP는 올라간다. 하지만 GDP는 비용 계산을 포함하지 않는다. GDP는 야생동물의 서식지나 탄소 흡수원으로서의 숲의 손실에 대해서는 아무것도 말하지 않는다. 과중한 일과 오염이 사람들의 몸과 마음에 가하는 고통에 대해 아무런 말도 하지 않는다. GDP는 나쁜 것들을 누락할 뿐만 아니라 좋은 것들도 다수 누락한다. GDP는 돈으로 환산되지 않는 경제활동을 계산하지 않는다. 심지어 그것이 인간의 삶과 행복에 중요하더라도 말이다. 당신이 먹거리를 재배하거나 집을 청소하고 나이 든 부모를 돌보더라도 GDP는 아무것도 말하지 않는다. GDP는 당신을 위해 이런 일을 하는 기업에게 돈을 지불할 때만 계산한다.

쿠즈네츠는 경제적인 진보의 표준 측정치로써 GDP를 사용해서는 안 된다고 강하게 경고했다. 그는 성장의 사회적 비용을 계산하기 위해 GDP를 개선해야 하며, 그러기 위해 정부는 인간의 좋은 삶을 고려하고 보다 균형 잡힌 목표를 추구해야 한다고 생각했다. 하지만 그때 제2차 세계대전이 일어났다. 나치의 위협이 증가하자 쿠즈네츠가 제기한 좋은 삶에 대한 우려는 뒷전으로 밀려났다. 정부는 **모든** 경제활동, 심지어 부정적인 경제활동까지 계산할 필요가 있었고, 그렇게 함으로써 전쟁에 기울인 노력에 사용한 돈과 생산 역량 모두를 파악할 수 있었다. GDP의 공격적인 관점이 결국 주류가 되었다. 1944년 브레턴우즈 협정에서 전세계 지도자들이 전후 세계경제를 운영할 규칙을 결정하기 위해서 앉앗을 때, GDP는 경제발전의 핵심 지표로 자리 잡았다. 바로 쿠즈네츠가 경고했던 일이었다.

물론 어떤 것은 측정하고 어떤 것은 측정하지 않는 것이 본질적으로 잘못은 아니다. GDP 자체는 현실 세계에 어떤 쪽이든 아무런 영향을 미치지 않는다. 하지만 GDP 성장은 영향을 미친다. 우리가 GDP 성장에 집중하자마자 GDP가 측정하는 항목들을 장려하는 것뿐만 아니라, 그러한 항목들의 무한한 증가를 장려할 것이다. 비용에 상관없이.

초기에 경제학자들은 경제총생산의 '수준'을 측정하기 위해서 GDP를 사용했다. 수준이 너무 높아서 과잉생산과 공급과잉이 발생하지는 않는가? 혹은 수준이 너무 낮아서 사람들이 필요한 재화를 구할 수 없는가? 대공황 기간 동안 산출량이 너무 낮았던 것은 분명했다. 그래서 대공황에서 벗어나기 위해 서구의 정부들은 사회기반시설 프로젝트에 막대한 투자를 했고, 방대한 수의 고임금 일자리를 창출했으며, 수요를 자극해 경제가 다시 돌아가도록 사람들의 주머니 속에 돈을 넣었다. 이 정책은 효과가 있었고 GDP가 상승했다. 하지만 성장 그 자체가 목표는 아니었다. 당시는 프랭클린 루스벨트 대통령의 진보적 시대였음을 기억하라. 역사상 처음으로 명확히 사람들의 생계를 개선하고 진보적인 사회적 성과를 달성하기 위해 산출 수준을 높이는 데에 목표를 두었다. 이전 400년 동안과는 상당히 달랐다. 요컨대 초기 진보적인 정부들은 성장을 사용가치로 다루었다.

그러나 이는 오래가지 않았다. 1960년 경제협력개발기구 OECD

가 설립되었을 때 OECD 헌장의 최고 목표는 "최고의 지속가능한 경제성장률을 달성하기 위해 설계된 정책을 장려하는 것"이었다(이 목표는 그대로 남아 있다). 갑작스럽게, 일부 특정 목적을 위한 더 높은 산출 수준을 추구하는 것이 아니라 산출 자체를 위해 무제한으로 최고 수준을 추구하는 것이 목표가 되었다. 영국 정부는 이를 좇아 단 10년 동안 50퍼센트 성장이라는 목표를 설정했다. 이는 이례적인 성장률이었고, 성장 그 자체를 위한 성장이 국가의 정책 목표로 자리 잡은 최초의 순간이었다.[5]

이 아이디어는 들불처럼 번졌다. 냉전 기간 동안 서구와 구소련 사이의 거대한 경쟁은 대체로 성장률로 판단되었다. 어떤 체제가 GDP를 더 빨리 성장시킬 수 있는가? 물론 성장률이 이러한 경쟁에서 상징적으로만 강력했던 것은 아니다. 성장률은 군사력에 더 많은 투자를 가능하게 할 정도로 실제 지정학적 우위로 나타났다.

GDP 성장 그 자체를 새로운 중심에 두는 성장주의는 서구의 정부들이 경제를 관리하는 방식을 영구적으로 바꿔놓았다. 대공황 이후 사회적 성과를 증진하기 위해서 사용된 고임금, 노동조합, 공중보건, 교육에 대한 투자 같은 진보적인 정책은 갑자기 요주의 대상이 되었다. 이런 정책들은 높은 수준의 좋은 삶을 가져다주었지만, 높은 이윤율을 유지해야 하는 자본에게는 너무 '비싼' 노동이 되었다. 같은 기간 동안 제정되어 자연 착취에 제동을 걸었던 환경규제 또한 마찬가지였다(미국 환경보호청은 1970년에 설립되었다). 서구 경제는 1970년대 말부터 성장이 둔화되기 시작했고, 자본 수익도 감소했다. 정부는 뭔가를 해야 한다는 압박, 자본을 위해 '해결책'을 만들라는 압박을 받았다. 그래서 인건비를 줄이기 위해 노동조합을 공격하고 노동법을 폐기했으며, 핵심적인 환경보호법을 폐지했고, 자본의 접근이 금지되던 공공자산(즉 광산·철도·에너지·물·의료·통신 등)을 민영화해 민간투자자에게 수익성 높은 기회를 만들어주었다. 1980년대 미국의 로널드 레이건과 영국의 마거릿 대처가 특별히 열성적으로 이러한 전략을 추구했으며, 오늘날 우리가 신자유주의라고 부르는 접근 방식이 시작되었다.[6]

어떤 이들은 신자유주의라는 발상이 실수였다고 착각하는 경향이 있다. 지난 수십년간 우세했던, 어느 정도는 인간적인 자본주의 형태로 회귀시키기 위해 우리가 거부해야 할, 지나치게 극단적인 자본주의 형태라는 것이다. 그러나 신자유주의로의 전환은 실수가 아니었다. 성장의 정언명령이 신자유주의로의 전환을 추동했다. 이윤율을 회복하고 자본주의의 생명을 이어가기 위해 정부는 사회적 목표(사용가치)에서 벗어나 자본축적(교환가치)의 조건을 개선하는 데에 집중해야 했다. 정부가 자본의 이익을 내면화하면서 오늘날에는 성장과 자본축적 사이의 구분이 거의 완전히 사라져버렸다. 이제 이윤에 장애가 되는 장벽을 허무는 것, 성장을 위해 인간과 자연을 더 값싸게 만드는 것이 목표가 되었다.

또한 서구의 정부들은 같은 해결책의 일환으로 자본의 새로운 개척지를 열기 위해 이 의제를 남반구 전역에 밀어넣었다.

1950년대 식민주의가 끝난 후 새롭게 독립한 많은 정부들은 경제의 새로운 방향을 생각하고 있었다. 그들은 국가를 재건하기 위한 진보적인 정책을 만들어냈고, 국내 산업을 보호하기 위해 관세와 보조금 제도를 이용했다. 노동 기준을 개선하고 노동자의 임금을 올렸으며 공중보건과 교육 부문에 투자했다. 이 모든 것들은 식민주의의 추출 정책을 뒤집고 인간 복지를 증진하기 위한 계획이었다. 1960년대와 1970년대에 남반구의 평균 소득은 매년 3.2퍼센트씩 성장했다. 중요한 것은, 대다수 경우 성장 그 자체를 목표로 삼고 추구한 게 아니라는 점이다. 대공황 이후 수년간 서구에서 그랬던 것과 마찬가지로 성장은 복구와 독립, 인간 발전 human development 의 수단이었다.

서구 열강은 이러한 사태의 반전이 달갑지 않았다. 남반구 국가들의 변화가 서구 열강에게는 식민통치 시기에 누렸던 값싼 노동과 원자재, 그리고 전속 시장을 잃는다는 것을 의미했기 때문이다. 그래서 서구 열강이 개입했다. 1980년대 외채위기 기간에 라틴아메리카, 아프리카, 일부 아시아 지역(중국과 동아시아 몇몇 국가를 제외한) 전역에서 채권자인 자신들의 힘을 행사했고, '구조조정 프로그램'을 강요하기 위해 세계은행과 국제통화기금IMF에 대한 지배력을 이용했다. 구조조정은 남반구의 경제를 강제적으로 자유화하고, 보호관세와 자본규제를 폐기했으며, 임금을 삭감하고 환경법을 폐지했으며, 사회보장 지출을 대폭 줄이고 공공재를 민영화했다. 이 모두가 해외 자본을 위해 수익성이 있는 새 개척지를 부수어 열고 값싼 노동력과 자원을 이용할 권

리를 만회하기 위한 것이었다.[7]

구조조정은 근본적으로 남반구의 경제를 재구성했다. 정부는 어쩔 수 없이 인간 복지와 경제적인 독립에 집중하던 것을 포기하는 대신 자본축적을 위해 가능한 최적의 조건을 조성하는 데에 집중해야 했다. 성장의 이름으로 행해졌지만 남반구에 미친 영향은 참담했다. 신자유주의 정책의 강요로 빈곤, 불평등, 실업의 증가와 함께 20년의 위기가 초래되었다. 1980년대와 1990년대에 남반구 전역의 소득증가율이 무너져 20년 동안 평균 0.7퍼센트로 떨어졌다.[8] 그런데 자본에 대해서는 구조조정이 마법처럼 작용했다. 구조조정으로 초국적 기업들은 기록적인 이윤을 올릴 수 있었고, 가장 부유한 1퍼센트의 소득을 급격하게 증가시킬 수 있었다.[9] 구조조정(이것은 해결책이었다!)의 진짜 목적이었던 서구의 성장률은 회복되었지만, 이는 남반구 사람들의 삶을 희생한 대가였다. 이러한 개입의 결과로 지난 수십년 동안 전세계의 불평등이 엄청나게 증가했다. 오늘날 북반구와 남반구 간 1인당 실질소득의 차이는 식민주의가 끝났던 때보다 네배 이상 크다.[10]

구속복*

오늘날 부유한 정부, 가난한 정부를 막론하고 전세계의 거의 모든 정부는 일편단심 GDP에 초점을 두고 있다. 이것은 선택의 문제가 아니다. 마우스를 클릭하는 것만으로 자본이 자유롭게 국경을 넘나드는 세계화된 세상에서 국가들은 해외투자를 끌어들이기 위해 서로 경쟁할 수밖에 없다. 정부는 노동자의 권리를 축소하고, 환경보호를 대폭 줄이고, 개발업자에게 공공 토지를 개방하고, 공공 서비스를 민영화하라는 압박을 받는다. 자진해서 구조조정을 하는 세계적인 추세 속에서, 국제적인 자본의 소유자들을 기쁘게 하는 데에 필요하다면 무엇이든 상관없다.[11] 이 모든 것은 성장의 이름으로 이루어진다.

전세계의 정부들은 새로운 규칙에 매여 있다. 임금을 높이고 사회 서비스를 구축하는 데 적절한 산출 수준을 달성하지 말고, 성장 그 자체를 추구하라는 규칙 말이다. 경제적인 생산의 구체적인 사용가치(인간의 필요 충족)는 추상적인 교환가치(GDP 성장)의 추구에 종속되었다. 정부는 GDP 성장이 빈곤을 줄이고 일자리를 창출하며 사람들의 삶을 증진시켜줄 유일한 길이라고 말하면서 이를 정당화했다. 사실상 성장은 인간의 행복은 물론이고

---

* 행동을 제한하거나 진정시키기 위해 미치광이나 난폭한 죄수 등에게 입히는 옷.

심지어 진보 그 자체를 대신하게 되었다. GDP가 경제활동의 제한된 부분만을 측정한다는 점을 생각하면 놀라운 일이다. GDP 성장은 궁극적으로 자본주의의 행복을 나타내는 지표다. 우리 모두가 GDP 성장을 인간의 행복에 관한 대리 지표로 보게 되었다는 점은 엄청난 이데올로기적 쿠데타를 상징한다.

물론 어떤 면에서는 사실이기도 하다. 자본주의 경제에서 사람들의 생계는 GDP 성장과 연관되어 있다. 우리 모두는 생존하기 위해 일자리와 임금이 필요하다. 그러므로 여기서 문제가 시작된다. 자본주의하에 있는 기업들은 생산비용을 낮추기 위해 언제나 노동생산성을 높이는 방법을 찾고 있다. 노동생산성이 높아지면 기업은 노동력이 덜 필요하다. 사람들은 해고되고 실업이 증가한다. 빈곤이 심화되고 노숙자가 늘어난다. 정부는 단지 새로운 일자리를 창출하기 위해 앞다퉈 성장하는 것으로 대응할 수밖에 없다. 하지만 결코 위기는 사라지지 않는다. 위기는 매년 계속해서 발생한다. 이를 '생산성의 덫'productivity trap 이라고 한다.[12] 사회적인 붕괴를 피하려고 영속적인 성장을 필요로 하는 기묘한 처지에 놓이는 것이다.

정부가 빠져 있는 또다른 덫이 있다. 만약 정부가 공중보건과 교육에 투자하고자 한다면 필요한 돈을 찾아야(또는 만들어야) 한다. 하나의 선택지는 부자와 기업에 부과하는 세금을 올리는 것이지만 자본가들이 정치적 영향력을 지닌 나라에서 이 선택지는 반발을 촉발할 위험이 있다. 이러한 위험을 고려하면 심지어 진보정당들도 딜레마에 놓여 있음을 깨닫는다. 힘 있는 부자들이 당신에게 등을 돌리지 않게 하면서도 보통 사람들의 삶을 개선하기 위한 자원을 어떻게 구하겠는가? 성장이다.

다음으로 부채의 덫이 있는데, 이는 가장 강력한 성장의 정언 명령 중 하나다. 정부는 대체로 채권을 파는 방식으로 돈을 빌려 정부 활동에 자금을 조달한다. 채권에는 이자가 붙는데 이자는 복합함수다. 채권 이자를 지불하기 위해 정부는 수입을 창출해야 하고 이는 일반적으로 성장 추구를 의미한다. 경제가 둔화하면 정부는 부채를 상환할 수 없고, 걷잡을 수 없는 통제 불능의 위기가 촉발될 수 있다. 채권의 가치가 떨어지면 채권을 팔기 위해 정부는 더 높은 이자율을 약속해야만 하므로 더 많은 부채를 지게 된다. 위기를 벗어나는 유일한 방법은 성장을 방해하는 '장벽들', 즉 노동법·환경보호·자본규제를 축소하고, 투자자들에게 계속해서 채권을 구매하는 데 필요한 '신인도'confidence를 줄 수 있는 모든 방도를 시작하는 것이다. 정부도 기업처럼 가혹한 선택에 직면한다. 경제를 성장시킬 것인가 아니면 무너뜨릴 것인가.

이밖에도 정부들은 GDP가 국제적인 정치권력의 통화이기 때문에 성장을 추구한다. 이는 군사적인 측면에서 보면 가장 분명하다. GDP가 커지면, 탱크·미사일·항공모함·핵무기를 더 많이 구매할 수 있다. 경제적인 용어로 표현해도 마찬가지다. 국가의 GDP 규모에 좌우되는 세계무역기구WTO에서의 교섭력을 예로 들어보자. 가장 큰 경제 규모를 지닌 국가는 자국의 이익에 부합하는 무역거래를 할 수 있고, 소규모 경제 국가들의 협조를 강제하는 제재 수단을 휘두를 수 있다. 각국 정부들은 주변부로 밀려나지 않기 위해 꼭대기를 향해 필사적으로, 먹고 먹히는 치열한 경쟁을 벌이게 된다. 지정학적 압력은 성장의 정언명령의 강력한 동인이 되었다.

성장이 우리 경제와 정치에 깊이 장착되면서 경제와 정치 시스템은 성장 없이는 존속할 수 없게 되었다. 성장이 멈추면 기업은 파산하고, 정부는 사회 서비스에 돈을 대기 위해 버둥거리고, 사람들은 일자리를 잃고, 빈곤이 증가하며, 국가는 정치적으로 취약해진다. 자본주의하에서 성장은 인간 사회 조직이 선택할 수 있는 옵션이 아니라 모두를 볼모로 잡는 **정언명령**이다. 경제가 성장하지 못하면 모든 것이 산산이 부서진다. 우리는 구속복을 입고 있다. 전세계 정부들이 축적이라는 쳇바퀴를 영속화하는 데에 국가의 총력을 기울인다는 것은 놀랄 일이 아니다.

이 모든 것은 1945년 이후 GDP의 놀라운 가속화에 힘을 실어주었다. 그리고 생태학의 관점에서 보면, 바로 이 지점에서 상황이 잘못되기 시작한다.

먹어 치워지는 세계

나의 이야기 중 어디에서도 성장 자체가 나쁘다고 말하지 않았다. 나의 주장은 그게 아니다. 문제는 성장이 아니라 **성장주의** growthism다. 인간의 구체적인 필요와 사회적 목적을 충족시키는 것이 아니라 성장 자체 또는 자본축적을 위해 성장을 추구하는 것 말이다. 1980년대 이후 성장주의가 우리 지구에 미친 영향을 보면 인클로저와 식민지화의 시기는 상대적으로 예스러워 보인다. 식민지 개척자들이 여러 대륙 전역에서 전유하여 자본이라는 저거너트에 밀어넣은 토지와 자원은 모두 아무것도 아니었다.

원자재 소비에 관한 통계에서 이를 엿볼 수 있다. 이 측정량은 바이오매스·금속·광물·화석연료·건축자재를 비롯하여 매년 인간이 추출하고 소비한 모든 재료의 총량을 집계한 것이다. 통계 수치는 놀라운 이야기를 전해준다. 1900년대의 첫번째 반세기 동안 물질 사용material use이 꾸준히 증가하여, 연간 70억톤에서 140억톤으로 두배 증가했다. 그러나 1945년 이후 10년간 정말로 당혹스러운 일이 일어난다. GDP 성장이 전세계에서 핵심적인 정치적 목표로 확고하게 자리 잡게 되고, 경제성장이 가속화하면서 물질 사용이 폭발적으로 증가한다. 1980년까지 350억톤에 달하고 2000년까지 500억톤을 기록한 후 2017년까지 엄청나게도 920억톤까지 치솟는다.[13]

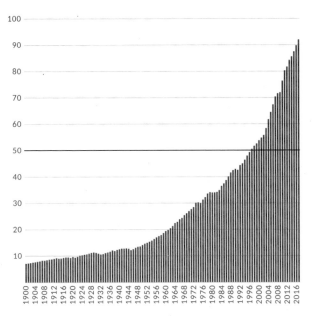

세계 물질 발자국(10억톤, 1900~2017년) 검은색 수평선은 과학들이 생각하는 지속가능한 최대 임계치이다(Bringezu, 2015).

출처: Krausmann et al. (2009), materialflows.net

이 그래프를 들여다보면 거의 숨이 막힐 지경이다. 물론 증가 분의 일부는 특히 가난한 지역의 사람들이 필수적인 재화(즉 사용가치)에 접근하는 데 중요한 진전이 있었음을 보여준다. 그건 기념해야 한다. 하지만 대부분은 그렇지 못하다. 과학자들은 지구가 연간 500억톤까지 물질 발자국 material footprint 을 처리할 수 있을 것이라 추산한다.[14] 최대 안전 한계인 셈이다. 오늘날 우리는 한계를 두배 초과했다. 그리고 앞으로 보겠지만 사실상 이 모든 초과량은 고소득 국가에서 사용가치가 아닌 교환가치를 중심으로 형성된 과잉소비의 결과다.

지구에서 추출한 모든 물질들은 지구의 생명 시스템에 영향을 미친다는 것을 명심하자. 생물량의 추출을 늘리는 것은 숲을 파괴하고 습지를 말라붙게 한다는 것을 의미한다. 서식지와 탄소 흡수원을 파괴하는 것을 의미한다. 토양 고갈, 바다의 데드존, 어류 남획을 의미한다. 화석연료의 추출을 늘리는 것은 탄소배출이 더 많아지고 기후 붕괴가 더 심해지고 해양 산성화가 더 심해진다는 것을 의미한다. 더 많은 산꼭대기가 잘리고 앞바다에 시추가 더 많아지고 수압 파쇄가 더 많아지고 타르샌드가 더 많아진다는 것을 의미한다. 광석과 건축자재의 채굴을 늘리면 노천광산이 더 많아져 모든 강 하류에 오염이 발생한다. 자동차와 배와 건물이 더 많아지면 에너지 수요가 늘어난다. 이 모든 것은 더 많은 쓰레기를 만들어 시골에 매립지가 더 많아지고 강에 독성물질이 더 많아지며 바다에 플라스틱이 더 많아진다. 유엔에 따르면 원료 채굴만으로도 전세계 전체 생물종 다양성 손실에 80퍼센트의 책임이 있다.[15] 실제로 과학자들은 종종 생태적 영향의 대체 지표로 물질 발자국을 이용한다.[16]

1945년 이후 물질 사용의 증가는 과학자들이 말한 '거대한 가속' Great Acceleration, 자본세라는 가장 공격적이고 파괴적인 시기를 반영한다. 결국 사실상 생태적 영향을 나타내는 모든 지표가 폭발적으로 증가했다.

물질 사용의 폭발적 증가는 세계 GDP의 증가와 거의 정확히 일치한다. 이 두가지는 정확히 같은 비율로 함께 성장했다. GDP

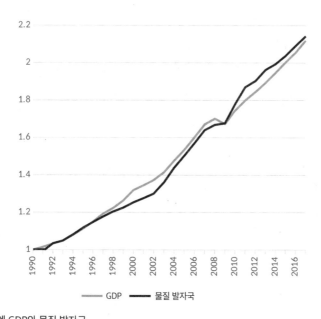

세계 GDP와 물질 발자국

출처: materialflows.net, 세계은행

의 단위가 하나씩 늘어난다는 것은 물질 추출 단위가 대략 하나씩 추가된다는 것을 의미한다. 1990년대에 GDP가 물질 사용보다 약간 빠른 속도로 성장하자, 일부 사람들이 GDP가 물질 사용으로부터 완전히 탈동조화되는 길에 있을 것이라고 기대한 시기가 있었다. 하지만 기대는 그후 수십년에 걸쳐 꺾였다. 사실상 정반대의 일이 발생했다. 2000년 이후 물질 사용의 증가는 GDP 성장보다 속도가 **빨랐다**. 서서히 비물질화하는 대신 세계경제는 재물질화되고 있다.

무엇보다 불안한 것은 아마도 이 추세가 둔화될 조짐이 보이지 않는다는 점일 것이다. 평소처럼 현재의 경로로 간다면 우리는 이번 세기 중반까지 연간 2000억톤 이상의 물자를 사용하게 될 것이다. 지금 우리가 사용하고 있는 양의 두배 이상이다. 이는 안전한 임계치보다 네배 많다. 이 과정에서 우리가 어떤 종류의 생태적 티핑 포인트에 이르게 될지 알 수 없다.

*

기후변화에도 똑같은 일이 일어나고 있다. 우리는 보통 기후변화가 화석연료에서 나온 배출로 인한 것이라고 생각한다. 물론 사실이다. 하지만 우리가 대개 간과하는 더 깊은 메커니즘이 작동하고 있다. 애초에 왜 우리는 이렇게 많은 화석연료를 태우는가? 경제성장이 에너지를 필요로 하기 때문이다. 전체 자본주의 역사에서 성장은 언제나 에너지 사용을 증가시켰다.[17]

별로 놀라운 일도 아니다. 무엇보다, 매년 세계경제가 먹어 치우는 모든 물질 재료를 채굴하고 처리하고 수송하기 위해 상당한 양의 에너지가 필요하다. 1945년 이후 화석연료 사용이 급격하게 가속화되었는데 GDP와 물질 사용이 따라 증가했다. 탄소배출량도 이와 함께 증가했다. 1900년대 앞의 반세기 동안 연간 탄소배출량은 20억톤에서 50억톤으로 두배 이상 늘었다. 뒤의 반세기 동안 연간 배출량은 다섯배 증가해 2000년까지 250억톤에 달했다. 이후에도 계속해서 증가했는데 일련의 국제적인 기후정상회의가 이어졌음에도 불구하고 2019년에는 370억톤에 이르렀다.

물론 에너지 사용과 탄소배출량 간의 내재적 관계는 없다. 우리가 사용하는 에너지원이 무엇이냐에 달려 있다. 석탄은 이제까지의 화석연료 중 가장 탄소 집약적이다. 1945년 이후 석탄보다 훨씬 빠르게 성장해온 석유는 에너지 단위당 탄소를 적게 배출한다. 천연가스는 여전히 덜 탄소 집약적이다.[18] 세계경제가 덜 오염시키는 연료에 더욱 의존하게 되면 배출이 감소하기 시작할 거라고 생각할 수도 있다. 이런 일이 몇몇 고소득 국가에서는 일어났지만, 전세계적인 규모는 아니었다. 왜 그런가? 새 연료가 오래된 연료를 대체하지 못할 정도로 GDP 성장이 전체 에너지 수요를 급격하게 끌어올리고 있어 새 연료가 기존 연료 위에 추가되는 실정이기 때문이다. 석유와 가스로의 전환은 에너지 전환이 아니라 에너지 추가다.

동일한 일이 현재 재생에너지에서도 일어나고 있다. 지난 20여 년간 재생에너지의 놀라운 성장이 있었고 이는 기념할 만하다. 일부 국가에서는 재생에너지가 화석연료를 대신하기 시작했다. 하지만 전지구적인 차원에서 에너지 수요의 증가는 재생에너지 설비 용량의 압도적인 증가를 뜻한다. 새로운 청정에너지가 더러운 에너지를 대체하는 대신 그 위에 추가되고 있다.[19] 이러한 역학은 우리를 고민스럽게 한다. 그렇다. 우리는 가능한 많은 재생에너지가 필요하다. 하지만 세계경제가 기존의 속도로 계속해서 성장한다면 차이를 충분히 만들어내지 못할 것이다. 더 많이 성장할수록 세계경제는 더 많은 에너지가 필요하고, 보다 청정한 에너지원으로 필요한 모든 에너지를 감당하기는 더 어려워진다.

*

이 모든 이야기는 우리가 GDP 성장에 대해 생각하는 방식을 변화시킨다. 우리는 기하급수적으로 증가하는 GDP를 인간 진보라고 생각하도록 배웠다. 하지만 그리 간단치 않다. 우리는 우리의 눈을 재훈련시켜야 한다. 평범한 이차원 패턴처럼 보이는 그림을 보다가, 초점을 바꾸어 더 깊이 들여다보면 갑자기 삼차원 이미지가 새롭게 눈에 들어오는 것과 같다. 성장을 보다 전체론적으로 생각하는 방식에서는 성장이 우리 경제가 생명세계를 소화하는 속도와 대체로 같다고 인식한다. 성장 그 자체는 문제가 아니다. 그러나 앞으로 우리가 보겠지만, 부유한 나라가 오래전에 넘어선 특정 지점을 지나면 성장은 극도로 파괴적이 된다. 자본주의하에서 성장의 속도는 자연과 인간의 삶이 상품화되고, 축적의 회로에 묶이는 속도다. 진보의 주된 지표가 성장에 의존하게 되었다는 것은 그만큼 우리가 생명의 관점이 아닌 자본의 관점에서 세계를 보게 되었다는 것을 나타낸다. 사실상 이제 주로 붕괴의 과정을 설명하기 위해 '성장'이라는 단어를 사용해야 한다는 사실은 씁쓸한 아이러니다.

식민주의 2.0

이 그림에는 잘못된 게 있다. 내가 여기서 사용해온 언어, '우리'라는 말은 그다지 정확하지 않다. 자본주의가 생태계 붕괴를 일으킨다는 점을 인정할 때조차도 우리는 마치 모든 인간이 동등하게 책임이 있는 것처럼 집합적인 용어로 생태계 붕괴를 묘사하는 경향이 있다. 인류세 이데올로기는 우리의 담론을 부지불식간에 파고드는 방법을 알고 있다. 그러나 이 가정은 실제로 무슨 일이 일어나는지를 알 수 없게 한다. '인류세'라는 단어가 잘못인 까닭은 이전의 경제체제들이 지금 자본주의가 하는 방식으로 지구 생태계에 위협을 가하지 않았기 때문만이 아니다. 오늘날조차 사람들 모두에게 동등하게 책임이 있는 것이 아니기 때문이기도 하다.

GDP 성장과 생태적 영향 간의 관계를 이해하기만 하면 1인당 GDP가 높은 국가가 생태적 영향을 많이 미친다는 사실을 추측할 수 있다. 그 반대도 마찬가지다. 바로 그것이 GDP 성장이 작용하는 방식이다. 우리가 가진 사실상 모든 범주의 소비 데이터에서 이러한 차이를 볼 수 있다. 생태 발자국이 상당한 고기를 예로 들어보자. 인도인은 1인당 평균 연간 4킬로그램의 고기를 소비한다. 케냐인은 1인당 평균 17킬로그램을 소비한다. 미국에서는 충격적일 정도인 120킬로그램을 소비한다. 매년 미국의 평균적인 개인은 인도인 서른명보다 더 많은 고기를 소비한다.[20] 또다른 주요 생태적 위험인 플라스틱을 살펴보자. 중동과 아프리카에서는 1인당 평균적으로 연간 16킬로그램의 플라스틱을 쓴다. 많은 양이다. 하지만 서유럽에서는 아홉배 많은, 1인당 연간 136킬로그램이다.[21]

물질 발자국에서도 동일한 패턴을 볼 수 있다. 저소득 국가는 연간 1인당 약 2톤의 물자만을 소비한다. 중하위소득 국가에서는 1인당 4톤을 소비하고 중상위소득 국가에서는 약 12톤을 소비한다. 고소득 국가에서는 이보다는 몇배 더 많이 소비하는데, 1인당 연간 평균 약 28톤이다. 미국은 35톤을 소비한다. 합리적으로 지속가능한 물질 발자국의 수준은 1인당으로 계산하면 약 8톤이라고 생태학자들은 말한다. 고소득 국가는 이 한계를 거의 네배가 넘게 낭비한다.[22]

수학자가 없더라도 우리가 겪고 있는 이 문제의 책임이 누구에게 있는지 계산할 수 있다. 한번 생각해보자. 고소득 국가가 세계의 나머지 국가들처럼 평균적인 수준으로 소비한다면 안전한 한계를 전혀 넘어서지 않을 것이다. 생태적 비상 상황이라는 위험에 맞닥뜨리지 않고 대략 지구의 생태 용량 한계 안에서 움직일 것이다. 반대로 세계 사람들 모두가 고소득 국가 수준으로 소비한다면 우리를 지탱할 지구가 네개 필요할 것이다. 중요한 것은, 고소득 국가 사람들이 더 많은 물질을 소비하기 때문만은 아니라는 점이다. 그들의 조달 시스템이 보다 자원 집약적인 이유도 있다. 멀리 떨어진 공장에서 생산되어, 비행기와 트럭으로 전세계

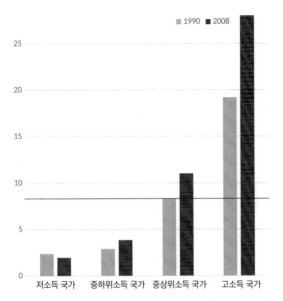

위 공간 안에 범례: ■ 1990 ■ 2008

국가의 물질 발자국(톤/인) 검은색 선은 1인당을 기준으로 했을 때 지속가능한 임계치를 나타낸다(Bringezu 2015 참조). **23**
출처: materialflows.net

로 수송되고, 거대한 창고에서 보관되며, 다량의 플라스틱과 판지로 포장된 프링글스 감자칩을 한통 산다면, 지역 농산물 직판장의 진열대에서 파는 감자칩을 산 것보다 물질적으로 더 집약적이다. 경제가 기업의 공급망에 더 많이 의존할수록 물질 사용은 더 집약적인 것이 되기 쉽다.

이러한 불평등은 시간이 지날수록 악화되고 있다. 북반구와 남반구의 소비 격차는 1990년 이후로 폭발적으로 증가했다. 1인당 기준으로 말하면, 이 기간에 물질 사용이 증가한 것은 부유한 나라의 소비가 증가했기 때문이다. 우리가 보다 인간적이고 생태적인 경제를 건설하고자 한다면 정반대로 행동해야 한다. 격차를 줄여야 한다. 이 책의 2부에서 보겠지만 남반구 국가 대부분은 인간의 필요를 충족시키기 위해서 자원 사용을 늘려야 하는 반면, 고소득 국가는 지속가능한 수준으로 돌아가기 위해서 자원 사용을 급격하게 줄여야 한다.

물론 우리는 앞으로 인구의 역할에 대해서도 생각해야 한다. 세계 인구가 증가할수록 이 문제는 더 어려워질 것이다. 우리가 인구문제에 접근할 때, 늘 그렇듯이, 근원적인 동인에 주목하는 것이 중요하다. 전세계의 대다수 여성들은 자신의 몸과 자신이 낳는 자녀의 수에 대한 통제력을 갖지 못한다. 심지어 자유주의 국가들에서도 여성들은 출산에 대해 엄청난 사회적 압박을 받는다. 자녀를 적게 낳거나 낳지 않기로 결정하는 여성들은 추궁을 당하거나 낙인이 찍힐 정도다. 빈곤은 이러한 문제를 상당히 악화시킨다. 물론 자본주의 자체가 인구 성장의 압력을 형성한다. 사람이 더 많다는 것은 노동자가 더 많다는 것이자 노동력이 더 저렴해지는 것, 소비자가 더 많아지는 것을 의미한다. 인구 성장의 압력은 우리의 문화 속에, 심지어 국가 정책 속에 스며들어간다. 프랑스나 일본 같은 나라는 경제성장을 유지하기 위해 여성들이 아이를 많이 낳도록 장려금을 제공하고 있다.

인구의 규모를 안정화하는 것은 중요하다. 좋은 소식은 우리가 어떻게 해야 하는지 알고 있다는 것이다. 경제학자 케이트 레이워스는 내게 이렇게 말했다. "세계는 성장곡선을 평평하게 할 방법을 실제로 알고 있습니다. 인구문제 때문에 제가 잠을 못 자는 건 아닙니다." 어떻게 하면 출생률이 감소하는가? 아동 보건에 투자하면 부모는 자신의 자녀가 살아남을 것이라는 믿음을 더 가질 수 있다. 여성 보건과 재생산의 권리에 투자하면 여성들은 자신의 신체와 가족 규모를 더 잘 통제하게 된다. 여학생의 교육에 투자하면 그들의 선택권과 기회가 확대된다. 이런 정책들이 자리를 잡으면 인구 증가는 빠르게, 심지어 한 세대 만에 떨어진다.[24] 젠더 정의는 보다 생태적인 경제를 위한 어떤 비전에서든 핵심에 놓여야 한다.

그러나 인구 성장을 안정화시킨다고 해서 그 자체로 생태적인 피해가 자동적으로 안정 상태가 되는 것은 아니다. 더 많은 소비자가 줄어들면 자본은 기존 소비자로 하여금 더 많이 소비하게 할 방법을 찾는다. 실제로 과거 수백년간을 지배했던 이야기다. 물질 사용 증가율은 늘 인구 증가율을 앞질렀다. 사실 인구가 안정되고 감소할 때도 물질 사용은 계속해서 증가했다. 자본주의하에서 인구 안정을 보인 모든 역사적 사례에서 그랬다.

물질 소비에 관한 데이터를 통해 우리는 고소득 국가가 생태계 붕괴의 가장 큰 동인이라는 사실을 알 수 있다. 하지만 이 문제에는 또다른 측면이 있다. 우리는 세계에서 생태계 붕괴가 일어나는 곳이 어디인지 질문해야 한다. 고소득 국가는 대체로 남반구의 추출에 의존한다. 사실상 고소득 국가가 소비하는 전체 물질 가운데 거의 절반은 빈곤 국가에서, 대개 불평등하고 착취적인 조건하에 추출된다. 스마트폰 속의 콜탄coltan은 콩고에 있는 광산으로부터 온 것이다. 전기차 배터리의 리튬은 볼리비아의 산에서

온 것이다. 침대 시트에 사용하는 면은 이집트의 플랜테이션에서 온 것이다. 게다가 이 의존성은 다른 방향으로 가지 않는다. 남반구에서 소비되는 물질 대부분은 본질적으로 남반구에서 온 것이다. 다국적 가치 사슬을 통해 순환된다고 해도 말이다.[25]

다시 말하자면, 빈곤 국가에서 부유한 국가로 가는 자원의 거대한 순 흐름이 있고 연간 원자재의 약 100억톤이 여기에 포함된다. 식민지 건설의 특징이었던 추출 양상은 오늘날에도 상당히 많이 남아 있다. 이제는 군대가 자원을 빼앗는 대신 해외투자에 의존하게 되었으며, 자본주의 성장의 정언명령에 기대고 있는 정부들이 이런 자원들을 싼값에 추출해 판매한다.

*

기후 붕괴에 관해서도 비슷한 불평등 양상이 일어나는 것을 볼 수 있다. 다만 주류의 내러티브로는 알기 어렵다. 미디어는 각국이 국경 내에서 배출한 이산화탄소에만 중점을 둔다. 이 측정치로 보면, 중국은 지금까지 가장 많은 이산화탄소를 배출한 주범이다. 중국은 연간 10.3기가톤을 배출하는데 이는 두번째로 나쁜 주범인 미국 배출량의 거의 두배에 해당한다. 유럽연합은 세번째로 많이 배출한다. 한편 인도 역시 그다지 뒤지지 않아 러시아나 일본 같은 주요 산업국보다 많이 배출한다.

이런 시각에서 데이터를 살펴보면 기후위기의 책임을 북반구와 남반구의 나라들이 거의 동등하게 나누어 져야 한다는 결론을 내리고 싶을 수도 있다. 하지만 이러한 접근법에는 문제가 많다. 첫째 이 접근법은 인구 규모에 따라 보정된 게 아니다. 데이터를 1인당 기준으로 살펴보면 이야기는 완전히 달라진다. 인도는 1인 당 1.9톤밖에 배출하지 않는다. 중국은 1인당 8톤을 배출한다. 이 와 대조적으로 미국인의 배출량은 1인당 16톤으로, 이는 중국인 의 두배, 인도인의 여덟배에 해당한다. 게다가 1980년대 이후, 고 소득 국가들은 값싼 노동력과 자원을 이용하기 위해 산업 생산 량의 대부분을 남반구의 가난한 나라에 아웃소싱했고, 그 덕분에 상당량의 이산화탄소 배출을 자국 총배출량에서 제외시켰다. 국 가의 책임에 관한 더 정확한 그림을 원한다면 국경 내 배출 이상 의 것을 봐야 하며, 소비에 기반한 배출도 계산해야 한다.

하지만 미디어의 일반적인 내러티브에서 가장 큰 문제는 따로 있다. 기후 붕괴에서 문제 삼아야 할 것은 대기 중 이산화탄소의 누적량이지 연간 흐름이 아니다. 따라서 우리는 각 국가가 역사적 으로 배출한 양을 살펴봐야 한다. 이 방식으로 접근하면 북반구의 고도로 산업화된 국가, 특히 미국과 서유럽이 이 문제에 대부분 의 책임이 있다.

이 모든 것을 고려하는 한가지 방법은 '대기의 커먼즈'atmospheric commons 원칙으로부터 출발하는 것이다. 대기는 유한한 자원이며, 안전한 지구 위험 한계선 내에서 대기에 대한 동등한 권리가 모 든 사람에게 있다는 것을 인정하자는 것이다. 과학자들이 정의한 기준은 대기 중 이산화탄소 농도 350ppm이다. 이 틀을 이용하면 국가들이 안전한 공정 분담량fair share을 넘거나 '초과하는' 정도

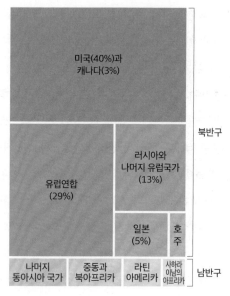

미국(40%)과
캐나다(3%)

북반구

러시아와
나머지 유럽국가
(13%)

유럽연합
(29%)

일본
(5%)

호
주

나머지
동아시아 국가

중동과
북아프리카

라틴
아메리카

사하라
이남의
아프리카

남반구

기후붕괴의 책임 이 그래프는 350ppm 임계치에 따른 국가별 공정 분담량을 초과한 역사적 배출량을 보여준다(1850~1969년의 국경 내 배출량, 1970~2015년의 소비에 근거한 배출량).

출처: Hickel 2020, Data management by Huzaifa Zoomkawala.[26]

와 국가가 기후 붕괴에 얼마나 책임이 있는지를 계산할 수 있다. 위의 그래프는 그 결과를 보여주는데 1850년 이후 역사적인 배출을 계산하고, 계산이 가능한 지역의 소비에 근거한 배출량을 이용했다.

이 수치들은 놀랍다. 미국은 전세계 초과 배출량의 40퍼센트에 단독 책임이 있다. 유럽연합은 29퍼센트의 책임이 있다. 초과 배출량 가운데 92퍼센트에 (세계 인구의 19퍼센트를 차지하는) 유럽의 나머지 국가와 캐나다, 일본, 호주 등 북반구 국가들이 기여했다. 이는 북반구의 나라들이 기후 붕괴로 인한 피해에 92퍼센트의 책임이 있다는 것을 의미한다. 반면 라틴아메리카, 아프리카, 중동의 전 대륙을 모두 합해도 그들에게는 단 8퍼센트의 책임이 있다. 그것도 이 지역 내에 있는 단지 소수의 국가에서 배출된 것이다.[27]

사실상 역사적으로 남반구 국가 대부분은 매우 적게 배출했기 때문에 이 국가들의 배출은 지구의 위험 한계선의 공정 분담량을 여전히 벗어나지 않는다. 인도는 지금까지 90기가톤을 배출해 공정 분담량을 넘지 않았다. 나이지리아는 11기가톤, 인도네시아 역시 14기가톤을 배출해 공정 분담량을 넘지 않았다. 중국이 현재 배출하고 있는 배출량을 고려해보면 머지않아 탄소 예산carbon budget*을 다 써버릴 상황에 있지만, 중국도 공정 분담량을 넘지는 않았다. 다시 말하자면 자신들의 공정 분담량을 모조리 먹어 치운 고소득 국가뿐만 아니라 다른 나라들까지 전부 전세계에 기후 부채를 지고 있다.

지금 일어나고 있는 일은 대기의 식민화라는 과정으로서 이해되어야 한다. 소수의 국가들이 안전한 대기 커먼즈의 대부분을 전유해왔으며 지구의 위험 한계선을 초과하는 배출량 대부분에 책임이 있다.

대기 식민화 과정은 이전의 식민화 과정과 완전히 무관하지 않다. 우리는 북반구의 산업 성장이 남반구의 땅·자원·사람들을 식

---

* 최악의 기후위기 상황을 막기 위해 넘지 않아야 할 탄소배출량을 예산으로 표현한 것.

민주의적으로 전유함으로써 가능했다는 사실을 알고 있다. 우리가 가지고 있는 역사적 배출량에 관한 자료는 북반구의 산업화가 '대기 절도행위'atmospheric theft라 할 수 있는, 대기권을 전유하는 과정이었다는 사실을 보여준다. 식민지화의 첫 단계가 남반구 전역에서 생태 파괴와 인간 파괴를 낳았던 것처럼 현재의 대기 식민화도 마찬가지로 파괴를 낳고 있다. 기후위기에 사실상 아무런 기여를 하지 않았음에도 남반구가 기후 붕괴에 따른 영향의 대부분을 감당하고 있다는 사실은 역설적이다.

우리는 북반구가 겪는 피해를 알고 있다. 미국을 강타하는 허리케인, 겨울마다 영국을 물에 잠기게 하는 홍수, 유럽을 타들어가게 하는 폭염, 호주를 황폐하게 만드는 사나운 산불. 북반구에서 벌어지는 파괴적인 이야기들이 우리의 헤드라인을 독차지한다. 언론들이 이 이야기들을 다루는 것은 당연하다. 하지만 이런 호들갑은 남반구에 가해진 재난 앞에서 무색해진다. 카리브해 지역과 동남아시아에서 너무나 많은 것을 파괴한 태풍, 중앙아메리카·동아프리카·중동에서 사람들을 굶주림에 빠뜨리고 고향을 떠나도록 만드는 가뭄 등의 재난은 우리의 텔레비전 화면에 아주 잠깐 등장할 뿐이다. 비교해서 말하자면 북아메리카·유럽·호주는 기후변화의 영향에 가장 취약하지 않은 나라에 속한다. 실질적인 피해가 아프리카·아시아·라틴아메리카 전역에서 발생하고 있다. 정말로 디스토피아급 규모다.

이러한 불평등을 설명하는 한가지 방식은 화폐로 환산된 비용의 분포를 살펴보는 것이다. 기후 취약성 모니터Climate Vulnerability

Monitor 라는 단체의 데이터에 따르면 남반구는 기후 붕괴로 인한 전체 비용 중 82퍼센트를 부담했다. 2010년 가뭄·홍수·산사태·태풍·산불로 인해 총 5710억달러의 손실이 발생했다.[28] 연구자들은 이러한 비용이 계속 증가할 것이라고 내다봤다. 2030년까지 남반구는 9540억달러에 달하는 전세계적인 재난 비용 중 92퍼센트를 부담하게 될 것이다.

기후변화와 관련한 사망자 역시 남반구에 편중되어 있다. 2010년 데이터에 따르면 기후 붕괴와 관련된 위기, 주로 굶주림과 전염병으로 인해 약 40만명의 사람들이 사망했다. 사망자의 98퍼센트는 남반구에서 발생했다. 또한 사망자의 대다수인 83퍼센트는 세계에서 탄소배출량이 가장 낮은 나라에서 발생했다. 2030년까지 기후로 인한 사망자 수는 연간 53만명에 이를 것으로 전망된다. 사실상 이 모든 일이 남반구에서 일어날 것이다. 기후 관련 사망자 중 단지 1퍼센트만이 부유한 국가들의 국경 안에서 발생할 것이다.

기후변화의 영향은 왜 이렇게 불균일하게 분포하는가? 첫번째 이유는 기후변화로 인해 강우 패턴이 북쪽으로 이동하고 있기 때문이다. 그 결과 남반구의 가뭄에 취약한 지역은 지금보다 더 물이 줄어들 것이다. 이로 인해 농작물 수확량이 세계 평균보다 빠르게 감소할 것으로 예측되는 이 지역의 농업은 파괴적인 결과를 가져올 것이다. 질병은 또다른 요인이다. 기온 상승은 말라리아·수막염·뎅기열·지카바이러스 등 열대성 질병의 영향 범위를 확장시킨다. 한편 이는 오랜 기간의 식민지배와 구조조정을 겪은 남반구의 지역사회가 기후 붕괴에 대한 적응력이 가장 떨어지기 때문이기도 하다. 가뭄과 홍수에 취약한 경작 한계지에 살 가능성이 높고, 재난을 뚫고 나갈 재정적인 여유가 없으며, 쉽게 이주하거나 새로운 생계수단을 찾기 어렵고, 자신들의 인권을 옹호할 수 없는 가난한 사람들에게 특히 그렇다. 몇몇 부유한 나라들의 과도한 배출이 가난한 나라의 수십억 사람들에게 해를 가하는 것은 비인도적 범죄이며, 우리는 분명하게 그렇다고 말할 수 있어야 한다. 유엔의 극빈과 인권에 관한 특별보고관 필립 올스턴이 했던 것처럼 말이다. "기후변화는 다른 어떤 것보다 가난한 사람들에게 가하는 부도덕한 공격이다."[29]

공격은 이미 일어나고 있다. 동아프리카의 작은 나라 소말릴란드를 예로 들어보자. 이 지역은 지난 몇년 동안 잇따른 가뭄으로 가축의 70퍼센트가 죽고, 농촌 지역이 황폐해졌으며, 수만 세대가 떠나야 했다. 환경부장관 수크리 이스마일 반다르는 『파이낸셜 타임스』와의 인터뷰에서 이렇게 말했다. "우리는 전에도 가뭄을 겪고는 했습니다. 가뭄에 이름을 붙였었죠. 가뭄은 10년 또는 15년 간격으로 있었습니다. 이제는 가뭄이 너무 자주 와서 사람들이 가뭄에 대처할 수 없습니다. 당신은 소말릴란드에서 기후변화를 접할 수 있습니다. 이것은 현실이고 지금 여기에 있습니다."[30]

1도 상승했는데 이런 일이 발생한다는 것을 기억하자. 2도 상승은 남반구 대다수에게 사형선고가 될 것이다. 사람들이 2도를 합리적인 목표라고 받아들이는 유일한 이유는 미국과 그밖의 강대국 협상 대표단들이 남반구, 특히 아프리카 대표단의 강한 반대를 무시하고 2도를 밀어붙였기 때문일 따름이다. 2009년 코펜하겐에서 2도 목표가 발표되었을 때 G77의 대표단 단장 루뭄바디-아핑은 이렇게 말했다. "우리는 자살 협정에 서명하라고 요청받았습니다." 그리고 "500년이나 서구와 만났지만 우리를 여전히 '일회용'으로 여기고 있으니 유감입니다"라고 덧붙였다. 그가 저렴한 자연이라는 말을 보탰음직도 하다.

남반구의 기후 붕괴로 인한 트라우마는 식민통치로 인한 트라우마와 맥을 같이한다. 남반구는 두번이나 고통을 겪었다. 첫번째는 북반구의 산업 성장을 촉진했던 자원과 노동력의 착취였다. 이제는 북반구의 산업에서 나온 배출로 대기 커먼즈가 전유되고 있다. 기후위기를 분석하면서 식민주의 차원에 주의를 기울이지 않는다면, 이는 핵심을 포착하지 못한 것이다.

21세기에 '한계'를 생각하는 방식에 대하여

성장에 대해 말하자면, 성장은 너무 좋게 들린다. 성장은 자연의 프로세스를 이해하는 데 있어 깊이 뿌리박힌 강력한 비유다. 아이가 자라고, 작물이 자라고… 그러므로 경제도 자라야 한다는 식으로 말이다. 그러나 이러한 프레임은 잘못된 비유로 작용한다. 성장의 자연스러운 과정은 항상 유한하다. 우리는 아이들이 성장하기를 바라지만 9피트(약 2.74미터)까지는 아니다. 끝없는 기하급수 곡선을 그리듯 크는 것을 절대 원치 않는다. 오히려 아이들이 성숙한 지점에 다다른 다음에는 건강한 균형을 유지하기를 바란다. 우리는 농작물이 자라기를 바라지만 다 익으면 수확하고 새로 심기를 원한다. 이것이 바로 생명세계에서 성장이 작동하는 방식이다. 균형을 유지하는 성장이다.

자본주의 경제는 이와 전혀 달라 보인다. 자본주의 성장의 정언명령하에서는 수평선이 없다. 다시 말해, 경제학자와 정치인들이 돈이나 물건을 충분히 얻게 될 것이라고 말하는 미래의 시점 같은 게 없다. 성숙도 없고 목표도 없다는 이중적 의미에서 끝이 없는 것이다. 성장은 그 자체를 위해 영구히 계속될 수 있고, 계속되어야 한다는 전제에 의문이 제기되지 않는다. 한 국가가 얼마나 많이 부유하든 그 나라의 GDP는 어떤 확실한 종착점도 없이 지속적으로 성장해야 한다고 주장하는 경제학의 지배적인 신념은, 생각해보면 정말 놀랍다. 이것은 명백히 불합리하다. 이러한 양상이 자연에서 종종 벌어지기도 하지만, 파괴적인 결과만 야기한다는 것을 우리는 알고 있다. 예컨대 암세포는 복제를 위해 복제하도록 프로그램되어 있으며 그 결과는 생체 시스템에 치명적이다.

세계경제를 계속 확장시킬 수 있다는 상상은 지구의 생태적 한계에 대한 가장 명백한 사실을 부정하는 것이다. 이러한 깨달음은 1972년 MIT의 한 과학 연구팀이 「성장의 한계」Limits to Growth라는 제목의 획기적인 보고서를 발표했을 때 우리에게 성큼 다가왔다. 이 보고서에는 1900년부터 1970년까지의 복잡한 생태적·사회적·경제적 데이터를 분석하고, 21세기 말까지 세계에 무슨 일이 발생할지 예측한 최첨단 연구 결과가 요약되어 있다. 연구팀은 이러한 연구 결과를 얻기 위해 열두가지의 시나리오를 갖고 설계된 월드3World3라는 강력한 컴퓨터 시뮬레이션을 이용했다.

결과는 놀라웠다. 평소의 비율로 경제가 성장하면서 현 상태를 유지하는 시나리오는 2030년과 2040년 사이 어느 시점에 우리가 위기에 봉착하게 될 것이라는 점을 보여주었다. 성장함수의 복합적 특성으로 인해 재생가능한 자원은 재생성의 한계에 이르고, 재생 불가능한 자원은 고갈되기 시작할 것이다. 오염은 지구의 수용 역량을 넘어서기 시작할 것이다. 국가들은 이 문제를 해결하기 위해서 점점 더 많은 돈을 지출해야 할 테니 지속적인 성장에 필요한 재투자에 돈을 덜 쓰게 될 것이다. 경제총생산이 감소하고, 식량 공급은 정체되며, 생활 수준이 떨어지고, 인구가 줄어들기 시작할 것이다. 그들은 다소 부정적으로 이렇게 적었다. "가장 가능성 있는 결과는 인구와 산업 역량 모두에서 상당히 급작스럽고 통제할 수 없는 수준의 하락이 일어나는 것이나."

이것은 급소를 찔렀다. 「성장의 한계」는 폭발적으로 등장했고 역사적으로 가장 잘 팔리는 환경 책 가운데 하나가 되었으며, 1968년 청년 저항운동 이후 만연했던 반문화적인 에토스와 연결되었다.

그러나 곧 반동이 나타났고, 압도적인 힘을 발휘했다. 『이코노미스트』『포린 어페어스』『포브스』『뉴욕 타임스』등이 이 보고서를 비난했고, 유명 경제학자들도 보고서를 매도했다. 그들은 이 시뮬레이션이 너무 단순하다고 말했다. 자본주의가 할 수 있는 무한한 혁신을 고려하지 않았다는 것이다. 분명 기존의 재생 불가능한 자원들이 고갈될 수 있지만 우리는 새로운 기술로 새로운 매장량을 찾거나 대체재의 사용 방법을 발견할 수 있다. 식량과 같은 재생가능한 자원에 이용될 토지의 양에 한계가 있을 수 있지만 우리는 늘 더 나은 비료와 생산성이 높은 농작물 품종을 개발하거나 창고에서 식량을 재배할 수 있다.

옥스퍼드 대학의 윌프레드 베커먼 교수는 놀라운 기술발전을 생각해보면 "경제성장이 앞으로 2500년 동안 지속되지 못할 이유가 없다"고 말하기까지 했다. 로널드 레이건은 현직 대통령이던 지미 카터(환경운동가)를 상대로 선거 캠페인을 진행했다. 그는 한계라는 개념을 공격하고, 무제한성에 대한 찬양을 아메리칸 드림 정신 자체와 연결했다. 레이건은 이렇게 말했다. "성장의 한계

같은 것은 없다. 인간의 상상력에 한계 같은 것은 없기 때문이다." 이것은 승리의 메시지였고 미국인들은 그 메시지를 구매했다. 레이건은 카터를 압도적으로 이겼다.

1989년 소련의 붕괴 그리고 미국식 소비주의의 세계화에 대한 희열 이후 10년간, 「성장의 한계」는 거의 잊혔다. 1992년 프랜시스 후쿠야마가 자신의 책 『역사의 종언』*The End of History*에서 찬미한 합의에 찬성하면서, 「성장의 한계」가 던진 경고를 제쳐두었던 것이다. 자유시장 자본주의는 유일한 선택지여서 영원히 지속될 세계 전체 같았다.

*

그러나 변화가 일어났다. 2008년 세계 금융위기로 파티는 종말을 고했다. 자유시장의 무제한 마법과 아메리칸 드림이라는 불변의 약속에 대한 사람들의 믿음이 뿌리부터 흔들렸다. 유력 은행들이 무너졌고, 전세계 수백만명의 사람들이 집과 일자리를 잃었다. 많은 정부가 다시 성장을 계속하기 위한 필사적인 시도를 벌였다. 은행을 구제하고, 부자 감세를 도입하고, 노동법을 축소하고, 호된 긴축정책을 통해 사회보장 지출을 삭감했다. 이는 대중적인 사회운동의 물결을 촉발시켰다. '월스트리트 점령' '인디그나도스'Indignados '아랍의 봄' 등 사람들은 인간보다 자본을 우선시하는 시스템에 분노했다. 태풍·화재·가뭄·홍수가 정기적으로 헤드라인을 장식해 세계가 기후변화의 현실에 눈뜨게 되면서 펼처진 상황이다.

체제의 위기를 배경으로 사람들은 지배적인 경제적 합의에 대해 질문하기 시작했고, 생태적 한계에 관한 물음이 다시 주목을 받게 되었다. 그런데 이번에는 예전의 「성장의 한계」 사고방식이 한계에 대한 완전히 새로운 사고방식으로 대체되었다.

「성장의 한계」 보고서가 갖는 문제는 경제를 계속 움직이는 데 필요한 자원의 유한성에만 초점을 두었다는 것이다. 한계에 대한 이러한 사고방식은 우리가 새로운 매장량을 찾거나 기존 자원을 새로운 자원으로 대체할 수 있다면, 재생가능한 자원의 산출량을 개선할 방법을 개발한다면, 한계를 우려할 필요가 없다고 주장하는 이들에게는 설득력이 약하다. 물론 자원 대체와 집약화 과정이 절대적인 한계에 이르는 지점까지만 갈 수 있다 해도, 우리는 한계가 아직은 먼 일일 수도 있음을 알고 있다.

하지만 생태계는 실제로 그렇게 작동하지 않는다. 경제성장의 문제는 우리가 어느 지점에서 자원을 고갈시킬 수 있다는 것만이 아니다. 문제는 경제성장이 생태계의 온전한 상태를 점진적으로 붕괴시킨다는 것이다. 육지에 있는 석유 매장량이 고갈되면 해양에 있는 매장량으로 옮겨갈 수 있지만 둘 다 기후 붕괴의 원인이 된다. 한 종류의 금속을 다른 종류로 대체할 수 있지만 어떤 금속이든 채굴을 늘리면 강을 유독물질로 오염시키고 서식지를 파괴할 것이다. 화학물질을 가득 채운 펌프질로 추출을 늘릴 수 있지만 토양 고갈과 수분 매개 곤충의 감소를 수반할 수밖에 없다. 자원 대체와 집약화 과정 덕분에 우리가 한동안은 자원의 한계 상황 주변에 머무를 수 있겠지만 이 과정은 여전히 생태계 붕괴를 이끌 것이다. 바로 이것이 문제다.

최근 몇년 동안 생태학자들은 한계에 대한 새롭고, 과학적으로 보다 확실한 사고방식을 개발했다. 2009년에 스톡홀름 복원력센터Stockholm Resilience Centre의 요한 록스트룀과 미국의 기후과학자 제임스 핸슨, 그리고 인류세 개념을 고안한 파울 크뤼천이 이끄는 팀이 "지구의 위험 한계선"이라는 새로운 개념을 설명하는 획기적인 보고서를 발표했다.[31] 지구의 생물권은 상당한 압력에도 견딜 수 있는 통합적인 시스템이지만, 특정 지점을 지나면 붕괴가 시작된다. 지구시스템과학의 데이터를 이용하여 이들은 지구의 시스템이 온전하게 유지되기 위해 통제되어야 할, 잠재적으로 불안정한 아홉개의 과정을 제시했다. 그것은 기후변화, 생물종 다양성 손실, 해양 산성화, 토지 이용의 변화, 질소와 인의 부하, 담수 이용, 대기의 에어로졸 부하, 화학적 오염, 오존층 상실이다.

과학자들은 이들 각각의 과정에 대한 '위험 한계선'을 추산했다. 예를 들어 기후가 안정적으로 유지되려면 대기 중 이산화탄소 농도는 350ppm을 넘지 말아야 한다(우리는 1990년에 한계선인 350ppm을 넘었고, 2020년에는 415ppm을 기록했다). 멸종 비율은 연간 100만종당 10개종을 넘으면 안 된다. 삼림지의 용도 전환은 육지의 25퍼센트를 넘으면 안 된다. 여기서 제시한 위험 한계선들은 엄밀한 의미에서 '강한'hard 한계가 아니다. 한계선을 넘는다고 해서 지구시스템이 곧바로 멈추지는 않는다. 하지만 한계선을 넘는다는 것은 티핑 포인트가 촉발되어 결국 되돌아올 수 없는 붕괴를 낳을 위험 영역에 진입한다는 것을 의미한다.

생태학의 관점에서 보면 이것은 한계를 더 일관성 있게 사고하는 방식이다. 우리의 지구는 풍요로운 곳이다. 지구는 매년 숲과 물고기와 농작물을 풍부하게 만들어낸다. 놀랍게도 지구는 우리가 사용하는 다양한 것들을 재생산할 뿐만 아니라 배출물, 화학약품 유출 등 폐기물도 흡수하고 처리하는 복원력을 갖고 있다. 그러나 지구가 수용력을 유지하려면 우리는 지구의 생태계가 재생할 수 있는 것만큼만 취해야 하며, 대기·강·토양이 흡수할 수 있는 양 이상으로 오염시켜선 안 된다. 우리가 위험 한계선을 초과한다면 생태계가 붕괴하고 생명의 그물이 와해될 것이다. 이것이 현재 벌어지고 있는 일이다. 최신 데이터에 따르면 우리는 이미 기후변화, 생물종 다양성 손실, 삼림 벌채와 생물지구화학적 흐름 등 네 영역에서 지구의 위험 한계선을 넘어섰다.

그렇다면 이 모든 것들이 경제성장에는 어떤 의미가 있는가? 지구의 위험 한계선을 넘어선다는 것이 경제성장이 갑자기 멈춘다는 의미는 아니다. 우리는 이미 위험스러운 티핑 포인트로 미끄러져 들어가고 있고 성장은 끝날 기미가 보이지 않는다. 사실상 사회와 생태 시스템이 붕괴되기 시작해도 GDP는 계속 성장 가능하다고 상상할 수도 있다. 자본은 제방 건설, 국경의 군사적 통제, 북극 채굴, 해수 담수화 플랜트 같은 새로운 성장 부문으로 몰려갈 것이다. 실제로 세계에서 가장 영향력 있는 정부와 기업 대부분은 발생 가능성 있는 재난 시나리오에 자본을 투자하려고 벌써 자리를 잡고 있다. 정부와 기업은 우리가 현 상태를 계속 유지할 경우 앞으로 어떤 일이 일어날지 잘 알고 있다.

GDP 성장의 총량을 유지하는 전략으로서, 이것은 한동안만 효과가 있을 것이다. 생태계 붕괴가 티핑 포인트를 작동시키고, 농업 생산량이 감소하고, 대량 이주가 정치적 안정을 위협하고, 도시들이 해수면 상승으로 파괴되면서, 성장의 가능성 그리고 실제로 조직화된 문명의 가능성을 뒷받침하는 환경, 사회, 물질적 기반시설이 무너지게 될 것이다.

우리가 성장의 한계에 언제 부딪힐 것인지 예측하려고 애쓰는 것이야말로 실은 성장의 한계에 대한 잘못된 사고방식이다. 우리는 성장의 한계에 부딪히기 훨씬 전에 생태계 붕괴로 빠져드는 우리 자신을 발견할 것이다. 이것을 깨닫고 나면, 한계에 대해 생각하는 방식이 완전히 바뀔 것이다. 정치생태학자 요르고스 칼리스가 말한 것처럼 문제는 단기적인 성장의 한계가 아니다. 그런 건 없다. 인류세에서 살아남고 싶다면 성장이 외적 한계에 부딪힐 때까지 앉아서 기다릴 수만은 없다. 우리 스스로가 성장을 제한하기로 선택해야 한다. 경제가 지구의 위험 한계선 내에서 작동하도록 재조직하고, 우리가 생존을 위해 의존하는 지구의 생명 시스템을 유지할 필요가 있다.[32]

3장

기술이 우리를 구원할 것인가?

기후변화는 공학적인 문제이므로 공학적인 해결책이 있다.

— 렉스 틸러슨, 전 엑손모빌 CEO

경제성장과 생태계 붕괴의 연관성에 관한 증거가 계속 쌓이고 있음에도 성장주의는 여전히 견고하다. 성장주의에는 종교적인 지속력과 이념적 열정이 있다. 물론 그다지 놀랄 일은 아니다. 우리의 경제 시스템은 구조적으로 성장에 의존하고 있고, 우리 사회의 가장 강력한 집단의 이익에 복무하고 있으며, 500년 전으로 거슬러 올라가는, 지배와 이원론이라는 깊게 자리 잡은 세계관에 뿌리를 두고 있기 때문이다. 이 체계는 쉽게 무너지지 않을 것이다. 심지어 과학에서도 말이다.

과학과 성장주의의 충돌을 되돌아보면 찰스 다윈을 생각하지 않을 수 없다. 앞서 언급한 것처럼 다윈의 진화에 대한 발견은 당시의 주류 세계관에 대한 급진적인 도전이었기에 사람들이 받아들이기가 거의 불가능했다. 인간이 신의 형상으로 창조된 게 아니라 비인간 존재의 후손이라는 것을 이해하기 위해서는 패러다임의 완전한 전환이 필요했다. 지금 비슷한 일이 벌어지고 있다. 생태과학은 인간 경제를 생태계와 별개로 보지 않고 생태계 안에 내재한 경제로 보는 법을 배우라고 요구한다. 생태과학은 주류 세계관과 자본주의 자체에 근본적 도전을 제기한다. 그러나 이 증거를 받아들여 자신의 세계관을 바꾸기보다 현 체제를 지키고자 하는 사람들은 방향을 바꿀 필요가 없으며, 세계경제를 무한히 성장시킬 수 있고, 모든 것이 잘될 것이라고 설명하는 정교한 대안 이론을 고안해낸다.

이 내러티브는 기술이 어떤 식으로든 우리를 구하리라는 주장에 전적으로 의존한다. 어떤 이들에게 이것은 세계경제를 재생에너지와 전기차로 바꾸는 간단한 문제다. 한번 그렇게 하면, 우리가 영원히 성장하지 못할 이유가 없다. 어쨌든 태양광과 풍력 발전은 점점 저렴해지고 있고, 일론 머스크는 빠른 속도로 저장 배터리를 대량생산할 수 있다는 것을 보여주었다. 어떤 이들에게는 대기 중에 있는 탄소를 빼내는 '배출 흡수 기술'negative-emissions technologies의 문제다. 또다른 이들은 거대한 지구공학적 계획이라는 희망에 기댄다. 지구공학적 기술은 태양을 차단하는 것에서부터 바다의 화학적 구성을 바꾸는 것까지 전부를 아우른다. 이러한 해결책들이 기후변화를 막는 데 성공하더라도 성장이 계속된다면 물질 사용도 계속되고 생태계 붕괴도 계속될 것이다. 다만 여기에서도 일부 사람들은 성장이 문제가 되지 않는다고 주장한다. 효율성 향상과 재활용 기술이 성장을 '녹색'으로 만들어준다는 것이다.

대통령과 억만장자를 비롯한 세계에서 가장 부유하고 가장 영향력 있는 사람들 중 일부가 이러한 희망을 선전해왔다. 생태 위기는 경제체제에 의문을 제기할 이유가 되지 못한다고 그들은 말한다. 이는 위안이 되는 이야기여서 나 자신도 한때 매달렸다. 그러나 이러한 주장을 탐색하면 할수록, 이 입장을 선택하려면 엄청난 위험을 감수해야 한다는 것을 더 분명히 알게 되었다.

우리는 기하급수적인 성장곡선을 계속해서 끌어올려 되돌릴 수 없는 생태 붕괴의 티핑 포인트에 더 가까이 다가가는 것을 선택할 수 있으며, 그때 기술이 우리를 구할 것이라고 기대할 수 있다. 하지만 여러 요인으로 기술이 작동하지 않는다면 우리는 곤경에 처하고 만다. 마치 당신이 바위에 부딪히기 전에 아래에 있는 누군가가 당신을 붙잡을 장치를 만들 방법을 알아내기를 희망하면서, 그들이 잘 해낼지 알지도 못한 채 절벽으로 뛰어내리는 것과 같다. 장치가 작동할 수도 있겠지만… 만약 작동하지 않는다면, 게임은 끝난다. 일단 뛰어내리면 마음을 바꿀 수 없다.

우리가 이 접근 방식을 선택하려면 증거가 확실해야 한다. 그것이 효과가 있을 것이라는 확신이 들어야 한다.

파리에서의 도박

세계의 정부들이 마침내 기후변화에 대해 합의한 날 저녁, 모든 이들이 안도의 한숨을 내쉬었다. 2015년 파리, 12월의 차가운 어둠에도 도시는 밝고 희망적으로 보였다. 에펠탑에는 '1.5℃'라는 반짝이는 큰 글자가 붙어 있었다. 우리의 지도자들이 수십 년의 실패 끝에 드디어 기후 재앙을 피하는 데 필요한 어려운 조치를 기꺼이 취했기에 고무적인 순간이며 환영한다는 표시였다. 가슴 설렜던 그 12월의 밤 이후 몇 년 동안 우리는 어느 정도 순조롭게 나아갈 거라고 쉽게 생각했다.

파리협정의 작동 방식은 이렇다. 각 국가는 연간 배출량을 얼마나 줄일지를 담은 약속을 제출한다. 국가 결정 기여분Nationally Determined Contributions*으로 알려진 감축 약속은 온난화를 1.5도로 제한하는 목표에 부합하도록 설정되어야 한다. 그러나 2020년 현재 서명국들이 제출한 감축 약속을 모두 합해보면 뭔가 이상한 점을 발견하게 된다. 감축 약속들이 1.5도로 제한하는 데 근접하지 않는다. 사실 현재 감축 약속은 2도 이하를 유지하지도 못한다. 세계의 모든 나라가 자발적이고 비구속적인 감축 약속을 이행한다고 해도 2도 이하 유지를 확실히 보장할 수 없으므로 세계 배출

• 파리기후협정에 참여한 국가들이 5년마다 상향하여 제출하기로 한 자발적 온실가스 감축 목표. 약자로 NDC로 표기한다.

량은 계속 증가할 것이다. 우리는 금세기가 끝나기 전 지구온난화 3.3도를 향해 돌진하고 있다. 다시 말하면, 파리협정이 자리를 잡더라도 우리는 재앙으로 가는 경로에 있다.

무슨 일이 일어나고 있는가? 배출량을 줄이기 위한 계획을 실행하는데 어떻게 배출량이 계속 증가할 수 있을까? 왜 아무도 이에 대해 걱정하지 않는 것처럼 보이는 걸까?

바하인드 스토리가 있다. 2000년대 초, IPCC의 모델러들은 기후변화를 억제하려면 짧은 기간 안에 배출량을 엄청나게 줄여야 하므로 지속적인 경제성장과 양립할 수 없다는 것을 깨달았다. 세계경제의 성장은 에너지 수요의 증가를 의미하고 에너지 수요의 증가는 청정에너지로의 전환이라는 과업을 상당히 어렵게 만든다. 에너지 수요가 지속적으로 증가하는 한, 우리에게 남은 단기간 내에 에너지 수요 전체를 감당할 정도로 충분한 청정에너지를 만들어낼 가능성이 없다. 누구나 알 수 있듯이, 이를 실행할 유일한 방법은 산업 생산을 적극적으로 둔화시키는 것이다. 세계 에너지 사용 규모를 줄이면 재생에너지로의 빠른 전환이 더 쉬워질 것이다.

그러나 정책 입안자들은 이 결론이 순조롭지 않으리라는 걸 알고 있었고, 국제적인 협상에서 설득이 쉽지 않을 거라고 우려했다. 경제성장과 기후행동은 상충 관계라는 생각 때문에 미국과 같은 주요 국가들을 참여시키지 못하고, 종국에 가서는 기후변화에 대한 국제적인 합의를 확보할 기회가 무산될 수도 있었다. 리스크가 너무 컸다. 각국은 또한 전세계의 빈곤 종식이라는 목표를 중심으로 모이고 있었고, 세계 지도자들은 빈곤 퇴치의 유일하게 효과적인 방법은 세계경제 성장을 늘리는 것이라고 계속해서 말해왔다. 기후 완화가 성장과 상충 관계일 수 있다는 생각을 받아들이기는 어려울 것이다. 성장은 금기와 같다. 건드리면 죽는다. 성장은 계속되어야 한다.

다행스럽게 그들은 해결책을 찾았다. 또는 그런 것처럼 보였다.

*

2001년 오스트리아의 학자 미하엘 오베르슈타이너는 뛰어난 신기술을 설명한 논문을 발표했다. 그 기술은 탄소중립적일 뿐 아니라, 적극적으로 대기에서 탄소를 빨아들이는 에너지 시스템이었다.[1] 그의 제안은 놀랍도록 정밀했다. 우선 전세계적으로 대규모 나무 플랜테이션을 조성한다. 나무가 자라면서 대기 중의 이산화탄소를 빨아들인다. 그런 다음 나무를 수확하고 섞어서 펠릿으로 만든다. 펠릿을 발전소에서 태워 에너지를 생산한다. 굴뚝에서 배출된 탄소를 포집해 절대 빠져나올 수 없는 지하에 저장한다. 짜잔! 이것이 '배출을 흡수하는' 세계 에너지 시스템이다.

이 기술은 '바이오에너지 탄소 포집과 저장'BECCS이라 불린다. 오베르슈타이너가 논문을 발표했을 때 이 계획은 가설일 뿐 실제로 작동한다는 증거는 없었다. 그러나 이 기술의 순수한 가능성은 정치적으로 입맛에 맞는 2도 이하 유지 방식을 찾던 이들을 사로잡았다. BECCS를 준비하고 실행해내는 한 우리는 이산화탄소

배출을 비교적 적게 줄여도 된다. 즉 경제성장에 중대한 위협을 가하지 않는다는 말이다. 탄소 예산을 초과하겠지만 그래도 괜찮다. BECCS가 금세기 말에 대기로부터 초과 탄소량을 흡수할 테고 우리는 안전지대로 돌아올 것이기 때문이다. 배출은 지금, 청소는 나중에.

이 아이디어가 미친 도박이라는 걸 모두가 알았다. 그럼에도 들불처럼 번져나갔다. 이 방법은 기후 목표 달성에 실낱같은 가능성을 제공하는 동시에 자본주의를 온전하게 유지하고, 기후 협상에서 막강한 권력을 휘두르는 부유한 나라들이 높은 수준의 소비를 유지할 수 있게 해준다. BECCS는 믿을 수 없을 정도로 매력적인, 일종의 감옥 탈출권이었으며, 녹색성장 낙관론자들에게 현실적인 희망을 주었다.

오베르슈타이너의 논문이 출판되고 몇 년 후에 IPCC는 BECCS를 공식 모델에 포함시키기 시작했다. 아직 실현 가능성의 증거가 없는데도 말이다. 그리고 2014년 이 아이디어는 중심적인 위치를 차지했다. BECCS는 IPCC의 5차 평가 보고서[AR5]에 부수적인 것으로서뿐 아니라, 2도 이하를 유지하는 116개 시나리오 중 101개 이상에서 지배적인 가정으로 등장했다. AR5는 파리협정이 기반으로 삼는 청사진이다. 정부들은 AR5 시나리오를 가이드로 활용하여 배출량 감축 방법을 결정하고 있다. 이 보고서는 국가 계획이 2도 탄소 예산을 크게 초과하는 이유를 설명하는 데 도움이 된다. 다들 BECCS가 우리를 구할 것이라고 가정하는 시나리오에 의존하기 때문이다.

다시 말해, 대부분의 사람들이 BECCS에 대해 들어본 적조차 없지만 BECCS는 우리의 큰 계획 한가운데에 있다. 이에 대해 언론인들은 결코 언급하지 않으며, 정치인들은 절대 말하지 않는다. 무언가를 숨기려고 하거나 설명하기가 너무 복잡해서가 아니다. 그들 대부분이 이런 게 존재하는지조차 모르기 때문이다. 그들은 단지 시나리오를 따르고 있을 뿐이다. 지구 생물권과 인류 문명의 미래가 소수의 사람들만 알고 있고 아무도 동의하지 않은 계획에 달려 있는 것이다.

절벽에서 뛰어내리기

하지만 차질이 생겼다. 기후과학자들은 처음부터 BECCS에 대한 경보를 울렸고, 그들의 반대는 해가 갈수록 커져갔다. BECCS에는 네가지 문제가 있는데 각각이 잠재적으로 치명적일 수 있다.

첫째, BECCS는 규모의 실현 가능성이 입증된 적이 없다. BECCS가 제대로 작동하려면 연간 150억톤의 이산화탄소를 흡수할 수 있는 전세계적인 탄소 포집과 저장CCS 시스템이 필요하다. 현재 우리에게는 2800만톤을 처리할 수 있는 능력이 있고 그중 일부만 검증된 상태다. 전형적인 CCS 시설 한곳은 약 100만톤의 이산화탄소를 처리할 수 있기 때문에 전세계에 1만 5000개의 새로운 시설을 건설해야 한다.[2] 개발 규모가 엄청나다. 아마도 인류 역사상 가장 큰 사회기반시설 사업 중 하나가 될 것이다. 하지만 그것조차 제때에 이룰 수 있을지 알 수 없다. 게다가 CCS가 상업적으로 실행 가능한지 여부도 모른다. 지금 당장은 가능하지 않다. 현재 유럽연합에서 책정한 탄소 가격보다 최소 열배 이상 높은 가격을 매기는 것에 전세계의 정부들이 동의해야 비로소 BECCS가 실행 가능할 것이다.[3]

이것이 극복할 수 없는 장애물은 아니지만, '과다배출overshoot은 지금, 청소는 나중에' 전략의 위험성을 매우 크게 만든다. 우리가 BECCS에 판돈을 걸고 가까운 미래에 배출량을 줄이지 않기로 선택하면 돌이킬 방법이 없다. 만약 BECCS가 실패한다면 우리는 극심한 지구온난화의 미래에 갇히게 될 것이다. 인류 문명의 운명과 진짜 생명의 그물 자체를 걸고 도박을 하기에는 판돈이 너무 크다.[4]

파리 기후정상회의를 앞둔 2014년, 열다섯명의 과학자들이 권위 있는 학술지 『네이처 기후변화』*Nature Climate Change*에 BECCS에 대해 경고하는 글을 실었다. 과학자들은 기후 모델에서 BECCS를 광범위하게 사용할 경우 배출 감축 의무에서 멀어지게 할 위험이 있다고 주장했다. 그다음 해에 또다른 마흔명의 과학자들이 BECCS와 같은 배출 흡수 기술에 의존하는 것은 "극히 위험하다"고 주장했다.[5] 세계적인 기후과학자 중 한명인 맨체스터 대학의 케빈 앤더슨은 BECSS에 대해 특히 비판적인 목소리를 냈다. 그는 2016년 『사이언스』에 실린 기사에서 파리협정이 BECCS에 의존하는 것은 "부당하고 위험이 높은 도박"이라고 주장했다.[6] 수십명의 다른 과학자들도 같은 결론을 내리고 있다.

기술적인 장애물과 경제적인 장애물을 어떻게든 극복할 수 있다고 해도, 우리는 곧장 또다른 위기에 부닥칠 것이다. IPCC 시나리오에서 추정하는 만큼의 탄소를 BECCS로 제거하기 위해서는 인도 크기의 두세배에 달하는 지역에 바이오연료 플랜테이션을 만들어야 한다. 이는 지구 경작지의 대략 3분의 2 면적에 해당한다. 식량 작물을 재배하던 땅을 전환해야 한다는 말인데, 이는 금세기 중반까지 적어도 90억명으로 늘어날 인구를 먹이는 데에 문제가 된다. 즉 대규모 BECCS에 의존하게 되면 심각한 식량 부족이 일어날 가능성이 높고, 기근이 촉발될 수도 있다. 이로 인해 야기될 분쟁을 상상하기란 어렵지 않다. 게다가 강대국들이 바이오연료를 위해 자신들의 땅을 기꺼이 넘겨줄 것이라고 상상하지 말자. 그들은 일종의 기후 식민주의를 시작해 다른 곳에서 토지를 강탈하려고 시도할 가능성이 더 크다. 한때 석유에 대한 접근을 놓고 전쟁이 벌어졌던 곳에서 이번에는 바이오연료를 위한 땅을 놓고 싸울 것이다.

이 모든 것 외에도 BECCS는 그 자체로 생태적 재앙이 될 것이다. 독일의 과학자 베라 핵이 이끄는 연구팀은 바이오연료 플랜테이션이 대규모로 확장되면 수많은 파괴적인 영향을 미칠 것이라고 전망했다. 광대한 삼림지대가 파괴될 것이고 이미 위태로운 수준에 있는 세계 숲 덮개를 10퍼센트나 줄일 것이다. 이로 인해 생물종 다양성의 7퍼센트를 추가로 잃게 되고 대멸종이 더욱 악화될 것이다.[7] 또한 전례 없는 규모의 단작 재배를 위해 화학 비료를 사용하면 곤충 개체 수를 줄이고, 수계를 오염시키고, 토양 고갈을 악화시키고, 바다의 데드존이 심화될 것이다.[8] 더불어 BECCS 플랜테이션은 우리가 이미 농업에 사용하고 있는 물의 두배에 달하는 양이 필요하므로 전세계 지역사회와 생태계가 심각한 스트레스에 놓일 것이다.[9]

다시 말하자면, BECCS는 기후변화와의 싸움에 도움이 될 수 있지만, 우리를 여러가지 다른 치명적인 문제로 몰아넣는다. 지구 온난화가 우리가 직면한 유일한 위기였다면 BECCS로 인한 문제는 견뎌내야 할 합리적인 위험처럼 보일 수 있다. 하지만 온난화가 더 광범위한 생태 위기의 일부일 뿐이라는 점을 감안하면, 이건 말이 안 된다. 자살 전략이다.

게다가 가장 큰 마지막 문제가 있다. 비록 기적적으로 이 복잡한 문제들을 모두 피하고 BECCS를 원활하게 작동시킬 수 있다하더라도, 우리는 여전히 곤경에 처할 것이다. 탄소 예산을 초과하는 배출은 티핑 포인트 가능성과 되먹임 고리를 촉발시켜 온도를 완전히 통제할 수 없게 된다는 것을 의미하기 때문이다. 만약그런 일이 일어나면 모든 행동은 헛수고가 될 것이다. 미래의 어느 시점에 대기에서 탄소를 빼낼 수도 있겠지만 기후 티핑 포인트를 되돌릴 수는 없다.[10]

*

전세계의 수많은 사람들이 이렇게 위험하고 불확실한 기술을 중심으로 기후 전략을 강구해왔다는 것이 심히 걱정스럽다. 실제로 BECCS 개념을 처음으로 고안했던 오베르슈타이너는 자신의 아이디어를 사용하는 것에 우려를 표명했다. 그는 BECCS를 기후 되먹임 고리가 예상보다 더 나빠질 경우를 대비해 순전히 '위험 관리 전략' 또는 '백스톱 기술'로서 구상했다고 말한다. 비상상황에서 배출 목표에 도달하는 것을 돕는 데 BECCS를 사용할수 있다고 본 것이다. 그의 말에 따르면, 모델러들은 1.5도나 2도이하로 유지하기 위한 정규 시나리오에 BECCS 기술을 포함함으로써 그의 아이디어를 '오용'했다. 더 가파른 배출 감축 요구가 두려운 정책 입안자들이 현상 유지를 위한 구실로 BECCS를 사용해왔다. 초기에 BECCS를 이야기했던 다른 주요 인사들 중 일부는 이 기술이 단지 작은 규모로만 사용되도록 의도된 것이라고 지적하면서 이의를 제기했다. 처음부터 대규모로 실행하면 사회적·생태적 재앙이 될 것이라고 경고했지만, 어쨌든 모델러들은 BECCS를 추진해왔다.[11]

BECCS에 대한 과학적 합의는 이제 견고하다. 2018년 초, 유럽연합 각국의 과학자들이 참여한 유럽과학자문위원회European Academies' Science Advisory Council는 BECCS와 기타 배출 흡수 기술에 의존한 정책을 비난하는 보고서를 발표했다. 과학자 공동체에서 이보다 더 강력한 결론을 내리기도 어렵다. 보고서는 우리에게 기술 환상에 대한 투기를 멈추고 근본적이고 공격적인 배출 감축을 진지하게 생각하라고 촉구한다.

그렇다고 BECCS가 기후 붕괴와의 싸움에서 역할이 없다는 것은 아니다. 다만 BECCS를 계획 중 일부로 두고 다른 연구와 실험에 투자해야 한다. 또한 우리는 모델러가 제안하는 규모에 가까운 어떤 것도 실행할 수 없다는 사실을 직시해야 한다. 최근 평가에 따르면 지구의 위험 한계선과 인류의 식량 시스템을 지키는 방식으로 BECCS를 안전하게 사용하면 전세계 배출량을 최대 1퍼센트까지 줄일 수 있다. 그러한 기여는 확실히 중요하다. 하지만 BECCS는 사람들이 한때 기대했던 구세주 기술과는 거리가 멀다.[12]

1.5도를 위한 싸움

IPCC는 이러한 비판에 주목해왔다. 2018년 10월, IPCC는 배출 흡수 기술에 합리적으로 의존할 수 없다는 사실을 받아들인다면 지구온난화를 1.5도 이하로 유지하는 데 필요한 것이 무엇일지를 요약한 특별 보고서를 발표했다. IPCC 보고서는 전세계 언론에 폭탄처럼 떨어졌다. 보고서의 주요 결과를 전하지 않은 언론 매체를 찾기가 어려웠다. 1.5도 미만의 온도를 유지하기 위해 제대로 노력하려면 2030년까지 전세계 배출량을 절반으로 줄이고 2050년 이전에는 제로에 도달해야 한다.

이 행보가 얼마나 극적인지는 아무리 과장해도 지나치지 않다. 이는 현재 우리 문명의 방향을 급격하게 극적으로 전환하는 것을 의미한다. 우리는 지난 250년 동안 세계 화석연료 인프라를 구축해왔는데, 이제 단 30년 내에 이 인프라를 완전히 정비해야 한다. 수십년 내에 모든 것을 바꿔야 한다. 이것이 세계 전체를 위한 것임을 명심하자. 기후 붕괴에 대한 역사적 책임의 규모를 감안할 때 부유한 나라는 훨씬 더 빨리 배출량을 줄여야 한다. 반면 가난한 나라는 조금 더 천천히 감축할 수 있다. 스톡홀름 환경연구소의 과학자들은 부유한 나라들이 2030년 이전까지 배출 제로에 도달해야 한다고 계산한다.[13]

IPCC 보고서는 시민들의 행동에 박차를 가하는 효과를 가져왔다. 유럽과 북아메리카 전역에서 학생들이 기후파업*을 조직했다. 런던에서는 멸종반란 운동이 템스강을 가로지르는 다섯개의 다리를 막고, 영국 정부에 배출 감축을 신속하게 달성하기 위해 즉시 행동할 것을 요구했다. 여론조사에 따르면 영국 국민의 대다수가 멸종반란 운동의 목표를 지지했다. 그후 몇달 동안, 정치적 대화는 아무도 예상하지 못했던 방향으로 변화했다. 의회는 기후 비상climate emergency을 선포하고 2050년까지 배출량을 0으로 줄이기 위해 법적 구속력이 있는 목표를 수용했다. 이 목표는 부유한 국가들에 요구되는 빠른 탈탄소 시기에는 미치지 못했지만, 그럼에도 불구하고 의미 있는 전환을 보여주었다.

한편 비슷한 운동이 미국 전역에 걸쳐 파문을 일으키고 있었다. 2019년 2월 알렉산드리아 오카시오코르테스 하원의원과 에드워드 마키 상원의원은 미국을 100퍼센트 청정에너지로 전환한다는 목표로 10년간의 국가적인 동원을 요구하는 그린뉴딜 결의안을 발의했다. 이 아이디어는 대대적인 호응을 얻었다. 민주당의 진보파가 그 뒤로 줄을 섰고, 여론조사는 이를 거부하기보다 지지하는 미국인들이 더 많음을 보여주었다. 공화당 지도자들이 계획을 비난했고, 보수 언론들 역시 가차 없는 공격을 가했다. 그러나 미국은 처음으로 심각한 기후 정책에 대해 공개적으로 대화를 나누고 있었다. 기후변화 부정론이 오랫동안 자리를 잡아온 나라에서는 상상할 수 없는 일로 보였다.

• 스웨덴의 그레타 툰베리가 시작한 결석시위 운동.

녹색성장?

이 모든 것이 우리를 새로운 정치적 영역으로 이끌고 있다. 새로운 합의가 등장했다. 수십년 동안 어떻게든 마법처럼 기후위기를 해결하기 위해 시장 메커니즘에 의존해왔지만 이제 이런 접근 방식이 기후위기를 해결하지 못한다는 것은 분명하다. 기후위기를 해결할 유일한 방법은 정부가 대규모 행동을 추진하는 것이다. 그린뉴딜의 지지자들은 옳다. 우리는 연합군을 제2차 세계대전에서 승리할 수 있게 한 산업 재편을 연상시킬 정도의 역사상 유례없는 속도로 재생에너지 인프라 구축에 공적 투자를 쏟아부어야 한다.

그러나 일부 언론의 전문가들이 이 아이디어를 받아들이고 재포장하는 방식에는 문제가 있다. 청정에너지로 전환하면 생태적인 문제로부터 자본주의가 해방된다는 주장이다. 그들의 말에 따르면 청정에너지 전환은 '녹색성장'의 길을 열어줄 것이므로 경제를 영구히 확장할 수 있다. 설득력 있는 이야기다. 매우 분명하고 간단해 보인다. 그렇기에 정통 경제학자와 정치인들의 상상력을 사로잡았다는 것은 놀랍지 않다. 하지만 이 내러티브는 심각한 여러 결점들을 갖고 있다. 사실 과학자들은 녹색성장의 희망이 실증적 근거가 없다고 거부하기까지 한다.

100퍼센트 재생에너지로 전환하는 것은 가능하지만 기존 속도로 세계경제가 계속 성장하면 1.5도 또는 2도 이하로 유지할 만큼 빠르게 전환할 수 없다는 점이 핵심 포인트다. 다시 말하면, 더 많은 성장은 더 많은 에너지 수요를 의미하며, 더 많은 에너지 수요는 우리에게 남은 단기간 내에 충분한 용량을 갖춘 재생에너지 설비를 구축하기 어렵게 만든다(아마 불가능할 것이다).

오해하지 말기를 바란다. 우리는 지난 수십년 동안 재생에너지 용량에서 엄청난 전진을 보았다. 기쁜 소식이다. 현재 세계는 2000년에 비해 연간 80억메가와트시 이상의 청정에너지를 생산하고 있다. 러시아 전역에 전력을 공급할 수 있을 정도로 많은 양이다. 그러나 정확히 같은 기간 동안, 경제성장은 에너지 수요를 480억메가와트시로 늘렸다. 우리가 만들어낸 청정에너지는 새로운 수요의 극히 일부에 불과하다. 이것은 마치 점점 커지는 구덩이에 삽으로 모래를 퍼넣는 것과 같다. 청정에너지 생산을 두배 혹은 세배로 늘린다고 해도, 우리는 여전히 세계 배출량에 아무런 흔적도 남기지 못할 것이다. 성장은 계속해서 우리의 최선의 노력을 앞지른다.

이렇게 생각해보자. 세계경제가 전망치대로 계속해서 성장한다면 금세기 중반까지 세계경제의 규모는 두배 이상 증가할 것이다. 지금보다 두배나 많이 추출하고 생산하며 소비하게 되는 것이다. 그렇지 않았을 경우보다 거의 두배나 많은 최종 에너지를 소비하는 셈이다.[14] 기존의 세계경제를 단기간 내에 탈탄소화시키는 것은 상상할 수 없을 정도로 어려울 것이다. 두배라면 거의 불가능에 가깝다. 2도 이하(이는 위험한 수준이다)를 유지하려면 연간 7퍼센트의 비율로 탈탄소화가 필요하다. 1.5도 이하를 유지하려면 연간 14퍼센트의 탈탄소화가 필요하다. 이는 과학자들이 최상의 시나리오 조건에서 가능하다고 말한 것보다 두세배 더 빠른 속도다.[15] 한 연구팀이 말했듯이, 탈탄소화 목표는 "현재 달성 가능하다고 여겨지는 것보다 훨씬 더 멀리" 있다.[16]

우리가 지속적인 성장을 계속 고집하기 때문에 필요 이상으로 일이 더 어려워지고 있다. 마치 등 뒤로 손을 묶고 눈가리개를 한 채 생사를 건 힘든 싸움을 택한 것 같다. 우리는 다 알면서도 눈앞에 역경을 쌓아가고 있다.

이 결론은 최고 수준의 과학자들 사이에서도 널리 공유되고 있다. 심지어 IPCC 스스로도 에너지 수요가 계속 증가하는 한, BECCS와 그밖의 투기적 기술 없이는 2050년까지 배출 제로에 도달할 만큼 빠르게 청정에너지의 공급을 실현할 방법이 없다는 것을 인정한다.[17] 성공하려면 정반대로 행동해야 한다. 에너지 사용량을 줄여야 한다.

*

이 문제가 아니더라도, 청정에너지 자체와 관련하여 우리가 직면해야 할 또다른 이슈가 있다. 우리는 '청정에너지'라는 말을 들으면 보통 행복, 따뜻한 햇살과 신선한 바람이라는 순수한 이미지를 떠올린다. 햇볕과 바람은 분명 깨끗하지만, 우리가 그것을 담는 데 필요한 인프라는 깨끗하지 않다. 오히려 반대다. 재생에너지로 전환하려면 금속과 희토류 광물의 추출을 대폭 늘려야 하며, 실제로 생태적·사회적 비용이 발생한다.

2017년 세계은행은 이 질문에 관한 종합적 검토를 담은 첫 보고서를 발표했다.[18] 연구자들은 2050년까지 연간 약 7테라와트시의 전기를 생산할 정도의 태양열과 풍력 시설을 건설하는 데 필요한 물질 추출의 증가를 모델링했다. 세계경제의 절반에 조금 못 미치는 정도의 전력을 공급할 전기량이다. 세계은행의 수치를 두배로 늘림으로써, 우리는 (소수의 수력·지열·핵을 포함하지 않으면서) 배출을 제로로 하는 데 어떤 물질이 필요할지 추정할 수 있다. 결과는 놀라웠다. 구리 3400만톤, 납 4000만톤, 아연 5000만톤, 알루미늄 1억 6200만톤, 철은 48억톤 이상이 필요하다.

경우에 따라 재생에너지로 전환하려면 기존의 물질 추출 수준을 훨씬 뛰어넘는 엄청난 증가가 필요하다. 풍력 터빈의 필수적인 원소인 네오디뮴의 경우, 추출이 현재 수준보다 거의 35퍼센트 증가해야 한다. 세계은행이 보고한 가장 정교한 추정치에 따르면 두배가 될 수도 있다. 태양 전지판의 핵심 성분인 은도 마찬가지다. 은 추출은 38퍼센트, 어쩌면 105퍼센트까지 증가할 수도 있다. 태양광 기술에 필수적인 인듐 수요는 세배 이상 증가할 것이며 결국 920퍼센트까지 치솟을 수 있다.

전력을 저장하려면 배터리도 있어야 한다. 태양이 비추지 않고 바람이 불지 않을 때도 에너지를 계속 흐르게 하기 위해서는 그리드grid 수준에서 막대한 배터리가 필요하다. 이는 4000만톤의 리튬을 의미한다. 현재 추출 수준보다 2700퍼센트 증가한, 정말 눈물이 찔끔 날 정도로 아찔한 수준이다.

지금까지는 전기만 이야기했다. 차량에 대해서도 생각해봐야 한다. 2019년 영국의 주요 과학자 그룹은 전기차가 생태에 미칠 영향을 우려하는 서한을 영국 기후변화위원회에 제출했다.[19] 과학자들은 우리가 가능한 한 빨리 내연기관차의 판매와 사용을 중단하고 전기차로 전환해야 한다는 것에 당연히 동의한다. 그러나 20억대로 추정되는 전세계 자동차를 전기차로 교체하려면 광산 채굴을 폭발적으로 늘려야 할 것이라고 지적했다. 지금부터 2050년까지의 전 기간에, 전세계적으로 연간 네오디뮴과 디스프로슘의 채굴량은 70퍼센트, 구리 추출량은 두배 이상, 코발트는 거의 네배 증가해야 할 것이다. 전기차로 바꿀 필요가 있다는 것은 맞다. 다만 우리가 사용하는 자동차의 수를 근본적으로 줄일 필요가 있다.

여기서 문제는 주요 광물이 고갈되고 있다는 것이 아니다. 실제로 고갈이 문제가 될 수도 있지만 말이다. 진짜 문제는 광물 추출 증가가 기존의 과도한 추출 위기를 악화시킬 것이라는 점이다. 광업은 이미 전세계의 삼림 벌채, 생태계 붕괴, 생물종 다양성 손실의 큰 동인이 되었다. 우리가 주의하지 않으면 재생에너지의 수요 증가는 이런 위기를 크게 악화시킬 것이다.

은을 예로 들어보자. 멕시코는 세계에서 가장 큰 은광산 중 하나인 페냐스키토 광산의 본거지다. 이 광산에는 거의 40제곱마일(103.6제곱킬로미터, 약 3134만평)에 달하는, 엄청난 규모의 채광 작업장이 있다. 산을 비집어놓은 노천광산 단지 옆에는 1마일당 두개의 쓰레기장과 유독성 슬러지로 가득한 광물 찌꺼기 댐이 있고, 50층 짜리 고층 건물 높이의 벽이 이를 막고 있다. 세계에서 가장 많은 매장량이 있는 이 광산은 고갈되기까지 10년 안에 1만 1000톤의 은을 생산할 것이다.[20] 세계경제를 재생에너지로 전환하려면 우리에게는 페냐스키토 규모의 광산이 최대 130개 더 있어야 한다. 오로지 은을 위해서만.

리튬은 또다른 생태적 재앙이다. 리튬 1톤을 생산하려면 50만 갤런의 물이 필요하다. 이는 현재 추출 수준에서도 심각한 문제를 일으키고 있다. 전세계 리튬 매장량의 대부분을 차지하고 있는 안데스 산맥에서는 광산회사가 지하수면을 불태워 농민들이 농작물에 물을 대지 못하고 있다. 많은 사람들이 자신의 땅을 완전히 버리고 떠날 수밖에 없었다. 한편 리튬 광산의 화학물질 누출로 칠레부터 아르헨티나, 네바다부터 티베트까지 강이 오염되어 담수 생태계 전체가 파괴되었다. 리튬 붐은 갓 시작했는데, 이미 재앙이다.[21]

이는 모두 2050년까지 세계경제에 동력을 공급하기 위한 것이다. 성장의 미래를 설명하기 시작하면 상황은 더욱 극단적으로 변한다. 에너지 수요가 계속 증가함에 따라 재생에너지를 위한 물질 추출은 더욱 공격적이 될 것이며, 우리가 에너지 수요를 늘릴수록 물질 추출은 더 악화될 것이다. 완전한 에너지 전환을 달성한 후에도 세계경제를 전망 비율로 계속 성장시킨다면 30년 또는 40년마다 태양광 패널, 풍력 터빈, 배터리의 전세계 총원료 재고량을 두배로 늘려야 한다.

에너지 전환에 필요한 핵심 물질 대부분이 남반구에 있다는 점을 명심하는 것이 중요하다. 라틴아메리카·아프리카·아시아의 일부 지역은 새로운 자원 쟁탈전의 대상이 될 가능성이 높다. 일부 국가는 새로운 형태의 식민지화의 제물이 될 수 있다. 16~18세기, 남미에서 금과 은을 찾는 과정에서 그런 일이 일어났다. 19세기에는 카리브해의 면화와 설탕 플랜테이션을 위한 땅을 찾는 과정에서 그랬다. 20세기에는 남아프리카의 다이아몬드, 콩고의 코발트, 중동의 석유였다. 재생에너지 쟁탈전이 그와 비슷하게 폭력적일 수 있다고 상상하기란 어렵지 않다.

우리가 예방책을 취하지 않는다면, 청정에너지 기업들은 화석연료 기업들만큼이나 파괴적이 될 수 있다. 정치인을 매수하고, 생태계를 파괴하고, 환경규제를 반대하는 로비를 벌이며, 심지어는 그들의 앞을 가로막는 지역사회 지도자들을 암살하는 것까지 말이다. 이미 벌어지고 있는 비극이다.[22] 이것은 중요하다. 그린뉴딜 계획 또는 신속한 에너지 전환을 위한 일련의 계획들을 알리는 진보주의자들은 사회적·생태적 정의의 가치를 고취하는 경향이 있다. 전환이 정의롭기를 바란다면 재생에너지 사용을 무한정 늘릴 수 없다는 점을 인식해야 한다.

어떤 이들은 핵발전이 이러한 문제들을 해결하는 데 도움이 되기를 바라고 있다. 물론 핵발전이 에너지 믹스의 일부가 될 필요가 있을 것이다. 그러나 핵은 그 자체로 제약이 따른다. 가장 큰 문제는 새로운 발전소를 가동하기까지 시간이 너무 오래 걸려서 금세기 중반까지 배출량 0에 도달하는 데 아주 작은 역할만 할 수 있다는 것이다. 심지어 더 길게 보아도, 일부 과학자들은 핵이 약 1테라와트 이상으로 확대될 수 없다고 우려한다.[23] 게다가 우리가 이유를 막론하고 기후를 안정시키지 못하면(이는 실제 존재하는 가능성이다), 강한 폭풍, 상승하는 해수면과 그밖의 재난에 취약한 핵시설이 핵폭탄으로 바뀔 수 있다. 기후 붕괴가 우리를 압박하고 있는 상황에서 핵에너지에 너무 많이 의존하는 것은 위험한 도박이 될 수 있다.

핵융합 동력에 관해 늘 하는 농담이 있다. 엔지니어들이 지금까지 약 60년 동안 줄곧 10년 남았다고 말해왔다는 것이다. 우리는 성공적인 융합 반응을 만들었으나 융합 과정이 에너지를 생산하는 것보다 더 많은 에너지를 필요로 한다. 현재 프랑스에서 진행 중인 대규모 핵융합 실험이 문제를 해결하는 데 근접했을지 모르지만(그리고 어쩌면 대단한 일일 수도 있지만) 가장 낙관적인 예측조차도 핵융합은 앞으로 10년 동안은 일어나지 않을 것이라고 말한다. 그 이후에 핵융합 전력을 그리드에 공급하는 데에 10년이 더 걸리고, 확대하는 데는 수십년이 더 걸린다. 흥분되는 전망이지만 지금까지의 기록은 고무적이지 않다. 어떤 경우든 시간이 너무 오래 걸린다. 금세기에 핵융합 동력을 갖게 될지 모르지만, 안전한 탄소 예산을 유지하기 위해서라도 핵융합 동력에 의존할 수는 없다는 것이 분명하다. 기적적인 기술혁신이 없다면 에너지 전환은 주로 태양과 풍력에 초점을 둘 필요가 있다.

재생에너지로의 신속한 전환을 추구해서는 안 된다는 말이 아니다. 절대적으로 시급히 이행해야 한다. 그러나 전환이 기술적으로 실현 가능하고 생태학적으로 적절하고 사회적으로 정의롭기를 원한다면, 기존 속도로 총에너지 수요를 계속해서 늘릴 수 있다는 환상에서 깨어나야 한다. 우리는 다른 접근 방식을 취해야 한다.

다시 만들어지는 지구

이러한 증거를 마주하고도 지속적인 성장을 주장하는 사람들은 기이한 아이디어, 즉 BECCS뿐 아니라 목록을 늘려가고 있는 대규모 지구공학에 기반한 공상과학 기술 해결책에 점점 눈을 돌리고 있다. 이러한 계획은 대부분 실행하기 너무 어렵고 비용이 많이 들기 때문에 실제로 배출량을 줄이는 데 드는 비용을 감당하는 편이 더 낫다. 다만 대중들의 눈에 띄어 상당한 관심을 끌었던 아이디어가 하나 있다. 바로 복사량 관리다.

복사량 관리는 제트기 편대를 사용하여 성층권에 에어로졸을 주입하면 지구 주위에 거대한 베일이 형성되어 햇빛을 반사해 지구를 식힌다는 아이디어다. 이 방법은 비교적 저렴하고 하기도 쉽다. 사실 너무 쉬워서 과학자들은 세상일에 참견하기 좋아하는 억만장자 또는 물에 막 잠기려고 하는 절박한 섬나라 혼자서도 해낼 수도 있을 거라고 생각할 정도다. 여러 정부가 태양복사관리에 관한 연구를 의뢰하고 있으며, 화석연료 기업 경영진들은 이 아이디어를 자기들의 비즈니스 모델을 유지할 방법이라며 크게 선전했다.

하지만 리스크가 없는 것은 아니다. 기존 모델들은 그것이 결국 오존층에 구멍을 내고, 작물 수확량을 감소시킬 정도로 광합성을 늦추며, 지구의 강우 패턴과 기상 시스템을 되돌릴 수 없을 정도로 변화시켜 대부분 남반구에 피해를 입힐 수 있음을 보여준다. 태양복사 관리를 연구하는 과학자인 조너선 프록터는 "치료의 부작용이 원래의 질병만큼 나쁘다"고 말한다. 이 분야의 또다른 전문가 야노스 파스토르는 결과가 예상보다 훨씬 더 심각해질 수 있다고 지적한다. "지구 대기는 믿을 수 없을 만큼 복잡하다. (…) 우리는 슈퍼컴퓨터로 컴퓨터 모델링을 발전시켰지만, 아직도 그것을 모델링하는 방법을 잘 모른다."[24]

하지만 가장 큰 문제는 에어로졸이 성층권에서 오래 지속되지 않는다는 것이다. 계획이 효과가 있으려면 제트기 편대가 성층권에 계속 투입되어야 한다. 그리고 어떤 이유로든 그게 중단되면 우리는 진짜 문제에 봉착하게 될 것이다. 지구 기온이 빠른 속도로 다시 상승하여 10년 안에 몇도씩 상승할 것이다. '말단 충격' termination shock 으로 알려진 갑작스러운 가열로 국가들은 적응할 시간을 거의 갖지 못할 것이다. 생태계는 엄청난 압박을 받고 어마어마한 수의 생물종이 멸종하게 될 것이다.[25] 과학자들은 이 접근방식이 구현하기에 너무 위험하며, 모든 지구공학 계획이 그렇듯 배출을 빠르게 줄이는 목표에 집중하지 못하게 할 위험성을 갖고 있다고 생각한다.

잠시 멈추고 지구공학에 대한 흥미가 점점 커지고 있는 상황을 성찰해보자. 지구공학이 흥미로운 점은 애초에 우리를 곤경에 빠뜨린 것과 똑같은 논리를 담고 있다는 것이다. 단순히 '자연'으로 표현되는 살아 있는 지구는 억제당하고 정복되며 제어될 수 있는 수동적인 물질 모음에 불과하다는 생각 말이다. 지구공학은 베이컨과 데카르트가 상상도 할 수 없었던, 놀라울 정도로 새로운 극단의 이원론을 보여준다. 이원론에서는 자본주의 성장이 무한히 계속되도록 지구 자체가 인간의 의지에 굴복해야 한다. 지구공학의 치명적인 결함은 지구공학을 처음 생각해냈을 때 가졌던 생각, 즉 인간의 오만함으로 생태 위기를 해결하려 한다는 데 있다. 그러나 어쩌면 지구공학의 보다 직접적인 문제는 생태적 적절성이 없다는 점일지도 모른다. 태양복사 관리는 우리가 직면한 위기에 부분적으로 대응할 뿐 해양 산성화, 삼림 벌채, 토양 고갈, 대멸종의 속도를 늦추는 데 아무런 도움이 되지 않는다. 그리고 이는 다음의 요점으로 이어진다.

프라이팬에서 나와 불길 속으로

단지 토론을 이어가기 위해 이 모든 것이 문제가 되지 않는다고 가정해보자. 잠시만 증거를 제쳐두고 세계경제를 여전히 성장시키면서도 어떻게든 청정에너지로 빠르게 전환할 수 있고, 경제성장이 가져올 물질 추출이나 세계의 이미 착취당한 지역에 가할 압박을 우려하지 않고 에너지 수요를 계속해서 늘릴 수 있다고 상상해보자. 내일 핵융합 동력을 발명해서 10년 안에 규모를 확대한다고 해보자. 이러한 시나리오는 녹색성장의 요건을 분명히 충족한다. 그렇지 않은가?

이 비전의 문제는 피할 수 없는 핵심을 놓치고 있다는 데 있다. 배출은 위기의 한 부분일 뿐이다. 기후 붕괴 말고도 우리는 지구로부터 추출을 계속 증가시킴으로써 여러 면에서 지구의 위험 한계선을 이미 넘어서고 있다. 문제는 단지 우리가 사용하는 에너지의 종류가 아니다. 우리가 에너지로 무엇을 하고 있는가이다.

100퍼센트 청정에너지 시스템을 갖춘다면 우리는 그 에너지로 무엇을 할까? 우리가 화석연료로 하고 있는 바로 그 일을 할 것이다. 숲을 더 많이 파괴하고, 저인망으로 물고기를 더 많이 잡고, 더 많은 산을 채굴하고, 도로를 더 많이 건설하고, 산업형 농업을 확장하고, 더 많은 쓰레기를 매립지에 보낸다. 이 모든 것들은 지구가 더이상 감당할 수 없는 생태적 결과를 초래한다. 우리가 이런 일을 하는 이유는 우리의 경제 시스템이 기하급수적인 속도로 생산과 소비를 증가시킬 것을 요구하기 때문이다. 사실상 청정에너지를 이용해 '녹색성장' 시스템에 동력을 공급하는 이면에 감춰진 생각은 우리가 물질 생산과 소비를 계속해서 늘릴 수 있게 만든다. 그게 아니라면 왜 우리는 에너지 수요를 계속 늘려야 하는가?

청정에너지로의 전환은 이 모든 다른 형태의 생태계 붕괴를 늦추는 데 아무런 도움이 되지 않을 것이다. 결국 우리가 생태계 붕괴의 불길에 뛰어들게 된다면 기후 재앙의 프라이팬을 피하는 것은 큰 도움이 되지 않는다.

*

하지만 녹색성장의 지지자들은 빠르게 반응했다. 그들은 우리가 자원 사용으로부터 GDP 성장을 '탈동조화'할 필요가 있다고 주장한다. 자원 사용이 지속가능한 수준으로 다시 떨어지기만 한다면야 경제활동을 비물질화하거나 GDP를 계속 증가시키지 않을 이유가 없다. 물론 자원 사용이 GDP에 발맞추어 역사적으로 증가했다는 것을 그들도 인정한다. 다만 그건 세계적 수준의 상황이다. 기술적으로 더 정교해지고 있고, 제조업에서 서비스로 재빠르게 전환 중인 특정 고소득 국가에서 일어나고 있는 일을 살펴보면 미래가 어떻게 될지 단서를 찾을 수 있을지도 모른다.

이런 의견이 처음 떠올랐을 때, 의견을 뒷받침할 흥미로운 증거가 정말 있는 것처럼 보였다. 녹색성장 지지자들은 GDP가 계속 성장했음에도 영국과 일본을 포함한 다수의 부유한 나라들에서 '국내물질소비량'DMC이 적어도 1990년 이후로 감소했다고 지적했다. 미국에서조차 국내물질소비량은 지난 몇십년 동안 평탄했다. 이 데이터를 낚아챈 언론인들은 부유한 나라들이 '물질의 정점'peak stuff에 도달했으며 이제는 물질량을 줄이고 있다고 빠르게 발표했다. 이는 생태적 영향을 걱정할 필요 없이 GDP 성장이 영구히 계속될 수 있다는 증거였다.

하지만 생태학자들은 오랫동안 이 주장을 받아들이지 않았다. 국내물질소비량의 문제는 퍼즐의 중요한 조각을 간과한다. 국내물질소비량은 그 나라가 소비하는 수입품을 포함하지만, 수입품을 생산하는 데 들어가는 자원은 포함하고 있지 않다. 부유한 나라들이 생산의 많은 부분을 다른 나라, 주로 남반구의 나라로 아웃소싱해왔기 때문이다. 그들은 대차대조표에서 수입품의 자원 사용 부분을 쉽게 없애버렸다. 이를 설명하기 위해 과학자들은 한 나라의 수입품에 포함된 총자원량까지 포함하는 '물질 발자국'이라는 측정 방법을 이용할 것을 제안한다.

보다 총체적인 측정 방법을 이용하면 부유한 나라의 물질 소비가 전혀 감소하지 않았음이 바로 분명해진다. 사실은 최근 수십년간 물질 소비가 심지어 GDP 성장을 앞지를 정도로 급격하게 증가했다. 탈동조화는 없었다. 전부 회계가 만들어낸 착각이었다.[26]

이미 드러났다시피 부유한 나라의 자원 집중에 관한 한, 서비스업으로의 전환이 어떠한 개선도 가져오지 않았다. 서비스업은

1990년대 제조업이 쇠퇴하기 시작한 이후 급격하게 성장했다. 고소득 국가에서 서비스업은 GDP의 74퍼센트를 차지하지만 고소득 국가의 물질 사용은 GDP 성장을 앞지르고 있다. 실제로 고소득 국가는 GDP 기여 측면에서 서비스 점유율이 가장 높지만 1인당 물질 발자국도 가장 높다. 지금까지는 그렇다. 전세계적으로도 마찬가지다. 세계은행의 데이터에 따르면 서비스업은 1997년 GDP의 63퍼센트에서 2015년 69퍼센트로 증가했다. 그러나 같은 기간 동안 전세계적으로 물질 사용이 가속화되었다. 즉 서비스로 전환하는 동안에도 세계경제에서 **물질 사용은 증가했다.**

이 이상한 결과를 어떻게 설명해야 할까? 부분적인 이유는 사람들이 서비스 경제에서 번 소득을 결국 물질적인 재화 구매에 사용하기 때문이다. 사람들은 유튜브에서 돈을 벌 수 있지만, 그 돈으로 가구나 자동차 같은 물건을 구입한다. 또다른 이유는 서비스업 자체가 자원 집약적이기 때문이기도 하다. 관광 부문을 예로 들어보자. 관광업은 서비스업으로 분류되지만, 관광업을 계속 유지하려면 물질적으로 엄청난 인프라, 즉 공항·비행기·버스·유람선·리조트·호텔·수영장·테마파크(전부 서비스업이다)가 필요하다.

지금까지 우리가 가진 데이터를 고려해볼 때, 서비스업으로 전환하면 어떻게든 마법처럼 자원 사용이 줄어들 것이라고 믿을 이유가 없다. 그 신화는 내려놓을 때가 됐다.

또다른 일도 일어나고 있다. 해가 갈수록 지구에서 동일한 양의 물질을 추출하는 것이 점점 더 어려워지고 있다. 지표면에 가깝고 쉽게 접근할 수 있는 물질은 이미 다 손에 넣었다. 쉽게 접근할 수 있는 광물과 금속의 매장량을 소진함에 따라 우리는 더 많은 것을 얻기 위해 점점 더 깊은 곳을, 더 격렬하게 파헤쳐야 한다. 석유회사들은 남아 있는 매장 석유에 도달하기 위해 파쇄, 심해 시추, 타이트오일(셰일오일) 추출 등으로 방식을 전환할 수밖에 없다. 동일한 양의 연료를 얻기 위해 더 많은 에너지와 물질을 사용하고 있는 것이다. 채굴에서도 똑같은 일이 일어나고 있다. 유엔환경계획UNEP에 따르면 오늘날 한 세기 전보다 금속 단위당 세 배 더 많은 물질이 추출되었다.[27] 이 중 일부 금속은 금속 광석의 품질이 저하되었는데 지난 10년 동안에만 최대 25퍼센트 감소했다. 이는 동일한 양의 완제품을 얻기 위해 더 많은 양의 광석을 추출하고 가공해야 한다는 것을 의미한다.[28] 다시 말해, 광산 기술은 상당히 개선되었지만 채굴의 물질 집약도는 점점 더 **나빠질 뿐** 나아지지 않았다. 유엔의 과학자들은 이 골치 아픈 현상이 계속될 거라고 이야기한다.

이런 데이터를 접하자 녹색성장을 지지하는 이들은 카드를 바꿨다. 모든 것이 과거의 일일 뿐이라고 그들은 말한다. 전에 하지 않았다고 해서 불가능하다는 의미는 아니다. 우리는 여전히 미래의 방향을 바꿀 수 있다. 올바른 기술과 정책을 실행하기만 한다면. 정부는 자원 추출에 세금을 부과하는 동시에 효율성 향상에 투자할 수 있다. 이 방법이 확실히 소비 패턴을 덜 자원 집약적인 제품으로 바꿔줄 것인가? 예를 들면 사람들은 영화, 연극, 요가, 레스토랑, 새로운 컴퓨터 소프트웨어에 돈을 쓸 것이다. 따라서 자원 사용이 감소하는 동안에도 GDP는 계속 성장할 것이다.

이는 위안을 주는 생각이고 충분히 합리적으로 들린다. 다행히도 이제 우리에게는 이를 확인할 증거가 있다. 지난 몇년 동안 과학자들은 정책 변경과 기술혁신이 물질 사용에 미치는 영향을 알아내기 위해 여러 시뮬레이션을 개발했다. 그리고 그 결과는 매우 놀랍다.

*

첫번째 연구 결과는 2012년 독일의 연구원 모니카 디트리히가 이끄는 과학 연구팀에 의해 발표되었다.[29] 이 그룹은 경제성장이 연간 약 2~3퍼센트의 현재 경로를 지속할 경우 세계 자원 사용에 어떤 일이 일어날지 보여주는 정교한 컴퓨터 시뮬레이션을 실행했다. 그들은 인간의 물질 소비가 GDP와 정확히 같은 비율로 증가할 것이라는 점을 발견했다. 현재의 데이터를 사용하면 물질 소비가 2050년까지 2000억톤 이상을 기록할 것이고, 이는 안전 경계를 네배 이상 넘는다. 재앙이다.

다음으로는 세계의 모든 국가가 효율적인 자원 사용의 모범 사례를 즉시 채택할 경우 어떤 일이 일어날지 확인하기 위해 이 시뮬레이션을 다시 실행했다. 상당히 낙관적인 가정이었다. 결과는 조금 개선되었다. 자원 소비가 더 천천히 증가했던 것이다. 하지만 자원 소비는 여전히 증가했다. 자원 사용이 GDP보다 더 느리게 증가하면 이를 **상대적 탈동조화**라고 한다. 그러나 우리가 필요

로 하는 충분한 **절대적 탈동조화**와는 거리가 멀다. 따라서 녹색성
장은 없다.

2016년 두번째 과학 연구팀은 다른 시나리오를 실험했다. 세계
의 모든 국가가 기존의 모범 사례를 넘어서기로 동의한 시나리오
였다.[30] 가장 좋은 시나리오에서 그들은 탄소 가격을 톤당 236달
러로 높여 세금을 부과하고, 우리가 사용하는 자원의 효율성을
두배로 높일 수 있는 기술혁신을 가정했다. 결과는 디트리히의
연구 결과와 거의 똑같았다. 이런 까다로운 조건에서도 자원 사
용은 계속 증가한다. 절대적 탈동조화도 없고 녹색성장도 없다.

마지막으로, 2017년 말 한때 녹색성장 이론을 열심히 홍보했던
기관인 UNEP가 이 논의에 끼어들었다.[31] UNEP의 테스트는 톤
당 573달러라는 엄청난 탄소 가격과 자원 추출세를 부과하고, 강
력한 정부 지원에 힘입어 신속한 기술혁신을 가정한 시나리오였
다. 결과는? 자원 사용량이 여전히 증가하여 21세기 중반까지 거의
두배가 되었다. 이러한 결과가 조금씩 나오면서 UNEP는 입장을
바꿔야 했다. 녹색성장은 한낱 꿈이고, 세계적인 규모에서 GDP
와 물질 사용의 절대적 탈동조화는 불가능하다는 것을 인정했다.

이것들이 의미하는 바가 무엇인가? 이 기이한 결과를 어떻게
설명할까?

기술에 관하여

1865년 산업혁명 당시, 영국의 경제학자 윌리엄 스탠리 제번스는 다소 이상한 점을 발견했다. 제임스 와트는 단지 이전 방식보다 훨씬 더 효율적인 증기엔진을 처음으로 선보였다. 와트의 증기엔진은 산출량 단위당 석탄이 덜 사용되었다. 사람들은 모두 와트의 엔진이 총석탄 소비를 줄일 것이라고 생각했다. 그러나 이상하게도 정확히 이와 반대되는 일이 일어났다. 영국의 석탄 소비가 급증했다. 제번스는 효율성 개선이 비용을 절감했고 자본가들이 절감된 비용을 재투자하여 생산을 확장했기 때문임을 발견했다. 효율성 향상은 경제성장으로 이어졌고 경제가 성장함에 따라 더 많은 석탄을 소비했다.

이 이상한 결과는 제번스 역설이라고 알려지게 되었다. 현대 경제학에서는 카줌 브룩스 공리Khazzoom-Brookes Postulate라고 부른다. 1980년대에 이 현상을 묘사한 두 경제학자의 이름을 땄다. 카줌 브룩스 공리는 단지 에너지만이 아니라 물질 자원에도 적용된다. 에너지와 자원을 보다 효율적으로 사용할 수 있는 방법을 혁신하면, 총소비는 잠시 감소했다가 훨씬 더 높은 비율로 빠르게 반등한다. 이유가 무엇일까? 기업들이 절감된 비용을 재투자하여 생산을 늘리기 때문이다. 결국 성장이 미치는 엄청난 효과는 가장 극적인 효율 향상조차도 무력화한다.[32]

제번스는 이것을 '역설'이라고 표현했지만 생각해보면 특별히 놀라운 일도 아니다. 자본주의하에서 성장 지향적 기업들이 재미를 위해서 새롭고 더 효율적인 기술을 사용하는 것은 아니다. 성장을 촉진하기 위해서이다. 경제 전체 차원에서도 마찬가지다. 경제학자에게 물어보면 효율성 향상은 경제성장을 촉진하기에 좋다고 말할 것이다. 이것이 지속적인 효율성 향상에도 불구하고 자본주의의 전체 역사에서 총에너지와 자원 사용이 증가하는 이유다. 역설은 없다. 정확히 경제학자들이 기대하는 바다. 효율성 향상에도 불구하고 원료 처리량의 증가가 발생하는 것이 아니라 효율성 향상 때문에 원료 처리량의 증가가 발생한다. 여기에 중요한 교훈이 있다. 지속적인 효율성 향상이 어떻게든 절대적 탈동조화로 마법처럼 이어질 거라는 개념은 경험적으로나 이론적으로나 근거가 없다.

한편 다른 일도 일어나고 있다. 성장에 가장 큰 기여를 한 기술혁신이 그렇게 될 수 있었던 까닭은, 기술혁신 덕분에 우리가 자연을 덜 사용하는 게 아니라 더 많이 사용할 수 있게 해주었기 때문이다.

전기톱을 예로 들어보자. 전기톱은 벌목꾼들이 손으로 하는 것보다 열배나 빨리 나무를 쓰러뜨릴 수 있게 해주는 놀라운 발명품이다. 하지만 전기톱을 갖춘 벌목회사는 노동자들이 일을 일찍 끝내고 남은 하루를 쉬게 하지 않는다. 회사는 벌목꾼들에게 전보다 열배나 많은 나무를 자르게 한다. 성장의 정언명령에 묶여, 기술은 적은 시간에 같은 양의 일을 하는 것이 아니라 같은 시간에 더 많은 일을 하는 데 사용된다.

증기기관, 조면기, 저인망 어선 등의 기술은 성장에 크게 기여했는데, 이러한 기술들로 인해 돈이 자동적으로 콸콸 솟아난 것이 아니라 이러한 기술 덕분에 자본이 자연을 점점 더 많이 생산에 끌어들일 수 있었기 때문이다. 컨테이너화나 항공화물과 같은 혁신은 재화를 추출 지점 또는 생산 지점에서 소비 지점으로 더 빨리 운송할 수 있게 함으로써 성장에 기여한다. 이는 페이스북의 알고리즘처럼 겉보기에는 비물질적인 혁신에도 적용된다. 페이스북 알고리즘은 광고주들에게 광고를 허용함으로써 사람들이 광고가 없었다면 소비하지 않았을 것들을 소비하도록 하는 방식으로 성장에 기여한다. 페이스북은 우리가 서로 사진을 공유할 수 있게 해주었기 때문에 수십억달러 규모의 회사가 된 것이 아니다. 생산과 소비의 과정을 확장해주었기 때문이다.

기술혁신이 어떻게 작동하는지 이해하면, 수세기에 걸친 놀라운 혁신에도 에너지와 자원 사용이 계속 증가하고 있다는 사실이 그다지 놀랍지 않다. 기술혁신을 활용하여 추출과 생산을 확장하는 시스템에서 더 많은 기술혁신이 어떻게든 마법처럼 그 반대의 결과를 만들어낼 것이라고 기대하는 것은 별 의미가 없다.

마지막 문제가 있다. 과학자들은 우리가 자원을 효율적으로 사용하는 방법에 물리적인 한계가 있음을 깨닫기 시작했다. 물론 자동차, 아이폰, 고층 빌딩을 보다 효율적으로 만들어낼 수는 있지만 맨땅에서 생산할 수는 없다. 우리는 경제를 요가나 영화 같은 서비스 산업으로 전환할 수 있지만 피트니스 센터와 영화관에도 물질적인 투입이 필요하다. 제품을 가볍게 만드는 데도 늘 한계가 있다. 한계에 도달하면 지속적인 성장으로 인해 자원 사용이 다시 증가하기 시작한다.

최근 호주에서 과학자 제임스 워드가 이끄는 연구팀이 구체적으로 이 문제를 연구했다. 그들은 극단적으로 낙관적인 기술혁신 속도를 적용한 시뮬레이션을 실행했는데, 결과는 과학자들이 실현 가능하고 녹색성장 지지자들이 빠르다고 주장한 것을 훨씬 넘어섰다. 그들은 단기적으로 일정 정도의 자원 사용을 줄일 수 있었지만, 장기적으로는 다시 늘어나기 시작해서 성장률에 **재동조화**한다는 점을 발견했다.

워드 팀은 그들이 발견한 결과가 "절대적 탈동조화의 주장에 대한 강력한 반박"이 된다고 말한다. 그들의 결론은 생태경제학 학계에서 상당히 유명하기 때문에 길게 인용할 만하다.

우리는 GDP 성장이 자원 사용으로부터, 상대적이든 절대적이든, 잠시 동안 탈동조화된다고 결론짓는다. 핵심적이고 대체 불가능한 자원의 경우, (절대적 또는 상대적인) 영구적 탈동조화는 불가능하다. 효율성 개선은 궁극적으로 물리적 한계에 의해 제어되기 때문이다. GDP 성장은 궁극적으로 물질 사용과 에너지 사용에서 그럴듯하게 탈동조화할 수 없으며, GDP 성장이 무한히 지속될 수 없다는 것을 단정적으로 설명하고 있다. 따라서 탈동조화가 가능하다는 기대를 중심으로 한 성장 지향적 정책을 개발한다는 것은 말이 되지 않는다.

*

분명하게 말하지만 기술혁신은 우리 앞에 놓인 싸움에 절대적으로 중요하다. 사실상 필수적이다. 경제의 자원 집약도와 탄소 집약도를 획기적으로 줄이기 위해, 얻을 수 있는 모든 혁신과 효율성 개선이 필요하다. 하지만 우리가 직면한 문제는 기술과 관계가 없다. 문제는 **성장**과 관련되어 있다. 거듭 반복하건대, 성장의 정언명령이 최고 기술이 주는 모든 이익을 없애버린다.

우리는 자본주의가 혁신을 장려하는 시스템이라고 생각하는 경향이 있다. 자본주의는 그렇다. 하지만 역설적이게도, 혁신에 잠재된 생태적 이익이 자본 자체의 논리에 제약을 받는다. 혁신이 꼭 이럴 필요는 없다. 우리가 성장 중심 경제가 아닌 다른 종류의 경제에 살고 있다면 기술혁신은 우리가 기대했던 대로 작동할 기회를 가질 것이다. 포스트 성장경제에서 효율성 개선은 실제로 인류가 지구에 미치는 영향을 줄일 것이다. 우리가 성장의 정언명령에서 벗어나면 우리는 여러 **종류**의 혁신에 집중하는 데 자유로워질 것이다. 추출과 생산의 속도를 높이기 위해 고안된 혁신이 아닌 인간의 행복과 생태적 행복을 증진하기 위한 혁신 말이다.

재활용은 어떤가?

우리가 맞서야 할 또다른 일반적인 오류가 있으니 바로 재활용이다. 최근 생태 위기에 대한 대응으로 정책 분야에서 '순환경제'circular economy 개념이 주목받고 있다. 요즘은 모두가 순환경제에 관심을 갖는 것 같다. 순환경제의 주장은 우리가 재활용 비율을 높일 수 있다면 소비의 생태적 영향을 걱정하지 않고도 GDP를 무한히 성장시킬 수 있다는 것이다. 유럽연합은 재활용이 자본주의를 구할 수 있는 계획이라고 보고, 순환경제가 '지속가능한 경제성장을 촉진할 것'이라 기대하고 있다.

그렇다, 우리는 절대적으로 더 순환적인 경제를 열망해야 한다. 하지만 재활용이 자본주의를 구할 것이라는 발상은 타당하지 않다. 첫째, 사용된 물질의 대부분은 재활용할 수 없다. 사용된 물질 중 44퍼센트는 에너지와 에너지 투입물로, 우리가 사용할 때 비가역적으로 본질적 성격이 사라진다.[33] 27퍼센트는 건물과 인프라 시설의 순수 추가분이다. 또다른 큰 덩어리는 광산에서 나오는 쓰레기다.[34] 결국 우리가 사용한 전체 물질 중 적은 부분에만 순환의 잠재성이 있다. 우리가 이 모두를 재활용한다고 해도 경제성장은 총자원 사용량을 증가시킬 것이다. 어떤 경우든 우리는 잘못된 방향으로 가고 있다. 재활용 비율은 그동안 감소했고 나아지지 않았다. 2018년 세계경제는 재활용 비율 9.1퍼센트를 달성했다. 2년 후에는 재활용 비율이 8.6퍼센트로 감소했다. 이것은 우리의 재활용 시스템이 점점 나빠지고 있기 때문이 아니다. 물질 수요의 증가가 재활용에서 얻는 이익을 능가했기 때문이다. 다시 한번 말하면, 문제는 기술이 아니라 성장이다.[35]

'녹색성장' 순환경제라는 발상에는 심지어 더 근본적인 문제가 있다. 우리가 물질을 100퍼센트 재활용할 수 있다면 GDP 성장 전망에 문제가 될 것이다. 성장은 '외부'를 필요로 하는 경향이 있다. '외부'는 가치를 공짜로 추출할 수 있거나 가능한 공짜에 가깝게 얻을 수 있는 외적 원천이다. 순환경제에서 물질의 비용은 내부화된다. 이는 생태학의 관점에서 보면 좋지만, 자본축적의 관점에서 보면 좋지 않다. 재활용에는 돈이 들고, 재활용된 물질에 지불하는 비용은 지속적으로 잉여를 창출하기가 더욱 어렵다. 그리고 이 문제는 시간이 지날수록 심해진다. 물질은 재활용할 때마다 품질이 떨어지기에 품질을 유지하려면 계속해서 에너지를 투입해야 한다(비용도 계속 올라간다).

동일한 문제는, 생태 위기를 해결하기 위해 할 일은 단지 자연에 '가격'을 매기는 것이며, 그렇기에 자본주의를 손상시키지 않을 수 있다고 말하는 사람에게도 적용된다. '생태계 서비스', 즉 지렁이·벌·맹그로브로부터 얻은 부가가치에 비용을 청구할 수 있다면, 시장은 그에 따라서 대응할 것이고 우리는 문제를 피할 수도 있을 것이다. 자연의 가치를 인정하는 것은 분명 올바른 방향을 향한 걸음이며 좋은 생각이다. 하지만 성장은 '외부'를 필요로 한다는 것을 기억하라. 자연에 가격을 매기는 것은 생산비용을 내부화할 정도로 성장 전망을 떨어뜨릴 것이다. 자본주의 정부가 이러한 계획을 실행하는 데 동의하지 않는 이유다. 실제로 이는 우리가 탄소에 적절한 가격, 즉 사실상 자연에 가격을 매기는 데 오랫동안 실패했던 이유이기도 하다. 비용을 내부화하는 것은 중요하지만 자본주의 논리와는 양립되지 않는다.

결론은 다음과 같다. 우리는 가능한 한 순환적인 경제를 건설하려고 절대적으로 노력해야 한다! 그러나 성장의 정언명령은 이 꿈의 실현을 쓸데없이 어렵게 만든다. 포스트 성장경제의 순환성을 향상하는 것이 훨씬 더 쉬울 것이다.

녹색성장의 디스토피아

증거가 쌓이고 있다. 이러한 증거를 마주한 녹색성장 지지자들은 결국 동화 같은 이야기로 관심을 돌리기 시작한다. 그들은 녹색성장이 경험적으로 보면 실제적이지 않을 수도 있지만, **이론적**으로 일어나지 못할 이유는 없다고 말한다. 우리의 상상력만이 우리를 제약한다! 우리가 매년 물질 소비를 줄이는 동안, 수입이 영구히 늘지 못할 이유는 없다.

그리고 이 점에서는 그들이 옳다. 그러한 일이 이론적으로, 마법의 대안 세계에서 일어나지 못할 **선험적인** 이유는 없다. 하지만 거짓을 몰래 거래하는 일에는 어느 정도 도덕적 해이라는 문제가 걸려 있다. 결국 어떻게든 GDP는 자원 사용으로부터 분리될 것이고 그러면 우리는 위험에서 벗어날 테니 걱정하지 말라는 동화 같은 이야기 말이다. 우리에게는 기후 비상과 대멸종 시대에 상상한 일이 일어날 가능성에 대해 추측할 시간이 없다. 생태 파괴의 저거너트가 갑자기 파괴적인 행동을 멈추기를 기다릴 시간이 없다. 모든 증거가 그러한 일이 일어나지 않을 것이라고 말한다 해도 말이다. 그것은 인간의 생명, **모든** 생명을 두고 벌이는 비과학적이고 완전히 무책임한 도박이다.

문제를 해결할 쉬운 방법이 있다. 수십년간 생태경제학자들은 우리가 간단하고 명확한 개입으로 한번에 논쟁을 끝낼 수 있다고 제안했다. 연간 자원 사용과 쓰레기에 한도를 부과하고, 지구의 위험 한계선 안으로 돌아올 때까지 매년 그 한도를 강화하는 것이다.[36] 물질 사용의 급격한 감소에도 불구하고 GDP가 영원히 성장할 것이라 믿는 녹색성장론자들이라면 조금도 걱정할 필요가 없다. 사실 이 방법을 환영해야 한다. 이 방법은 그들이 옳다는 것을 세상에 단번에 증명할 기회를 줄 것이다. 실제로 자원 사용과 쓰레기 배출에 엄격한 한계를 정하면 전환을 장려하는 데 도움이 되고 비물질화된 GDP 성장으로의 전환이 촉진될 것이다.

우리가 녹색성장론자들에게 이러한 정책을 제안할 때마다 그들은 요리조리 잘 빠져나간다. 내가 아는 바로는 녹색성장을 지지하는 사람들 중 단 한명도 이 제안을 받아들이기로 동의한 적이 없다. 왜 그럴까? 동화 같은 이야기지만, 나는 그들이 어느 정도 근본적인 수준에서 이것이 자본주의가 실제 작동하는 방식이 아님을 알아차린 것은 아닐까 생각한다. 500년 동안 자본주의는 자연의 추출에 의존해왔다. 자본주의는 늘 외적인 것, '외부'를 필요로 했으며, 외부로부터 가치를 공짜로 약탈했으나 그에 상응하여 되돌려준 것은 없었다. 그런 방식으로 성장을 부채질한 것이다. 물질 추출과 쓰레기에 제한을 두는 것은 황금알을 낳는 거위를 사실상 죽이는 것과 다름없다.

*

녹색성장론자들이 동의하는 순간을 상상해보자. 자원 사용을 제한하고 연간 500억톤이라는 지속가능한 수준으로 축소한 후, 이를 유지한다고 생각해보자. 그리고 녹색성장론자들이 옳고, GDP가 연간 3퍼센트씩 계속해서 영구적으로 증가한다고 상상해보자. 이 비율이 기하급수적이고 그래서 200년 후 전세계 GDP가 지금보다 1000배 이상 커질 것이라는 점을 잊지 말자. 이러한 가상의 시나리오는 어떤 모습을 보여줄까? 자본이 성장의 정언명령을 추진하는 데 있어 자연 강탈이 더이상 허용되지 않는다면, 우리는 이렇게 자문해야 한다. 자본이 새롭게 고안한 착취 형태는 무엇일까?

첫번째 대상은 인간 노동일 것이다. 자본이 자연을 착취할 수 없게 되면 대신 인간 착취를 두배로 늘릴 것이다. 성장의 정언명령은 이미 전세계 정치인들에게 임금과 노동규제를 줄이도록 엄청난 압박을 가하고 있다. 자원정상resource-steady 시나리오에서 이러한 압박이 상당히 심해질 거라는 예상은 합리적이다. 더 값싼 노동력을 찾으려고 경쟁할 것이다.

하지만 녹색성장론자들을 일단 믿어주고 그들이 노동규제를 계속 유지할 뿐만 아니라 개선을 원할 정도로 진보적이라고 가정해보자. 물질적 착취에 대한 엄격한 제한에 필적하도록 노동 착취에 대해서도 강경한 선을 지키는 일종의 글로벌 최저임금에 동의한다고 치자. 그러한 시나리오에서 자본은 잉여 축적을 위해 새로운 개척지를 찾아야 한다는 엄청난 압력을 받게 될 것이다. 자본은 어딘가에서 '해결책', 즉 전유할 새로운 자원, 투자를 위한 새로운 출구, 새로운 판매 시장을 찾아야 한다. (자원 사용의 상한선 때문에) 자연에서 잉여를 공짜로 추출할 수 없고, (임금 하한선 때문에) 인간에게서도 공짜로 잉여를 추출할 수 없다면 잉여는 어디서 나올까?[37]

일부 경제학자들은 더 나은 제품에서 잉여가 나온다고 말한다. 더 오래 지속되고, 더 높은 질의 제품 말이다. 그러한 제품은 더 많은 노동시간이나 더 나은 숙련도, 또는 더 개선된 기술을 포함하고 있으므로 짐작건대 '더 나을' 것이다. 따라서 더 적은 물질로 만들어졌음에도 더 많은 돈의 가치가 있을 것이다. 여기에 문제가 있다. 그렇다. 우리는 양보다는 질에 중점을 두는 경제를 전적으로 지향하려고 노력해야 한다. 그러나 이러한 메커니즘만으로 3퍼센트 성장을 이루려면 모든 제품이 연간 평균 3퍼센트씩 혹은 2200년까지 1000배 이상 '나아져야' 한다. 그리고 이런 개선이 모두 그에 상응하는 더 높은 비용으로 제품에 반영되어야 할 것이다. 이는 몇가지 이유에서 이상하다.

첫째, 우리가 좋은 삶을 사는 데 필요한 대부분의 것들을 생각해보면 1000배 더 나아진 제품으로부터 우리가 얼마나 더 많은 이득을 얻을지 알기 어렵다. 1000배 향상된 암 치료제, 분명 좋다. 하지만 1000배 향상된 테이블은? 후드티가 1000배 더 개선되었다면? 정말 이상해지기 시작한다. 둘째, 제품의 수명이 더 길거나 혹은 효과적이기 때문에 '더 좋은' 것이라면 매출을 줄일 수 있으므로 성장에 반하며, 성장에 도움이 되지 않을 수 있다. 테이블과 후드티가 1000배 더 오래간다면 우리는 이 제품들을 1000배 적게 구입할 것이다. 제품 향상이 더 많은 노동력 투입의 결과라면

(후드티가 대량생산되지 않고 수제품이라면) 사람들이 이전보다 1000배 더 일해야 하는 문제를 마주하게 될 것이다. 목표가 인간 삶의 개선이라면 이상적인 상황은 아니다.

마지막으로 '더 나은' 것을 더 높은 비용으로 해석하기 위해서는 개선을 상품화(또는 인클로저)해야 한다. 어떤 경우에는 괜찮겠지만, 어떤 경우에는 그 반대를 원할 수도 있다. 예컨대 우리가 더 개선된 암 치료제나 생명을 구하는 다른 약을 개발한다면, 우리는 사람들이 그 약을 이용하는 데 1000배 많은 비용을 청구하고 싶지 않을 수 있다.

끊임없는 확장에 대한 자본의 필요가 더 나은 제품만을 만들 것이라고 가정하지 말자. 너무 순진한 가정이다. 과거에 자본이 이윤 증가의 한계에 부딪혔을 때 자본은 식민화, 구조조정 프로그램, 전쟁, 제한적인 특허법, 사악한 공채증서, 토지 탈취, 민영화, 물과 종자 같은 커먼즈 차단에서 해결책을 찾았다. 이번에는 왜 다른가? 실제로 생태경제학자 베스 스트랫퍼드의 연구는 자본이 자원 제약에 직면했을 때, 정확하게 다음과 같은 일이 일어난다는 것을 발견한다. 자본은 공격적으로 지대를 추구하는 행동을 한다.[38] 자본은 가능하기만 하다면, 공적 영역의 수입과 재산을 개인의 소유로, 가난한 사람으로부터 부유한 사람에게로 빨아들여 불평등을 악화시키는 등 교묘한 메커니즘을 통해 기존 가치를 차지하려고 한다.

자, 이제 어떤 이들은 자본주의가 이론적으로는 완전히 비물질적인 재화에서 성장 기회를 찾을 수 있다고 주장할지도 모른다.

표면상으로는 좋게 들릴 수도 있다. 그러나 비물질적인 재화란 이미 풍부하고 자유롭게 구할 수 있는 경향이 있거나 공유하기가 매우 쉽다. 새로운 가치가 모두 비물질적일 수밖에 없는 상황에서 어려움 없이 이윤을 계속 늘리기 위해, 자본은 현재 풍부하고 공짜인 비물질적 커먼즈를 인위적으로 부족하게 만들어 사람들에게 비용을 지불하게 할 수 있다. 물이나 종자뿐만 아니라 지식, 노래, 녹색 공간, 심지어 육아, 신체적 접촉, 어쩌면 공기 자체도 사적으로 소유되고 상업화되어 돈을 받고 사람들에게 되파는 경제를 상상할 수 있다. 나머지 우리의 입장에서 말하자면, 공짜로 얻던 비물질적인 것의 이용권을 구매할 수 있을 만큼 충분한 돈을 벌기 위해 일을 더 많이 해야 할 테고, (어쩌면) 판매할 비물질적인 것을 생산해야 할 것이다.

여기서 핵심은 일반적인 해결 방법(자연으로부터 추출)을 차단하면 다른 해결책을 찾도록 만드는 자본의 압력이 발생한다는 것이다. 그것이 바로 성장이 지닌 폭력적인 측면이다. 500년 동안의 데이터가 현실과 다를 수 있음을 시사하는 해결책이라고 해서 마법처럼 해롭지 않을 거라고 가정하는 것은 순진하다.

의심받지 않는 가정

이 모든 사람들이 지속적인 경제성장 추구를 정당화하기 위해 적극적으로 엄청난 노력을 기울이고 있다는 것이 놀랍다. 생태와 성장 사이에 충돌이 있는 것처럼 보일 때마다 경제학자와 정치인들은 후자를 선택하고, 현실이 이에 부합하도록 더 창의적인 방법을 시도한다. 정치인들은 급격한 배출 감축 명령을 따르지 않으려고 투기적인 기술에 모든 것을 투자하는 데에 적극적이다. 녹색성장 지지자들은 우리가 현상 유지를 계속할 수 있다는 환상을 지속하기 위해 기이한 상상의 시나리오와 교묘한 회계 수법에 의지한다. 이들은 오로지 GDP 상승을 위해 모든 것을, 말 그대로 모든 것을 기꺼이 위험에 빠뜨리고 있다.

그러나 이 사람들 중 누구도 그들의 핵심 전제, 즉 우리가 매년, 영구적으로 경제를 계속해서 확장해야 한다는 가정을 정당화하려고 애쓰지 않는다는 사실은 주목할 만하다. 이 가정은 종교적 신념처럼 이해되고 있다. 대부분의 사람들은 지속적인 경제성장에 의문을 제기하지 않으며 실제로 어떤 집단에서는 의문을 제기하는 것이 일종의 이단으로 취급된다. 하지만 이 가정이 틀렸다면 어떨까? 고소득 국가들이 성장을 필요로 하지 않는다면? 경제를 전혀 확장하지 않고도 인간 복지를 개선할 수 있다면? 1달러의 추가 GDP 없이도 재생에너지로 신속하게 전환하는 데 필요한 모든 혁신을 창출할 수 있다면? GDP를 자원과 에너지 사용으로부터 탈동조화하려고 필사적으로 노력하는 대신, GDP로부터 인간의 진보를 탈동조화할 수 있다면 어떨까? 성장의 정언명령이 가하는 제약으로부터 우리의 문명과 지구를 해방시킬 방법을 찾을 수 있다면?

우리는 기존 경제가 계속해서 꾸역꾸역 나아가도록 투기적인 공상과학 동화를 상상하면서, 왜 여러 다른 종류의 경제는 함께 상상하지 않는가?

2부

LESS
IS
MORE

**적을수록
풍요롭다**

4장

좋은 삶의 비밀

거위들이 저 높이 모습을 드러내고
지나가고, 하늘이 닫힌다. 버린다,
사랑이나 잠에서처럼, 붙들어둔다
그들을 그들의 방식에, 분명히
오래된 믿음처럼: 우리에게 필요한 것은
바로 여기.

— 웬들 베리

　우리의 정치적 상상력 속에서 성장주의를 유지시키는 장악력
은 무엇을 설명할까? 우리는 한 나라가 아무리 부유하더라도 그
나라의 경제는 비용이 얼마가 들든 간에 계속해서, 무한하게 성장
해야 한다는 말을 듣는다. 생태계 붕괴의 증거가 쌓여가는 것을
보면서도 경제학자와 정책가들은 이런 입장을 고수한다. 뭉뚱그

려 보면, 결국 한가지 단순한 설명이다. 우리가 지난 수세기 동안 목도한 복지와 기대수명의 비약적인 향상이 성장 덕분이라는 것. 우리의 삶을 끝없이 향상시키기 위해서는 성장을 계속해야 한다. 성장을 포기하는 것은 인류의 진보 자체를 포기하는 것이다.

이것은 강력한 내러티브일 뿐 아니라 너무도 지당한 말씀처럼 여겨진다. 사람들의 삶은 과거보다 지금이 훨씬 낫고, 모든 게 성장 덕분이라고 믿는 게 합리적인 것 같아 보인다. 그러나 과학자와 역사학자들이 이제 이런 이야기에 의문을 던지고 있다. 우리는 우리 사회에 그토록 굳건히 자리잡은 주장의 근본적인 경험적 지반이 놀랍도록 취약하다는 것을 발견했다. 성장과 인간 진보 사이의 관계는 우리가 생각했던 것만큼 아주 분명하지 않다는 게 드러났다. 중요한 것은 성장 자체가 아니다. 중요한 것은 소득이 어떻게 분배되는지, 그것이 공공 서비스에 얼마나 투입되는지이다. 게다가 일정 지점을 지나면, 더 많은 GDP는 인간의 복지를 향상하는 데 있어 절대 필수적이지 않다.

진보는 어디에서 오는가?

1970년대 초반, 영국 학자 토머스 매큐언이 수십 년 동안 성장에 관한 대중적 내러티브를 구성하게 될 이론 하나를 제안했다. 매큐언은 기대수명의 역사적 추세에 관심이 있었다. 영국의 데이터를 들여다보던 그는 기대수명이 1870년대 이후 크게 상승한 것을 알아차렸다. 역사적 기록에서 비견할 게 없을 만한 향상이었다. 당대의 다른 학자들과 마찬가지로 그는 언뜻 기적처럼 보이는 이 추세를 일으킨 원인이 무엇인지 알고 싶었다. 하나의 미스터리 같았다. 대부분의 사람들은 분명 현대의학의 혁신과 관련되어 있을 거라고 추측했고, 충분히 그럴 만해 보였다. 하지만 매큐언은 그 견해에 대한 증거를 그다지 발견할 수 없었다. 대안적 이론을 탐색하다가, 그는 합리적인 설명으로 여겨지는 것과 만났다. 그건 평균 소득의 상승으로 인한 것임이 틀림없었다. 어쨌든 당시는 산업혁명이 진행 중이었고, GDP가 상승했으며, 경제성장이 사회를 보다 부유하게 만들고 있었다. 이것이 건강 향상의 추동력이었음이 분명했다.

매큐언의 주장은 전통적인 상식을 뒤집어엎었고, 즉각 논란을 불러일으켰다. 그는 혼자가 아니었다. 바로 그즈음 미국의 인구학자 새뮤얼 프레스턴이 매큐언의 주장을 강화해줄 만한 일련의 증거들을 제시했다. 1인당 GDP가 높은 국가들일수록 기대수명 역시 높아지는 경향을 보였다. 가난한 나라의 국민들은 일반적으로 더 빨리 죽는 반면, 부유한 나라의 국민들은 대개 더 오래 산다. 명백한 결론을 피해가기는 불가능하다. GDP 성장은 인간 복지의 핵심 지표에서 진보를 이끄는 핵심 동력이 분명했다.

그들을 유명하게 만든 매큐언 이론과 프레스턴 곡선은 경제학자와 정책가들의 관심을 사로잡았다. 성장주의 이데올로기가 이제 막 모습을 갖추기 시작하던 때였다. 냉전의 정점이었고, 미국 정부는 미국식 자본주의가 '발전'과 진보로 데려다주는 세계 항공권이라는 아이디어에 군불을 지피고 있었다. 매큐언과 프레스턴이 내놓은 주장은 이러한 내러티브에 아주 그럴싸한 증거를 제공했고, 아이디어는 이륙했다. 세계은행과 IMF에서 조직된 팀들은 남반구를 돌아다니며, 정부들이 영아 사망률이나 기대수명 같은 사회 지표를 개선하고 싶다면 건강보험 시스템을 구축하느라 골머리를 썩일 필요가 없다는 말을 퍼트렸다(다수의 남반구 국가들은 식민주의가 끝난 후 건강보험 시스템을 만들기 위해 노력하고 있었다). 대신 성장을 위한 길을 닦는 데에만 초점을 두면 된다는 것이었다. 무슨 대가를 치르든 상관없었다. 환경보호를 철폐하든, 노동법을 무력화하든, 보건과 교육 예산을 삭감하든, 부자들에 대한 세금을 줄이든 말이다. 퇴행적으로 보이거나 단기적으로 조금 해로울지 몰라도, 궁극적으로는 국민의 삶을 향상시키는 유일하고 올바른 길이라는 것이었다.

최고의 시절이었다. 1980년대와 1990년대 동안, 즉 신자유주의 시대의 첫 20년 동안 이 내러티브는 가장 높은 권좌를 누렸다. 남반구 전역에서 부채위기에 뒤이어 시행된 너무도 가혹한 구조조정 프로그램들에 중요한 정당화 논리를 제공했다. 하지만 그로부터 수십년이 지난 이후에 수행된 연구는 성장과 인간 진보 사이의 허구적 등치 논리에 심각한 질문들을 제기했다.

실은 매큐언과 프레스턴이 주장을 내놓을 때, 누구도 장기 데이터를 들여다보지 않았다. 그들이 역사적 기록을 조금만 깊이 파볼 수 있었다면 사뭇 다른 결론에 도달했을지도 모른다. 1장에서 살펴보았듯이, 1500년부터 곧 산업혁명으로 접어든 자본주의의 오랜 부상은 그것이 전개되는 모든 곳에서 극적인 사회적 전변을 일으켰다. 유럽에서의 인클로저 운동, 원주민 학살, 대서양의 노예무역, 유럽 식민지의 확산, 인도의 기근, 이 모든 것들이 세계 곳곳에서 인간 복지의 확연한 희생을 수반했다. 이때의 상흔은 공중보건 기록에 아주 선명하게 남아 있다. 자본주의의 역사 대부분에서 성장은 평범한 사람들의 삶에 복지 향상을 가져오지 않았다. 실제로는 정확히 그 반대였다.[1] 자본주의의 팽창이 인위적 희소성의 창출에 기반했다는 것을 기억하라. 자본주의는 토지·산림·목초지 등 사람들이 생존을 의지하던 커먼즈를 에워싸서 접근하지 못하게 했고 사람들을 노동시장으로 몰아넣기 위해 자립 경제들을 산산조각으로 부수었다. 기아의 위협은 경쟁적 생산을 강제하는 무기로 쓰였다. 인위적 희소성은 GDP가 성장함에도 불구하고 평범한 사람들의 생계와 복지가 무너지게 만들곤 했다.

거의 400년이 지나서야 영국에서 기대수명이 높아지기 시작했으며, 매큐언이 알아차린 상승 경향이 촉발되었다. 조금 뒤에 유럽의 나머지 지역에서 상승이 일어났지만, 1900년대 초반까지도 식민지 세계에서는 수명이 늘어나지 않았다. 성장 자체가 기대수명이나 인간 복지와 자동적 관련이 없다면, 이런 경향은 과연 무엇으로 설명될 수 있을까?

오늘날 역사학자들은 이것이 매큐언이 대충 보아 넘긴 너무도 간단한 개입 조치, 즉 위생 관리와 함께 시작되었다고 지적한다.[2] 1800년대 중반에 공중보건 연구자들은 상수도와 하수도를 분리하는 등의 간단한 위생 조치들을 도입함으로써 건강이 개선될 수 있다는 것을 발견했다. 공공 배관 시설만 있으면 될 일이었다. 그러나 공공 배관은 공공 사업, 공공 재정을 필요로 했다. 공공 펌프와 공중목욕탕 같은 것들을 위해서는 사유지를 수용해야 했다. 또한 공공 주택과 공장들을 시스템에 연결하려면 사적 재산을 파헤칠 수 있어야 했다. 여기서 문제가 시작됐다. 수십 년 동안, 공중위생이라는 목표로 나아가는 발걸음은 자본가 계급에 의해, 불가능한 게 아니라 가로막혔다. 자유지상주의 사고를 가진 지주들은 그들의 자산을 공무원들이 이용하도록 허락하지 않았고 이에 필요한 세금 납부를 거부했다.

지배층의 저항은 평민들이 투표권을 획득하고 노동자들이 노동조합을 조직하고 나서야 겨우 분쇄되었다. 이후 수십년간 차티스트, 지방자치 사회주의자들과 함께 영국에서 시작된 일련의 운동이 국가가 자본가 계급에 맞서 개입하도록 만들었다. 그들은 새로운 비전을 위해 싸웠다. 도시는 소수가 아니라 모두의 이익을 위해 운영되어야 한다는 비전 말이다. 이런 운동은 공중위생 시스템뿐 아니라, 그 이후로 공중보건, 보편적 백신 접종, 공교육, 공공 주택, 보다 나은 임금과 안전한 노동 조건을 가져다주었다. 역사학자 사이먼 스레터의 연구에 따르면, 공공재에 대한 접근권 (어떤 면으로 보면 새로운 형태의 커먼즈)은 사람들의 건강에 상당히 긍정적인 영향을 끼쳤고, 20세기 동안 기대수명 급상승에 박차가 되었다.[3]

이러한 설명은 이제 공중보건 연구자들 사이에서 강력한 합의로 지지되고 있다. 최근의 데이터에 따르면 물 위생 조치만으로도 1900년에서 1936년 사이 미국의 영아 사망률은 75퍼센트, 전체 사망률은 절반이 하락했다. 국제적인 의학 연구팀이 주도한 최근의 한 연구에 따르면 위생 조치 이후 기대수명 향상의 가장 큰 예측 인자는 유아의 백신 접종을 포함한 보편적 의료보장이었다.[4] 그리고 기본적 개입들이 자리를 잡게 되면, 기대수명의 지속적 향상에서 가장 큰 단일한 추동력은 교육, 특히 여성 교육이다. 많이 배울수록 더 오래 사는 것이다.[5]

오해하지 말기를 바란다. 고소득 국가 사람들이 저소득 국가 사람들보다 일반적으로 더 긴 기대수명을 갖는 경향이 있는 것은 사실이다. 그러나 두 변수 사이에는 아무런 인과관계가 없다. "역

사적 기록으로 보면 경제성장 자체가 대중의 건강에 직접적 혹은
필연적으로 긍정적인 함의를 갖지 않는다는 것이 분명하다"라고
스레터는 지적한다. "보다 확실히 말할 수 있는 것은, 경제성장이
대중의 건강 증진에 장기적인 **잠재력**을 만들어준다."[6] 잠재력이
실현될지 여부는 소득분배 방식을 결정하는 정치 세력들에 달려
있다. 인간 복지의 진보는 경제적 자원을 가지고 탄탄한 공공재
와 공정한 임금을 제공할 수 있도록 애쓴 진보적 정치운동과 정
부에 의해 추동되었다. 실제로 역사적 기록을 보면 이러한 세력
들이 부재할 경우, 성장은 사회적 진보를 가로막는 방향으로 작동
한 경우가 더 많았다.

●

커먼즈를 되찾기

물론 보편적 의료보장, 보건 위생, 교육, 적정 임금 같은 것들은 재정을 필요로 한다. 경제성장은 이런 목표에 확실히 도움을 줄 수 있으며, 가난한 나라에서는 필수적이기까지 하다. 하지만 여기에 결정적인 지점이 있는데, 인간 복지를 향상하는 데 있어 실제로 중요한 개입은 높은 수준의 GDP를 필요로 하지 않는다. GDP와 인간 복지 사이의 관계는 효과가 급격히 감소하는 포화곡선을 따라 움직인다. 고소득 국가들이 이미 한참 전에 도달한 어떤 특정 지점을 지나면, 더 많은 GDP가 인간 번영에 더해주는 것이 있다 해도 아주 조금일 뿐이다.[7] 상관관계가 완전히 허물어지는 것이다.

실제로 1인당 GDP가 상대적으로 낮음에도 매우 높은 수준의 인간 복지를 달성하고 있는 나라들이 많이 있다. 우리는 이런 나라들을 '아웃라이어'outlier로 보는 경향이 있는데, 이 나라들이 오히려 스레터와 다른 공중보건 연구자들이 증명하고자 했던 바를 보여준다. 결국 분배의 문제이며 가장 중요한 것은 보편적인 공공재에 대한 투자라는 점이다. 논의가 흥미로워지는 부분이다.

기대수명을 예로 들어보자. 미국은 1인당 GDP가 5만 9500달러로, 세계에서 가장 부유한 나라들 중 하나다. 미국인들은 78.7년을 살 것으로 예상하며, 이는 유엔의 '매우 높은' 기대수명 기준을 살짝 웃도는 정도다. 하지만 소득이 그렇게 높지 않은 수십개 나라들이 기대수명 핵심 지표에서 미국을 능가하고 있다. 일본은 미국보다 소득이 35퍼센트 적지만 기대수명은 84년으로 세계에서 가장 높은 나라에 해당한다. 한국은 50퍼센트 적은 소득인데 기대수명이 82년이다. 포르투갈은 소득이 65퍼센트 적음에도 기대수명은 81.1년이다. 단지 몇몇 특수 사례가 아니다. 유럽연합 전체가 미국보다 소득이 36퍼센트 적지만, 기대수명뿐 아니라 인간 복지에 관한 모든 실제 지표들에서 미국을 능가하고 있다.

아마도 가장 놀라운 사례를 제공하는 나라는 코스타리카일 것이다. 우림으로 가득한 이 중남미 국가는 미국보다 80퍼센트 적은 소득임에도 불구하고 기대수명에서 미국을 앞선다. 코스타리카는 환경에 최소한의 부담을 가하면서도 높은 수준의 복지를 제공하는 역량 측면에서 세계에서 생태적으로 가장 효율적인 경제로 자리매김하고 있다. 게다가 시간의 흐름을 통해 본다면 이 나라의 이야기는 더욱 환상적이다. 코스타리카는 1980년대에 기대수명이 획기적으로 늘어나서 마침내 미국을 따라잡고 능가하게 되었는데, 이 시기 동안 1인당 GDP가 낮았을 뿐 아니라(미국의 7분의 1 수준) 성장조차 하지 않았다.

이런 양상을 보이는 것은 기대수명만이 아니다. 교육 역시 동일한 패턴이 그려진다. 핀란드는 미국에 비해 1인당 GDP가 25퍼센트 적지만, 세계에서 가장 좋은 교육 시스템을 갖춘 나라 중 하나로 널리 알려져 있다. 에스토니아는 세계 교육 순위에서 역시 수위 근처에 있지만, 소득은 미국보다 66퍼센트 낮은 수준이다.[8]

폴란드는 미국보다 77퍼센트 낮은 소득으로도 미국의 교육 수준을 능가한다. 유엔의 교육 지표상으로 보면, 벨라루스 공화국은 오스트리아·스페인·이탈리아·홍콩 같은 우등생들을 앞서는데, 이 나라의 1인당 GDP는 겨우 5700달러로 라이벌들보다 훨씬 적으며 미국의 10퍼센트밖에 되지 않는다.

이런 나라들이 성취한 탁월한 결과들은 무엇으로 설명할 수 있을까? 간단하다. 그들은 모두 양질의 보편적 의료보장과 교육 시스템 구축에 투자했다.[9] 오래 살고, 건강하며, 활력 있는 삶을 보장하기 위해서는 이런 것들이 중요하기 때문이다.

좋은 소식은 이 모두가 결코 돈이 많이 드는 일이 아니라는 것이다. 실제로 보편적 공공 서비스는 민간이 운영하는 것보다 비용 대비 훨씬 효율적이다. 스페인을 예로 들어보자. 스페인은 모든 이에게 보편적 권리로서 양질의 보건 서비스를 제공하는 데에 1인당 2300달러를 지출할 뿐인데, 세계에서 가장 높은 기대수명을 달성하고 있다. 스페인인의 기대수명 83.5세는 미국인보다 5년이나 길다. 이와 대조되는 게 미국인데, 이윤을 위해 작동하는 민간 보건 시스템은 한 사람당 눈물이 날 정도의 금액인 9500달러를 빨아들이고도, 기대수명과 보건상 결과는 더 저조하다.

남반구 전역에서도 이와 유사한 낭중지추 같은 사례들이 존재한다. 정부가 보편적 의료보장과 교육에 투자한 나라들은 기대수명과 여타의 인간 복지 지표에서 세계에서 가장 빠른 향상을 보였다.[10] 스리랑카, 르완다, 태국, 중국, 쿠바, 방글라데시, 인도의 케랄라주 등은 상대적으로 낮은 1인당 GDP를 가졌음에도 놀랄 만한 성과를 달성한 곳들이다.

거듭 말하지만, 경험적 증거는 높은 수준의 GDP 없이도 높은 수준의 인간 발전을 달성하는 게 가능함을 보여준다. 유엔의 데이터에 따르면, 국가들은 1인당 겨우 8000달러로 가장 높은 수준의 기대수명 지표에, 그리고 1인당 9000달러로 가장 높은 수준의 교육 지표에 도달하는 게 가능하다. 실제로 국가들은 지구의 위험 한계선을 넘지 않거나 언저리에 머물면서도, 1인당 겨우 1만 달러만 있으면 건강과 교육뿐 아니라 고용, 영양, 사회적 지지, 민주주의, 삶의 만족 등 광범한 핵심 사회 지표들에서 성공을 거둘 수 있다.[11] 이 수치들에서 놀라운 것은 이들 국가의 GDP가 구매력평가지수PPP로 환산한 세계 평균 1인당 GDP인 1만 7600달러보다 훨씬 아래에 있다는 것이다. 다시 말해, 이론상으로는 공공재에 투자하고 소득과 기회를 보다 공정하게 배분하기만 하면, 현재 가진 것보다 적은 GDP로도 세계의 모든 이들에게 필요한 모든 사회적 지표를 달성할 수 있다.

그렇다면 일정한 지점을 지난 다음에는 GDP와 인간 복지 사이의 관계가 깨어지는 것이 분명하다. 그러나 이 관계에는 흥미로운 다른 부분도 있다. 일정한 지점이 지나면 더 많은 성장은 확실히 부정적인 영향을 갖기 시작한다. 우리는 이런 효과를 참진보지수GPI 같은 대안적인 진보 지표를 통해 살펴볼 수 있다. GPI는 개인의 소비 지출(이는 GDP의 출발점이기도 하다)에서 출발하여 소득 불평등뿐 아니라 경제활동의 사회적·환경적 비용을 조정한다. 성장의 효용뿐 아니라 비용을 계산한 측정치이기 때문에 경제에서 무슨 일이 일어나는지에 대한 좀더 균형 잡힌 시각을 제공해준다. GDP와 GPI 데이터를 시간을 두고 점으로 찍어보면, 1970년대 중반까지는 세계의 GPI가 GDP와 나란히 증가하지만, 이후로는 평평해지고 심지어 하락하기까지 한다는 것을 볼 수 있다. 성장의 사회적·환경적인 비용이 소비 관련 이익을 의미 없게 만들 정도로 커졌기 때문이다.[12]

생태학자 허먼 데일리가 지적했듯이, 일정한 지점을 지나면 성장은 '비경제적'이 되기 시작한다. 복지wealth 보다 해악illth을 만들어내는 것이다. 수많은 측면에서 이러한 일이 일어나고 있다. 고소득 국가에서 성장 추구가 지속되면서 불평등과 정치적 불안정성을 격화시키고 있고,[13] 과로와 수면 부족에 따른 스트레스와 우울증, 오염으로 인한 건강 악화, 당뇨병과 심장병 등의 문제들을 키우고 있다.

*

이 모든 것을 처음 알게 되었을 때 나는 충격에 휩싸였다. 너무나 강력해서 성장에 대해 조금 다르게 생각할 수 있게 되었다. 인간 복지의 측면에서 보면 미국이나 영국 등 고소득 국가를 특징 짓는 높은 수준의 GDP는 실제로 그들이 필요로 하는 것보다 한참을 초과하고 있음이 드러난다.

이를 실험을 통해 고찰해보자. 포르투갈이 미국보다 3만 8000달러가 적은 1인당 GDP를 가지고 미국보다 높은 수준의 인간 복지를 실현하고 있다면, 우리는 미국에서 1인당 3만 8000달러의 수입이 실제로 '낭비'되었다고 결론 내릴 수 있다. 미국 경제 전체로 보자면 매년 13조달러에 달한다. 매년 13조달러어치의 채굴·생산·소비, 그리고 13조달러어치의 생태적 압력이 그 자체로는 인간 복지의 토대에 아무런 보탬이 되지 않는다는 말이다. 얻는 것 없이 피해만 가져올 따름이다. 이론상으로는 소득이 보다 공평하게 분배되고 공공재에 투자가 이루어진다면, 미국 경제는 현재의 규모에서 무려 65퍼센트가 줄어들면서도 동시에 평범한 미국인들의 삶을 향상시킬 수 있다.

물론 부유한 나라의 일부 초과 수입과 소비가 기대수명이나 교육과 관련한 데이터로 포착되지 않는 삶의 질 향상을 가져올 수 있다고 예상해볼 수 있다. 행복이나 좋은 삶 같은 것들은 어떨까? 역시 GDP가 올라감에 따라 이런 주관적 지표들도 함께 상승할까? 이는 합리적인 가정으로 여겨진다. 결국 아메리칸 드림은 소득과 소비가 행복으로 가는 티켓이라고 약속한다. 하지만 이상하게도 전반적인 행복과 좋은 삶에 대한 측정치를 살펴보면 이런 지표들조차 GDP와는 미약한 관계에 있음이 드러난다. 다소 혼란스러운 결과는 이를 처음 지적한 경제학자의 이름을 따서, 이스털린의 역설Easterlin Paradox로 알려져 있다.

미국에서는 1인당 GDP가 겨우 1만 5000달러(현재 달러 시세 기준)였을 때인 1950년대에 행복 비율이 정점을 찍었다. 그 이후 미국인들의 평균 실질소득은 네배가 되었지만, 지난 반백년간 행복은 정체하거나 심지어 하락했다. 영국도 이와 마찬가지인데,

1950년대 이후 소득이 세배가 되었지만 행복은 더 낮아졌다.[14] 이와 유사한 경향이 어느 나라에서나 전개되고 있다.

이러한 역설을 어떻게 설명할까? 다시 한번 말하지만, 연구자들은 중요한 것은 소득 자체가 아니라 소득이 어떻게 분배되는가라는 점을 발견했다.[15] 불평등한 소득분배를 가진 사회에서는 사람들이 덜 행복한 경향을 보인다. 여기에는 수많은 이유가 있다. 불평등은 불공정하다는 느낌을 만든다. 그것은 사회적 신뢰와 응집력 그리고 연대를 잠식한다. 또한 더 열악한 건강, 더 높은 수준의 범죄율, 더 낮은 사회적 이동성과 연결된다. 불평등한 사회에 사는 사람들은 좌절감을 더 많이 느끼고, 불안해하고 불안정하며, 자신의 삶에 불만을 갖는 경향이 있다. 그들은 더 높은 우울증과 중독 비율을 보인다.

이게 현실의 삶에서 어떻게 작용할지를 상상하기란 어렵지 않다. 당신이 직장에서 급여를 받으면 행복해질 것이다. 하지만 당신의 동료가 당신보다 두배나 많은 급여를 받는다는 것을 알게 된다면 무슨 일이 일어날까? 갑작스레 당신은 행복하지 않게 될 것이고, 화가 치밀어오를 것이다. 당신이 저평가된다고 느낄 것이다. 상사에 대한 신뢰감이 타격을 입을 테고, 동료들과의 연대감도 해체될 것이다.

소비에서도 비슷한 일이 일어난다. 불평등은 사람들에게 자신이 가진 물질적 재화가 보잘것없다고 느끼게 만든다. 우리가 끊임없이 더 많은 것을 원하는 까닭은 그것이 필요해서가 아니라 이웃에 뒤처지지 않기를 바라기 때문이다. 친구와 이웃들이 더 많이 가질수록, 우리는 스스로 잘하고 있다고 여길 수 있을 만큼 그들과 보조를 맞추어야 한다고 더 많이 느끼게 된다. 이에 관한 데이터는 분명하다. 매우 불평등한 사회에 사는 사람들일수록 보다 평등한 사회에 사는 사람들보다 호화 브랜드 쇼핑을 많이 하는 경향이 있다.[16] 우리는 스스로가 더 괜찮은 사람이라고 느끼기 위해 계속해서 더 많은 물건을 구매하지만, 소비는 그다지 소용이 없다. 우리가 좋은 삶이라고 평가하는 기준점이 부자들에 의해(그리고 최근에는 소셜미디어의 인플루언서들에 의해) 끊임없이 닿을 수 없는 곳으로 멀어지기 때문이다. 우리는 불필요한 과소비라는 쉼 없는 쳇바퀴 위에서 제자리를 돌고 있는 스스로를 발견한다.

소득이 아니라면, 좋은 삶을 증진시키는 것은 무엇일까? 2014년에 정치학자 아담 오쿨리치-코자린은 이 질문에 대해 이제까지 존재하는 모든 데이터를 검토했다. 그는 놀랄 만한 것을 발견했는데, 다른 변수들을 통제할 경우 잘 짜인 복지체제를 가진 나라들이 가장 높은 수준의 인간 행복을 보여주었다. 더불어 보다 관대하고 보편적인 복지체제일수록 모든 이들이 더 행복해졌다.[17] 이는 보편적 의료보장, 실업 보험, 연금, 유급 휴가와 병가, 저렴한 임대주택, 보육 서비스, 강력한 최저임금 같은 것들을 의미한다. 공정하고 보살핌이 충분한 사회, 모든 이들이 사회적 재화에 공평한 접근권을 갖는 곳이라면 일상의 기본적 필요를 어떻게 해결할지를 염려하는 데에 시간을 쓸 필요가 없어진다. 그들은 삶의 예술을 즐길 수 있다. 이웃들과 끊임없는 경쟁 속에 있다고 느끼는 대신, 사회적 연대의 유대감을 만들 수 있다.

이 결과는 훨씬 낮은 1인당 GDP에도 불구하고 미국보다 훨씬 높은 행복 수준을 가진 나라들이 왜 그렇게 많은지를 설명해준다. 이 국가들에는 독일·오스트리아·스웨덴·네덜란드·호주·핀란드·캐나다·덴마크 같은 고전적인 사민주의 국가들이 포함되어 있다. 하지만 여기에는 코스타리카도 포함되는데, 이 나라는 소득이 미국의 5분의 1밖에 안 되지만 행복 지표에서 미국에 뒤지지 않는다.[18] 이 모든 사례를 보면 이들 국가의 성공은 강력한 사회 보장에 달려 있다.

행복에 관한 데이터는 놀라움을 안겨준다. 그러나 일부 연구자들은 단지 행복만 보는 것으로 만족해서는 안 된다고 지적한다. 우리는 사람들이 의미meaning를 어떻게 느끼는지도 보아야 한다. 의미는 날마다 느끼는 감정들의 격랑 아래에 놓여 있는 보다 근원적인 상태다. 그리고 의미에 관한 한 GDP와 더욱 관련이 적다는 것이 중요하다. 사람들은 열정을 표현할 수 있는 기회, 협력, 공동체, 인간적 연결을 가질 때 의미 있는 삶을 영위한다고 느낀다. 심리학자들이 '본질적 가치'intrinsic values라고 일컫는 것들이다. 이런 가치들은 당신이 돈을 얼마나 많이 가졌는지, 당신 집이 얼마나 큰지 같은 외재적 지표들과 관련 지을 필요가 없다. 훨씬 더 깊은 곳에서 작용하기 때문이다. 본질적 가치는 우리가 소득이나 물질적 소비가 늘어남으로써 얻는 순간적인 느낌보다 훨씬 강력하며 지속되는 느낌이다.[19] 인간은 공유하고 협동하고 공동체를 이루도록 진화했다. 우리는 이런 가치들을 표출할 수 있는 환경에서 번영하며, 그것을 질식시키는 환경에서는 고통을 겪는다.

의미는 사람들의 삶에 현실적·물질적인 영향을 미친다. 2012년 스탠포드 의과대학 연구팀은 코스타리카의 니코야 반도를 방문했다. 이 지역에서 나온 흥미로운 데이터를 해석하기 위해서였다. 코스타리카인들은 평균 수명 80세 정도로 오래 산다. 하지만 연구자들은 니코야 지역 사람들이 그보다도 오래 산다는 것을 발견했다. 이 지역의 기대수명은 85세에 달하는데, 이는 세계에서 가장 높은 수준이다. 이상한 결과다. 재정적인 면으로 보자면 니코야는 코스타리카 내에서도 가장 빈곤한 지역 중 하나이기 때문이다. 니코야는 전통적으로 농업 기반의 생활양식을 가지고 사는 자립 경제subsistence economy 지역이다. 그렇다면 이러한 결과들을 설명해주는 것은 무엇일까? 코스타리카는 최상의 공중보건 체제를 가지고 있으며, 이것이 많은 부분을 설명해준다. 하지만 연구자들은 니코야 사람들의 긴 수명이 다른 이유 때문이라는 것을 발견했다. 식생활도 유전자도 아닌, 전혀 예상치 못한 것이었다. 공동체 말이다. 가장 장수하는 니코야 사람들은 모두 그들의 가족·친구·이웃들과 견고한 유대관계를 맺고 있다. 나이가 들어서도 그들은 연결되어 있음을 느낀다. 스스로가 가치 있다고 느낀다. 실제로 가장 빈곤한 가구들이 가장 긴 기대수명을 갖는데, 왜냐하면 그들은 함께 살며 서로에게 의지할 가능성이 높기 때문이다.[20]

상상해보자. 코스타리카 농촌에서 자립 생활양식을 갖고 사는 사람들이 세계에서 가장 부유한 경제 속에 사는 사람들보다 더 오래, 건강한 삶을 누린다. 북미와 유럽은 고속도로, 마천루, 쇼핑

몰은 물론 큰 저택과 자동차, 화려한 제도들을 가졌을 것이다. 이 모든 것들은 '발전'의 상징이다. 그런데 이 중 어느 것도 인간 진보의 핵심 지표에 관한 한 니코야의 어부나 농부들보다 이점을 제공하지 않는다. 데이터는 차고 넘친다. 거듭 말하지만, 가장 부유한 나라들의 특징인 넘치는 GDP로는 정말 중요한 그 어느 것도 얻지 못한다.

성장 없는 번영

이 모든 것이 엄청나게 좋은 소식이다. 이는 중상위소득 국가와 고소득 국가들이 성장 없이도 모두에게 번영하는 삶을 제공할 수 있음을 의미한다. 우리는 어떻게 그럴 수 있는지 정확히 안다. 불평등을 줄이고, 보편적 공공재에 투자하며, 소득과 기회를 보다 공평하게 분배하면 된다.

이러한 접근법에서 신나는 것은 생명세계에 직접적으로 긍정적인 영향을 미친다는 데 있다. 사회가 평등해질수록, 사람들은 높은 소득과 화려한 지위재를 추구해야 할 압력을 덜 느낀다. 사람들을 영속적인 소비주의의 굴레에서 해방시킨다. 덴마크의 사례를 들어보자. 소비자 연구에 따르면, 덴마크는 다른 대부분의 고소득 국가들보다 더 평등하기 때문에, 덴마크인들은 비슷한 다른 나라보다 옷을 덜 사고 더 오래 입는다. 덴마크 기업들은 광고에 돈을 덜 쓰는데, 사람들이 불필요한 사치품 구매에 그다지 관심이 없기 때문이다.[21] 이는 다른 변수들을 보정할 경우, 보다 평등한 사회에서 더 낮은 수준의 1인당 배출량을 보이는 이유 중 하나이기도 하다.[22]

불평등 감소는 또한 보다 직접적인 방식으로 생태적 영향을 줄인다. 부유한 사람들은 다른 누구보다도 훨씬 높은 생태 발자국을 갖는다. 세계 인구 중 가장 부유한 10퍼센트가 1990년 이래 세계 총탄소배출량의 절반 이상에 책임이 있다. 즉 세계적인 기후 위기는 대체로 세계적인 부유층이 초래하고 있다. 소득 사다리를 보면 상황이 더욱 뚜렷해진다. 가장 부유한 1퍼센트의 개인들은 인류의 가난한 절반에 속하는 개인들보다 100배 많이 배출한다.[23] 왜일까? 그들이 물건을 더 많이 소비하는 것뿐 아니라, 소비하는 물건 자체가 에너지 집약적이기 때문이다. 커다란 저택, 큰 승용차, 개인 전용기, 잦은 항공 여행, 장거리 휴가, 사치품 수입 등등.[24] 그리고 부유층은 실제로 그들이 쓸 수 있는 것보다 더 많은 돈을 갖고 있기 마련인데, 언제나 그렇듯 넘치는 돈을 생태적으로 파괴적인 확장 산업에 투자한다.

이는 우리를 단순하지만 급진적인 결론으로 이끈다. 최상위 부유층의 소득을 줄이는 모든 정책은 긍정적인 생태적 효용을 가질 것이다. 복지에 관한 한 부유층의 초과 소득은 복지에 아무런 기여가 없기 때문에, 사회적 결과에 아무런 대가를 치르지 않고서도 성취될 수 있다. 이러한 입장은 불평등 이슈를 탐구하는 연구자들 사이에서 널리 공유되고 있다. 세계 최고의 불평등 전문가 중 한명인 프랑스의 경제학자 토마 피케티는 대놓고 말한다. "최상위 부유층의 급격한 구매력 감소는 결국 그 자체로서 세계적 수준의 배출 감축에 실질적 영향을 미친다."[25]

또한 공공 서비스에 투자함으로써 얻을 수 있는 생태적 효용도 존재한다. 공공 서비스는 민간 서비스로 수행될 때보다 거의 언제나 덜 (탄소) 집약적이다. 예를 들어 영국의 국민보건서비스[NHS]는 수행 과정에서 미국의 보건체제에 비해 겨우 3분의 1만큼의 이산화탄소만 배출하면서 더 좋은 보건 결과를 제공한다. 공공 교통은 에너지나 물질 측면 모두에서 자가용보다 덜 집약적이다. 수돗물은 병입 생수에 비해 덜 집약적이다. 공공 공원, 수영장, 놀이동산 등은 더 큰 개인 마당, 개인 수영장, 개인 운동 시설을 구입하는 것보다 덜 집약적이다. 게다가 더 재미있다. 당신이 핀란드를 방문한다면, 전 사회가 공공 사우나의 기쁨으로 즐겁게 들썩이는 장면을 발견할 수 있을 것이다. 공공 사우나는 핀란드를 세계에서 가장 행복한 나라 중 하나로 만드는 데에 큰 역할을 수행하는 국민 오락이다.[26]

공공재를 공유하면 사람들이 개인 소득을 얻어야 할 압력은 줄어든다. 미국을 예로 들어보자. 미국인들은 더 긴 시간 일하고 더 높은 소득을 벌어야 한다는 엄청난 압력 속에 산다. 건강보험이나 교육 같은 기본재에 접근하는 비용이 무지하게 높을 뿐 아니라 계속 상승하기 때문이다. 괜찮은 건강보험은 굉장히 비싸고, 공제와 분담 지불 비용 때문에 사람들이 평생 빚더미를 지고 살아야 하는 경우가 많다. 건강보험료는 2000년 이래 거의 네배로 올랐다.[27] 교육 쪽을 보자면, 두 아이가 있는 가계의 경우 아이들을 대학에 보내는 데까지 50만달러를 지불해야 할 것으로 예상되는데, 이는 1980년대 수준에서 500퍼센트 가까이 늘어난 금액이다.[28] 이 가격은 건강보험과 교육의 '실제' 비용과는 관련이 없다. 그것들은 이윤을 둘러싸고 만들어진 시스템의 가공물이다.

그럼 이제 생각해보자. 미국이 공공보건과 공교육 시스템으로 전환하게 된다면, 사람들은 아주 적은 비용으로도 잘 사는 데에 필요한 재화에 접근하게 될 것이다. 그리고 갑작스레, 단지 그것들을 얻기 위해 높은 소득을 추구해야 했던 압력이 훨씬 적어질 것이다.

*

이는 우리를 결정적인 지점에 이르게 한다. 인간 복지에 관한 한, 중요한 것은 소득 그 자체가 아니다. 우리가 잘 살아가는 데 필요한 것들에 대한 접근권이라는 측면에서 무언가를 살 수 있는 소득이다. 즉 소득의 '복지 구매력'이 중요하다. 미국에서 3만달러로 가계를 운영한다면 그건 힘든 일일 것이다. 아이들을 버젓한 대학에 보내는 일은 잊어야 한다. 하지만 사람들이 보편적 의료보장과 교육 그리고 임대료 통제를 누리는 핀란드라면 3만달러라는 소득이 사치스럽게 느껴질 것이다. 사람들의 접근성을 공공 서비스와 기타 공공재들로 확대함으로써, 사람들의 소득이 갖는 복지 구매력을 향상시키고, 어떤 추가적 성장의 필요 없이도 모두가 번영하는 삶을 만들 수 있다. 정의justice는 성장의 정언명령에 대한 해독제다. 그리고 기후위기를 해결하는 열쇠다.

이 주장은 지난 40년간 지배했던 신자유주의 정책을 근본적으로 뒤집는다. 성장을 향한 필사적인 추적 속에서 정부들은 공공 서비스를 민영화했고, 사회보장 지출을 삭감했으며, 임금과 노동 보호를 잠식하고, 최상위 부유층의 세금을 감면하고, 사회적 불평등을 키웠다. 기후 붕괴의 시대에 우리는 정확히 정반대의 것을 행할 필요가 있다.

사회적 목표 달성에 성장이 더이상 필요하지 않는다는 증거의 무게는 너무도 분명하다. 그런데도 여전히 성장주의 서사는 엄청난 위세를 떨치고 있다. 왜일까? 성장이 우리 사회의 가장 부유하고, 가장 권력 있는 분파들의 이해에 복무하기 때문이다. 미국을 보자. 미국의 1인당 실질 GDP는 1970년대 이후 두배가 되었다. 누군가는 이러한 놀라운 성장이 인간의 삶에 중요한 향상을 가져왔다고 생각하겠지만, 실제로는 그 반대의 일이 일어났다. 40년 전보다 오늘날 빈곤율은 더 높고, 실질 임금은 더 낮다.[29] 반세기 동안 성장했음에도 불구하고 국가의 핵심 지표들이 뒷걸음질했고, 모든 성과는 실제로 이미 부유한 이들에게 돌아갔다. 가장 부유한 1퍼센트의 연간 소득은 이 기간 동안 세배 이상 증가했고, 1인 당으로 보면 평균 140만달러가 증가했다.[30]

이러한 데이터를 검토해보면, 성장주의는 이데올로기에 지나지 않는다는 사실이 분명해진다. 우리 공동의 미래를 희생하여 소수에게 이익을 가져다주는 이데올로기 말이다. 우리는 모두 성장의 엑셀러레이터에 발을 올리도록 밀어붙여졌고, 우리가 살아가는 행성에 치명적인 결과를 초래하면서 부유한 엘리트들이 더욱 부자가 되게 했다. 인간의 삶이라는 견지에서 보면 이는 정의롭지 않은 것이 틀림없다. 사실 우리는 이 문제를 한참 전부터 알고 있었다. 하지만 생태주의의 견지에서 보면 훨씬 더 나빠졌다. 거의 광기나 다름없다.

남반구에서의 정의

부유한 나라들이 국민의 삶을 향상시키는 데에는 성장이 필요 없다. 하지만 가난한 나라들은 어떨까? 필리핀을 예로 들어보자. 서태평양의 이 섬나라는 기대수명, 위생, 영양 섭취, 소득 등 핵심 사회 지표의 수치가 미달한다. 하지만 이 나라는 토지, 물, 에너지, 물질 자원 등의 사용 측면에서 지구의 위험 한계선 내에 안전하게 잘 머물러 있다.[31] 필리핀이 국민의 필요를 충족시키는 데 필요한 자원 사용을 늘리지 말아야 할 이유는 없다. 남반구 국가들도 대부분 마찬가지다.

여기 새로운 소식이 있다. 나는 동료들과 함께 150개 이상 나라들의 데이터를 분석했는데, 우리의 결과는 남반구 국가들이 모든 인간 발전 지표(기대수명, 좋은 삶, 보건 위생, 소득, 교육, 전력, 고용, 민주주의 등)에서 강력한 성과를 달성하면서도 지구의 위험 한계선 내에 또는 근처에 자리하는 게 가능하다는 것을 보여준다. 다시 한번, 앞서 언급한 코스타리카가 이에 대한 가장 훌륭한 사례를 제공한다.[32] 다만 이렇게 하려면 발전에 관한 완전히 다른 사고방식이 필요하다. 성장 자체를 목적으로 추구하면서 사람들의 삶이 마법처럼 개선되기를 기대하는 대신, 먼저 무엇보다 중요한 사람들의 삶을 개선하는 데 초점을 두는 것이 목표가 되어야 한다. 그리고 그 목표가 경제성장을 요구하거나 수반한다면,

그렇게 하면 된다. 요컨대 다른 경로 주변이 아니라 인간의 필요와 생태 주변으로 경제를 조직하는 것이다.

남반구는 오랫동안 이런 발전 방식을 취해왔다. 마하트마 간디, 파트리스 루뭄바, 살바도르 아옌데, 줄리어스 니에레레, 토마 상카라 등 반식민주의 지도자를 대표하는 십수명의 인물들이 있고, 그들은 정의, 좋은 삶, 자급의 원칙을 강조하며 인간 중심의 경제를 주장했다. 아마 그 시대의 어느 누구도 마르티니크 출신의 혁명적 지식인 프란츠 파농만큼 이 사상을 명료하게 표현하지 못했을 것이다. 그가 1960년대에 했던 발언은 오늘날에도 여전히 울림을 갖는다.

자, 동지들, 유럽인들의 게임은 결국 끝났습니다. 우리는 다른 무언가를 발견해야 합니다. 이제 우리는 유럽을 모방하지 않는 선에서, 유럽을 따라잡으려는 열망에 사로잡히지 않는 선에서, 무엇이든 할 수 있습니다. 지금 유럽은 모든 지침과 이성을 상실한 채 광기에 사로잡혀 무분별한 속도로 심연을 향해 달려가고 있습니다. 우리는 가능한 한 이를 피해야 할 것입니다. 오늘날 제3세계는 유럽이 답을 찾을 수 없었던 문제들을 해결하기 위해 노력할 사명을 지닌 거대한 집단으로서 유럽을 대합니다. 하지만 분명히 합시다. 중요한 것은 산출, 극대화, 노동의 리듬에 대해 말하기를 멈추는 일입니다. 아니요, 우리는 누구도 따라잡길 원하지 않습니다. 우리가 원하는 것은 낮이든 밤이든 언제나 사람들과 함께, 모든 사람들과 함께 나아가는 것입니다. 그러니, 동지들이여, 유럽으로부터 영감을 얻은 국가, 제도, 사회들을 창조함으로써 유럽에 경의를 표하지 말도록 합시다. 인류는 그런 모방이 아니라 우리로부터 다른 무언가를 기다리고 있습니다.[33]

여기서 파농이 요청하는 것은 일종의 탈식민화다. 경제발전이라는 허상을 탈식민화하고 번영에 대한 다른 접근을 허용해야 한다는 것이다.[34] 이게 실제로는 어떤 것일까? 이는 코스타리카·스리랑카·쿠바·케랄라주 같은 곳의 사례를 따라, 보건·교육·상수도·주택 등 사회적 안정성을 보장하는 잘 짜인 보편적 사회정책에 투자함을 의미한다. 소농들이 생계의 터전이 될 자원에 접근권을 갖는 토지 개혁을 의미한다. 국내 산업을 보호하고 고양하도록 관세와 보조금을 활용하는 것을 의미한다. 괜찮은 임금, 노동법, 국민소득의 진보적인 분배를 의미한다. 그리고 화석연료와 채굴주의 중심이 아니라 재생에너지와 생태적 복원 중심으로 경제를 건설함을 의미한다.

이런 정책들 중 다수가 1980년대 이래의 구조조정 프로그램으로 기반이 허물어지기 전까지, 그러니까 1950년대부터 1970년대까지 탈식민주의 시기에 남반구 전역에서 광범하게 활용되었다는 점을 기억하는 것이 중요하다. 몇몇 나라들은 구조조정의 운명을 어렵사리 피했다. 코스타리카도 그중 하나다. 한국과 대만역시 (그들의 생태 정책 성적은 좋지 않았지만) 그러했다. 그들은 계속해서 경제정책에 대한 보다 진보적인 접근을 추구하고, 공공서비스에 투자를 이어가고 있다. 그 결과, 그들은 높은 수준의 인간 발전을 누리고 있다. 이 사례들은 만약 남반구가 방해받지 않았다면 어땠을지를 알려주는 표지와 같다.

남반구가 필요로 하는 것은 구조조정으로부터 자유로워지는 것이다. 말하자면, 외국 투자자들의 통제력에서 벗어나, 정부가 인간 발전을 제공하는 데 효과적이라고 알려진 진보적인 경제정책을 추구할 수 있어야 한다는 것이다. 이는 우리를 중요한 지점으로 인도한다. 남반구에서의 진보에 대해 말하는 것은 단지 국내 정책에 대해서가 아니라 지구적 정의에 대해 말하는 것이라는 점 말이다.

*

사람들은 세계의 빈곤을 생각할 때 세계경제로부터 절연된 나라들에 사는 사람들을 상상하곤 한다. 세계화가 닿지 않은 후미진 벽촌, 부유한 나라 사람들의 삶과 연결되지 않은 그런 곳들 말이다. 그러나 이런 이미지는 완전히 잘못된 것이다. 빈곤은 세계 자본의 회로 안에 깊숙이 통합되어 있다. 그들은 나이키나 프라이마크 같은 다국적 기업을 위해 노동 착취 공장에서 일하는 사람들이다. 그들은 우리의 스마트폰과 컴퓨터를 만드는 데 필요한 희토류 광물을 채굴하려 목숨을 걸고 일하는 사람들이다. 그들은 대부분의 사람들이 일상적으로 사용하는 찻잎과 커피콩, 사탕수수를 수확하는 사람들이다. 그들은 유럽과 북미 사람들이 매일 아침으로 먹는 딸기류와 바나나를 따는 사람들이다. 그리고 많은 경우에 그들의 땅에서 세계경제에 동력을 제공하는 석유, 석탄,

가스가 채굴된다. 아니, 채굴되었다. 그들로부터 빼앗기 전까지는. 종합해보면 그들이 세계경제로 흘러들어가는 노동력과 자원의 대부분을 제공한다는 것은 너무도 분명하다.[35]

이에 대한 대가로 그들이 받는 것은 말 그대로 푼돈이다. 인류 중에서 제일 가난한 60퍼센트가 세계 총소득의 대략 5퍼센트를 받을 뿐이다.[36] 1980년 이래 40년이 지나는 동안 그들의 일상적 소득은 매년 대략 평균 3퍼센트씩 늘었다.[37] '낙수 효과' 경제 따위는 잊어라. 수증기 정도나 나왔을까.

이와 반대로, 세계의 부자들에게는 사뭇 다른 이야기가 전개된다. 1980년 이래 40년 동안, 세계경제 성장에서 나온 새로운 소득의 46퍼센트 이상이 가장 부유한 5퍼센트에게 돌아갔다. 가장 부유한 겨우 1퍼센트가 매년 소득으로 19조달러를 가져가는데, 대략 세계 GDP의 4분의 1 정도 된다.[38] 이는 노르웨이, 스웨덴, 스위스, 아르헨티나, 중동 전체와 아프리카 전체를 포함하는 169개국의 GDP를 합친 것보다 많다. 부자들은 세계경제가 만들어내는 소득, 가난한 사람들의 토지와 육체로부터 추출된 소득에서 거의 상상하기도 어려운 몫을 주장한다.

이 금액 문제를 긴 안목으로 조망하기 위해서 이렇게 생각해보자. 전세계 사람들의 최저 소득 수준을 하루 7.40달러로 끌어올리고, 남반구의 모든 사람에게 코스타리카 수준에 상응하는 보편적 의료보장을 제공하기 위해서는 대략 10조달러가 필요하다.[39] 이는 엄청난 금액처럼 느껴진다. 하지만 가장 부유한 1퍼센트의 연간 소득의 겨우 절반밖에 안 된다는 것에 주의하자. 가장 부유한

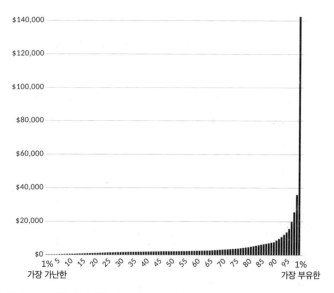

$140,000 · $120,000 · $100,000 · $80,000 · $60,000 · $40,000 · $20,000 · $0

1% ⁵ ¹⁰ ¹⁵ ²⁰ ²⁵ ³⁰ ³⁵ ⁴⁰ ⁴⁵ ⁵⁰ ⁵⁵ ⁶⁰ ⁶⁵ ⁷⁰ ⁷⁵ ⁸⁰ ⁸⁵ ⁹⁰ ⁹⁵ 1%

가장 가난한   가장 부유한

누가 세계 GDP 성장의 혜택을 받는가?(1980년부터 2016년까지 연간 소득 변화) 이 그래프는 백분위 단위로 개인의 평균 소득의 증가량을 보여준다.

출처: World Inequality Database (Constant 2017, USD). Data management by Huzaifa Zoomkawala.

1퍼센트의 연간 초과 소득 10조달러를 세계의 빈곤층에게로 돌리면, 한방에 빈곤을 근절하고 남반구의 기대수명을 8년 늘릴 수 있다. 세계적 건강 격차를 일소할 수 있는 것이다. 그러고도 최상위 1퍼센트는 여전히 평균 연간 가계소득에서 25만달러 이상을 더 가질 것이다. 이는 누구든 합리적으로 필요로 하는 것 이상일 뿐 아니라, 영국의 중위 가계소득보다 여덟배 가까이 많다. 소득만으로 그렇다는 것이다. 자산은 건드리지도 않았다. 최상위 1퍼센트는 158조달러 상당의 자산을 쌓아놓고 있는데, 이는 세계 전체의

절반 가까이에 해당한다.[40]

　이러한 종류의 불평등에 자연스러운 것 따위는 없다. 불평등은 강력한 국가와 기업들이 가난한 나라들의 사람과 자원을 체계적으로 착취했기에 존재하는 것이다. 우리는 이를 실증적 기록에서 아주 분명하게 볼 수 있다. 지금도 매년 더 많은 자원과 돈이 남반구에서 북반구로 흘러들어간다. 이는 놀랍게 들릴 수도 있을 텐데, 부유한 나라들이 가난한 나라들에게 매년 1300억달러나 되는 원조를 시행하고 있다는 낯익은 내러티브에 익숙하기 때문이다. 그러나 그러한 원조의 흐름, 그리고 매년 5000억달러의 추가적인 민간 투자의 흐름조차 반대 방향, 남반구에서 북반구로 흘러들어가는 흐름에 비하면 몇분의 1밖에 되지 않는다. 가난한 나라에서 부유한 나라로 가는 파이프가 있는 것이나 다름없다.

　이러한 사실들을 파악하고 나니 남반구의 발전은 세계 전체의 성장을 필요로 하는 문제가 아님이 분명해진다. 그것은 추출과 착취의 패턴을 끝내고, 경제의 규율을 세계의 다수에게 근본적으로 보다 공정하도록 바꾸는 문제다. 나의 최근 저서 『격차』*The Divide*에서, 나는 이게 대체 어떤 것인지를 탐색했다. 그 작업을 여기에 되풀이하기보다는 몇개의 짤막한 사례들을 들어볼까 한다.

　노동을 생각해보자. 북반구의 성장은 남반구 노동자들의 노동에 상당 부분 의존하고 있다. 하지만 남반구에서 수출 산업에 종사하는 사람들은 국제 교역에서의 교섭력 부족으로 인해 임금이 체불되면서 매년 대략 2조 8000억달러를 잃고 있다고 연구자들은 추산한다.[41] 이 문제를 해결하는 직접적인 방식은 글로벌 최저임금을 도입하는 것일 테다. 국제노동기구가 직접 관리할 수 있다. 또는 각국의 중위소득의 비율로 고정하거나 지역 생활임금 기준으로 설정할 수도 있을 것이다.

불법적인 자금 흐름도 존재한다. 현재도 매년 대략 1조달러가 남반구 국가들에서 갈취되어 해외의 비밀 사법권 지역에 쌓이는데, 대부분은 다국적 기업들이 조세를 회피하기 위한 방편이다.[42] 예를 들어 기업들은 과테말라나 남아프리카공화국에서 창출한 수익을 룩셈부르크나 영국령 버진아일랜드 같은 조세 회피처로 옮긴다. 이는 남반구 국가들이 공공 서비스에 투자하는 데 필요한 수입을 고갈시킨다. 이건 다루지 못할 문제가 아니다. 우리는 조세 회피 시스템을 법으로 차단하고 국경을 넘나드는 교역과 기업 회계를 규제할 수 있다.

또 하나의 문제는 세계경제를 통괄하는 국제기구들이 상당히 반민주적이며 부유한 나라들에 크게 편향되어 있다는 점이다. 세계은행과 IMF에서 미국은 모든 주요 결정에 비토권을 갖고 있으며, 다수의 표를 고소득 국가들이 좌우한다. 세계무역기구에서의 교섭력은 대체로 GDP 규모를 따르기 때문에 식민지 시대에 부를 쌓은 나라들이 국제무역의 규칙을 결정하게 된다. 국제기구들이 민주화된다면 남반구 국가들이 자국에 영향을 미치는 결정들에 진정한 발언권을 갖게 하고, 경제정책에 대한 통제력을 보장할 것이다. 세계무역기구에서 좀더 공정한 무역 규칙이 만들어지면 가난한 나라들이 매년 추가적 수출 수입으로 1조 5000억달러를 더 벌어들일 수 있으리라고 유엔은 추산한다.[43]

그밖에도 생각해볼 수 있는 다른 개입들이 많다. 우리는 부당하고 끔찍한 부채를 탕감하고, 가난한 나라들이 자신의 돈 전부를 외국 은행에 이자를 지불하느라 써버리는 대신에 공공보건과 공교육에 투자할 수 있도록 해줄 수 있다. 기업의 토지 강탈을 종식하고 토지를 다시 소농들에게 분배할 수 있다. 고소득 국가의 농업에 불공평한 이득을 주는 보조금 체제를 개혁할 수 있다. 이러한 변화들은 남반구 사람들이 세계경제에서 지금보다 공평한 몫의 소득을 얻고 그들이 잘 사는 데 필요한 자원에 접근할 수 있도록 만들어줄 것이다.

이데올로기에서 벗어나기

국가적·세계적인 불평등의 규모를 파악하고 나니, GDP 성장을 인간 진보의 대리 지표로 삼으려는 서사가 다소 편향된, 어쩌면 조금은 이데올로기적인 것으로 보이기 시작한다. 여기서 이데올로기는 기술적인 의미에서, 지배계급에 의해 계획된, 그들의 물질적 이해에 복무하는 일련의 사상을 말한다. 다른 방식이었다면 부당하다고 여겨 거부했을 체제에 기꺼이 순응할 만큼 모든 사람들이 이 사상을 내면화했다. 이탈리아의 철학자 안토니오 그람시는 이를 "문화적 헤게모니"라고 불렀다. 이데올로기가 정상화되면 이에 대해 따져보는 일은 어렵거나 심지어 불가능하게 된다.

세계의 부유층들은 여기서 무슨 일이 벌어지는지 잘 알고 있다. 그들이 모른다고 가정하는 일은 아둔한 짓일 테다. 그들은 소득분배에 관한 데이터를 알고 있다. 그들은 그 데이터로 먹고산다. 국가 소득과 세계 소득에서 본인들의 몫을 늘리는 방법들을 궁리하며 인생을 보낸다. 더 많이 성장하라는 그들의 요구는 궁극적으로 축적 메커니즘의 속도를 증가시킨다. 성장과 인간 진보가 관계 있다고 추정하는 주장은 알리바이일 뿐이다. 물론 그들은 성장이 가난한 이들의 소득을 향상시키는 결과를 낳기를, 그럼으로써 사회적 갈등을 누그러뜨리기를 희망한다. 결국 가난한 이들의 소득 역시 상승한다면 부유층의 축적은 정치적으로 더 구미에 맞는 것이 된다. 하지만 생태 위기의 시대에 이러한 전략은 지속될 수 없다. 무언가를 내주어야 한다.

성장주의의 문제는 수십년 동안 골치 아픈 분배의 정치학으로부터 우리의 주의를 딴 곳으로 돌려왔다는 데 있다. 우리의 정치적 주체를 성장이라는 느긋한 미적분학, 성장이 모든 이에게 자동으로 좋을 것이라는 관념에 양도해버렸다. 기후위기는 관점을 바꾼다. 우리에게 세계경제의 잔인한 불평등을 대면하지 않을 수 없게 한다. 우리를 정치 투쟁의 영역에 밀어넣는다. 사람들의 삶을 향상시키기 위해 **총량적** 성장이 필요하다는 관념은 더이상 의미가 없다. 누구를 위한, 어떤 목표를 위한 성장인지 구체화할 수 있어야 한다. 우리는 질문하는 법을 배워야 한다. 돈은 어디로 가는가? 그로부터 누가 득을 보는가? 생태계 붕괴의 시대에 전체 산출의 4분의 1 가까이가 백만장자의 주머니로 들어가는 경제를 정말로 받아들여야 하는가?

미 연방준비제도이사회의 성원이었던 헨리 월리치는 "성장은 소득의 평등을 대체한다"라고 말한 것으로 유명하다. 이는 사실이다. 존재하는 소득을 공평하게 분배하는 것보다 GDP를 상승시키고 그중 일부가 가난한 이들에게 흘러가기를 희망하는 게 정치적으로 더 쉽다. 하지만 우리는 월리치의 논리를 뒤집을 수 있다. 성장이 소득의 평등을 대체할 수 있다면, 소득의 평등이 성장을 대체할 수도 있다.[44] 우리는 풍요한 행성에 살고 있다. 우리가 이미 가진 것을 좀더 공평하게 공유하는 방법들을 찾을 수 있다면, 지구를 더 많이 강탈할 필요가 없다. 정의는 성장의 해독제다.

사람들의 삶을 향상시키기 위해서는 총량적 성장이 필수적이라고 주장하는 이들은 우리를 끔찍한 진퇴양난 속으로 밀어넣는다. 인간의 복지와 생태적 안정성 둘 중 하나를 선택하게 만든다. 누구도 맞닥뜨리고 싶지 않은 불가능한 선택지다. 그러나 불공평이 어떻게 작동하는지를 이해하고 나면, 갑자기 선택이 훨씬 쉬워진다. 좀더 공평한 사회에서 사는 것과 생태적 재앙의 위험을 감수하는 것 사이의 선택. 대부분의 사람들이 이런 선택이라면 거의 어려움을 느끼지 않을 것이다. 공평한 사회를 성취하는 일은 당연히 쉽지 않을 것이다. 이는 현 상태를 지속함으로써 어마어마한 이익을 챙겨온 이들에 맞서는 거대한 투쟁을 요구한다. 어쩌면 이 때문에 어떤 이들은 우리가 이런 행동 경로를 피하기를 간절히 바랄 것이다. 그들은 지금과 같은 세계 소득분배를 유지하기 위해 지구를 희생시키는 편을 택할 것이다.

혁신은 어떨까?

우리가 붙들고 싸워야 할 또 하나의 강력한 서사가 있다. 주된 스토리는 성장이 인간 진보를 위해서만 필요한 게 아니라 기술적 진보를 위해서도 필요하다는 것이다. 더욱 강력한 어조로, 성장은 에너지 전환의 재원을 마련하는 유일한 길이며, 우리 경제를 보다 효율적으로 만들기 위해 필요한 혁신을 이루는 유일한 길이라고 말한다.

기후위기를 해결하기 위해 혁신이 필요하다는 것에는 의심의 여지가 없다. 우리는 더 좋은 태양광 패널, 더 좋은 풍력 터빈, 더 좋은 배터리가 필요하며, 전세계의 화석연료 인프라를 허물고 재생에너지로 대체할 방법을 강구할 필요가 있다. 그건 커다란 도전이다. 하지만 여기 좋은 소식이 있다. 이 도전은 성장을 필요로 하지 않는다.

첫째, 이러한 목표들을 달성하는 데 **총량적** 성장이 필수적이라는 가정을 뒷받침하는 증거들이 없다. 전체 GDP를 성장시키면 마법처럼 그것이 태양광 패널 공장들에 대한 투자로 이어질 거라 맹목적으로 기대하는 것은 말이 안 된다. 만약 제2차 세계대전 동안 연합국이 탱크와 항공기의 필요에 이런 식으로 접근했다면, 나치는 당장 유럽을 장악했을 것이다. 이런 유형의 동원은 **존재하**는 재원을 어디로 투입할지를 정하고 관리할 정부 정책이 있어야 한다. 세계 어디서나 협업으로 이루어지는 대다수의 주요한 사회 기반시설 프로젝트는 정부 정책으로 방향이 설정되고 공공 자원으로 비용이 충당되었다. 위생 시스템, 도로 시스템, 철도망, 건강보험 체제, 국가 전력망, 우편 서비스 등이 다 그러하다. 이 모든 것은 시장의 힘으로 만들어진 자동적인 결과들이 아니었고, 추상적 성장의 결과는 더더구나 아니었다. 인프라 구축을 위한 프로젝트들은 공적 투자를 요한다. 우리가 이를 깨닫는다면, 이미 존재하는 공공 자원들, 예를 들어 화석연료 보조금(현재 세계 GDP의 6.5퍼센트, 5조 2000억달러에 달한다)과 군비 지출(1조 8000억달러)을 태양광 패널, 배터리, 풍력 터빈으로 향하도록 바꿈으로써 훨씬 쉽게 이행을 위한 비용을 충당할 수 있음이 분명해진다.[45]

정부 정책은 민간 투자의 방향을 유도하는 데에도 이용될 수 있다. 정부들이 특정한 부문에 투자하기 시작했을 때, 인센티브를 활용하거나 필수적인 원자재를 공급하고자 하는 다른 투자자들을 "불러 모은다."[46] 게다가 간단한 규칙들을 도입함으로써 거대 기업과 부유한 개인들이 그들의 수입 중 일부(예를 들어 5퍼센트쯤)를 공유하고 재생에너지의 신속한 확산 같은 특정 프로젝트에 기금이 될 채권을 매입하게 할 수 있다. 이런 조치들은 미국의 뉴딜 시기나 남반구의 개발주의 시대 등 과거에 정부들이 여러번 이용했던 방식이다. 우리가 그걸 다시 하지 못할 이유가 없다.

혁신의 과정 자체에 대해 말해보자. 우리가 일상에서 사용하는 정말로 삶을 바꾸는 기술들을 포함해 현대의 가장 주요한 혁신들 중 다수는 성장 지향 기업들이 아니라 공공 기구의 재정 지원으로 이루어졌다는 것을 기억하는 게 중요하다. 배관망부터 인터넷까지, 백신부터 마이크로칩, 심지어 스마트폰을 구성하는 기술들까지, 이 모든 것들은 공공 자금이 지원한 연구로부터 얻어진 것이다. 혁신을 낳기 위해 **총량적** 성장이 필요한 게 아니다. 특정 종류의 혁신을 성취하는 것이 목적이라면, 전체 경제를 무차별적으로 성장시키고 그것이 우리가 원하는 혁신을 가져오리라고 기대하는 것보다 혁신 과제에 직접 투자하거나 목표가 설정된 정책 조치에 투자했을 때 인센티브를 주는 게 훨씬 타당하다. 보다 효율적인 기차를 운행하기 위해 플라스틱 산업, 목재 산업, 광고 산업을 성장시키는 게 정말 합리적일까? 깨끗한 것들을 얻기 위해 더러운 것들을 성장시키는 게 정말 말이 되는가? 우리는 더 현명해져야 한다.

거듭거듭 말하지만, 성장의 필요성에 대한 지배적인 믿음은 정당화될 수 없음이 충분히 드러난다. 생태적 안정성을 희생해가면서까지 끊임없는 성장을 요구하는 이들은 우리가 실제로는 필요로 하지도 않는 것들을 위해, 말 그대로, 모든 위험을 감수할 준비가 된 사람들이다.

우리는 진보에 대한 새로운 지표들이 필요하다.
하지만 그걸로는 충분치 않다

1930년대로 거슬러 올라가보자. 사이먼 쿠즈네츠가 미국 의회에 GDP 측정 방법을 소개했을 때, 그는 이것이 결코 경제 진보의 일반적인 척도로 활용되어서는 안 된다고 주의 깊게 경고했다. GDP에 초점을 두는 것은 너무도 많은 파괴를 촉진할 수 있다. "한 나라의 복지는 국민소득 계측으로 거의 측정하기 어렵다"고 쿠즈네츠는 말했다. "더 많은 성장을 위한 목표들은 무엇의, 무엇을 위한 더 많은 성장인지를 특정해야만 한다." 한 세대 뒤인 1968년, 미국의 정치인 로버트 케네디는 캔자스 대학에서 한 연설에서 같은 메시지를 전했다. "GDP는 우리의 위트도 용기도, 우리의 지혜도 배움도, 우리의 열정도 조국에 대한 사랑도 측정하지 않습니다. (…) 그건 간단히 말해서, 삶을 가치 있게 만드는 것을 제외한 모든 것을 측정합니다."

하지만 쿠즈네츠 이후 한 세기 가까이 지나도록, 그리고 케네디 이후 반세기가 지나도록, GDP는 여전히 세계 모든 곳에서 진보를 측정하는 지배적인 척도로 남아 있다. 쿠즈네츠는 우연히 판도라의 상자를 열어젖혔고, 그후 아무도 상자를 닫을 수 없었다.

그런데 이것이 바뀌고 있다. 성장주의는 세계에서 가장 저명한 경제학자들 사이에서조차 이데올로기적 장악력을 잃기 시작했다. 2008년에 프랑스 정부는 단지 GDP가 아닌 다른 방식들로 성공을 규정하기 위해 고위급 위원회를 설립했다. 같은 해에 OECD와 유럽연합은 'GDP를 넘어서'Beyond GDP 캠페인에 착수했다. 이런 노력의 일환으로, 노벨상 수상자 조지프 스티글리츠와 아마르티아 센은 「우리의 삶에 대한 잘못된 계측: GDP가 제대로 보여주지 못하는 이유」Mismeasuring our Lives: Why GDP Doesn't add Up라는 보고서를 출간했다. 여기에서 그들은 쿠즈네츠의 간청을 받아들였고 GDP에 대한 과도한 의존은 우리로 하여금 사회적·생태적 건강에 어떤 일이 일어나는지를 보지 못하게 만든다고 주장했다. OECD는 이 보고서의 후속으로 더 나은 삶의 지수the Better Life Index라는 새로운 계측을 내놓았는데, 이는 주택·일자리·교육·보건·행복 같은 복지 지표들을 통합한 것이다.

이제는 대안적 계측들의 리스트가 빠르게 늘어나고 있는데, 이 중에서 지속가능한 경제복지지수ISEW와 참진보지수GPI는 둘 다 사회적·생태적 비용 측면에서 GDP를 보정하기 위해 만들어진 것이다. 새로운 사고는 정책에도 스며들고 있다. 2019년 뉴질랜드의 총리 저신다 아던은 좋은 삶을 위한 목표로서 GDP 성장을 포기하겠다고 약속해 헤드라인을 장식했다. 스코틀랜드의 인기 총리 니컬라 스터전은 아이슬란드의 총리 카트린 야콥스도티르와 더불어 재빨리 같은 행보에 나섰다. 이들의 발표 때마다 소셜미디어는 흥분으로 들썩였고 입소문이 퍼져나갔다(그리고 물론 세 지도자 모두가 여성이라는 사실도 주의를 비껴가지 못했다). 사람들은 무언가 다른 준비가 되어 있음이 분명하다.

갑자기, 이것이 대세가 되었다. 부유한 나라들에서만 이런 일이 벌어지고 있는 게 아니다. 전세계의 NGO들이 이제 '좋은 삶 경제'well-being economies의 중요성에 대해 말하고 있다. 부탄·코스타리카·에콰도르·볼리비아 같은 나라들이 모두 이 방향으로 걸음을 뗐다. 또한 2013년에 중국의 지도자 시진핑은 오래 지속되어왔던 정책을 뒤집으며, 중국에서 GDP가 더이상 진보의 핵심 계측으로 활용되지 않을 것이라고 발표했다.

*

진보에 대한 보다 종합적인 계측을 채택하는 것은 올바른 방향으로 내딛는 중요한 첫걸음이다. 정치인들이 GPI 같은 계측을 극대화하는 데 초점을 둔다면, 그리고 이에 따라 판단을 내린다면, 그들은 사회적 재화를 향상시키면서 생태적 손실을 줄이는 동기를 부여받게 될 것이다. 물론 그게 꼭 GPI일 필요는 없다. 제안된 대안 지표들 중 어느 것이어도 상관없다. GDP의 폭정으로부터 스스로를 풀어버리자마자, 진정으로 가치 있는 것이 무엇인지에 대해 열린 토론을 할 수 있다. 이는 궁극적으로 민주적인 행동이지만, 여태까지 성장주의 이데올로기의 족쇄는 우리를 그렇게 하지 못하도록 효과적으로 가로막아왔다.

동시에 우리는 이러한 접근의 한계에도 직면해야 한다. 더 나은 지표를 이용하는 것은 성장에 대한 정치적 압력을 부분적으로 제거해줄 수 있겠지만, 그 자체로 그리고 저절로 저거너트의 상승을 막지는 못할 것이다. 물질과 에너지 사용은 정치인과 경제학자들이 GDP 성장을 추구하기 때문이라는 한가지 이유만으로 증가하는 게 아니다. 자본주의가 끊임없는 팽창의 정언명령에 기반하여 조직되어 있기 때문이기도 하다. 우리는 좋은 삶의 계측을 선택할 수 있겠지만, 이제까지 그랬듯 그 배후에 산업 활동이 계속 확대된다면, 생태적 곤란에 봉착하고 말 것이다. 이는 신체 건강을 향상시키기 위해 노력하는 것과 상당히 비슷하다. 당신이 혈압을 점검하는 대신 매주 술집에서 열리는 퀴즈 점수나 매일 웃는 횟수 점검에 치중한다면, 해당 지표상으로는 삶이 향상될지 몰라도 당신의 신체는 여전히 어려운 상태에 처할 수 있다.

여기에 우리가 붙잡아야 할 핵심이 있다. GDP는 경제적 성과에 대한 임의적인 계측이 아니다. 일종의 실수, 그저 수정되기만 하면 되는 계산상의 오류 같은 게 아니다. GDP는 자본주의의 복지를 측정하기 위해 특별히 설계되었다. GDP는 사회적·생태적 비용을 외재화한다. 자본주의가 사회적·생태적 비용을 외재화하기 때문이다. 정책가들이 GDP 측정을 멈춘다면 자본이 계속 증가하는 이득에 대한 끝없는 추구를 자동으로 멈출 것이며, 우리의 경제가 보다 지속가능하게 될 거라는 상상은 순진하다. 좋은 삶의 방향으로 전환하는 것이 유일한 해법이라며 이를 요구하는 사람들은 이 요점을 비켜가는 경향이 있다. 우리 사회를 성장의 정언명령의 손아귀에서 해방시키고자 한다면, 우리는 더 현명해져야 한다.

5장

포스트 자본주의 세계로 가는 길

규칙에 맞춰 행동해서는 세계를 구할 수 없어요. 규칙이 바뀌어야
하는 거니까요.

—그레타 툰베리

성장 없이도 번영할 수 있다는 것을 이해하고 나면, 우리의 지
평이 갑작스레 열리게 된다. 다른 종류의 경제를 상상함으로써,
그리고 우리가 기후 비상 상황에 어떻게 대응할지 보다 합리적으
로 자유롭게 생각할 수 있게 됨으로써 가능해지는 시각이다. 이
것은 코페르니쿠스 혁명 동안 일어난 일과 유사하다. 초기의 천
문학자들은 지구가 우주의 한가운데에 놓여 있다는 가정에서 출
발했지만, 이 가정은 지속적으로 수많은 문제를 일으켰다. 다른
행성들의 운동을 이해할 수 없었기 때문이다. 또한 풀리지 않는

수학적 난제들을 낳았다. 결국 천문학자들이 지구와 다른 행성들이 태양 주위를 돈다는 사실을 받아들이자, 갑자기 모든 수학적 문제들이 쉬워졌다. 우리가 경제의 중심에서 성장을 떼어낼 때 동일한 일이 일어난다. 생태 위기는 갑자기 훨씬 풀기 쉬워진다.

우리가 직면해 있는 가장 직접적인 도전과제부터 시작해보자. IPCC는 불확실한 배출 흡수 기술에 의존하지 않고 1.5도 이하로 (또는 2도 이하로라도) 머물고자 한다면, 세계의 에너지 사용 규모를 줄여야만 한다고 지적한다. 왜일까? 우리가 에너지를 적게 쓸수록 재생에너지로의 빠른 전환을 달성하기 더 쉽기 때문이다. 물론 저소득 국가들은 여전히 인간의 필요를 충족하기 위해 에너지 사용을 늘릴 필요가 있다. 여기서 우리가 초점을 두는 것은 고소득 국가들이다. 그들이 필요로 하는 것보다 엄청나게 많이 소비하는 나라들 말이다.

에너지 사용 줄이기는 방을 나갈 때 전등을 끄는 것과 같은 개인의 행동 변화에 관한 것만이 아니다. 물론 이런 것 역시 중요하지만(LED 전구로 바꾸고 주택 난방을 개선하는 일 등이 분명히 필요하다), 궁극적으로는 경제가 작동하는 방식을 바꾸어야 한다. 매년 경제가 쏟아내는 물건들을 채굴·생산·운송하는 데 필요한 모든 에너지를 생각해보라. 땅속에서 원재료를 파내고, 이를 완제품으로 바꾸는 공장에 전력을 공급하기 위해서는 에너지가 든다. 제품을 포장하고, 트럭·기차·항공기에 실어 전세계로 보내고, 보관을 위한 창고와 판매를 위한 도소매점을 짓고, 쓰고 버린 다음 폐기물을 처리하는 모든 과정에 에너지가 든다. 자본주의는 거대한 에너지 흡입 기계다.[1] 에너지 소비를 줄이기 위해 우리는 이 모든 것의 속도를 늦출 필요가 있다. 채굴·생산·폐기의 미친 속도를 늦추고, 우리 삶의 미친 속도를 늦춰야 한다.

이것이 우리가 의미하는 '탈성장'이다. 다시 한번 말하지만, 탈성장은 GDP를 줄이는 것에 관한 이야기가 아니다. 경제의 물질과 에너지 처리량을 줄여 생명세계와 균형을 이루도록 되돌리는 것, 그러면서 소득과 자원을 더 공정하게 배분하고, 사람들을 불필요한 노동에서 해방시키며, 사람들이 번영하는 데 필요한 공공재에 투자하는 것에 관한 이야기다. 이는 보다 생태적인 문명으로 향하는 첫걸음이다. 물론 이렇게 하면 GDP가 천천히 성장하거나, 또는 성장을 멈추거나, 어쩌면 하락할 수도 있다. 만약 그렇더라도 괜찮다. 중요한 것은 GDP가 아니기 때문이다. 정상적 상황하에서라면, 불황을 일으킬지도 모른다. 하지만 불황은 성장 의존 경제가 성장하기를 멈출 때 일어나는 재난이다. 탈성장은 완전히 다르다. 탈성장은 전체적으로 다른 종류의 경제로 전환하는 것이다. 일단 탈성장 경제는 성장을 **필요**로 하지 않는다. 자본의 끝없는 축적 대신, 인간의 번영과 생태적 안정성을 중심으로 조직된 경제다.

비상 브레이크

2장에서 보았듯이, 고소득 국가들은 매년 1인당 평균 28톤의 물질을 소비한다. 우리는 이를 지속가능한 수준으로 끌어내릴 필요가 있다.[2] 물질에 초점을 맞추는 것은 넓은 범위에서 강력한 이점이 있다. 물질 소비를 늦추는 것은 생태계의 압력이 감소함을 의미한다. 그것은 더 적은 산림 벌채, 더 적은 서식지 파괴, 더 적은 생물종 다양성 붕괴를 의미한다. 우리의 경제가 더 적은 에너지를 사용하고, 더 빨리 재생에너지로의 전환을 이루게 할 수 있음을 의미한다. 전과 달리 더 적은 태양광 패널, 풍력 터빈, 배터리만 있으면 될 것임을 의미한다. 그리고 이 제품들을 위한 물질이 채굴되는 장소들(대부분은 남반구에 있는)과 거기에 사는 공동체에 가해지는 압력도 더 적을 것임을 의미한다.

다른 말로 하면, 물질과 에너지 소비를 줄이는 탈성장은 다면적 위기를 해결하는, 생태적으로 일관된 방법이다. 좋은 소식은 인간 복지에 어떠한 부정적 영향도 주지 않으면서 탈성장을 할 수 있다는 것이다. 실제로 우리는 사람들의 삶을 향상시키면서 탈성장을 할 수 있다.[3] 어떻게 가능할까? 핵심은 자본주의가 사용가치가 아니라 교환가치를 중심으로 조직되는 체제임을 기억하는 것이다. 대다수의 상품 생산은 인간의 필요를 충족시키기보다는 이윤 축적을 위한 방향으로 톱니바퀴가 움직인다. 사실 성장 지향 체제에서는 인간의 욕구를 충족시키는 것을 회피하고, 심지어 욕구 자체를 영구화하는 것이 목표일 때도 많다. 이를 이해하게 되면, 경제에서 적극적·의도적으로 낭비를 초래하며, 인간의 목적에 그 어떤 눈에 띨 만한 기여도 하지 않는 엄청난 부분이 존재한다는 사실이 명백해진다.

1단계: 계획적 진부화를 끝내기

계획적 진부화 관행만큼 이런 경향이 뚜렷한 경우도 없을 것이다. 매출 늘리기에 필사적인 기업들은 의도적으로 비교적 짧은 기간이 지나면 망가져 교체가 필요한 제품들을 생산하려 애쓴다. 이 관행은 1920년대에 처음 개발되었는데, 당시 미국 기업 제너럴 일렉트릭이 이끄는 전구 제조업체들이 카르텔을 만들어 백열등의 수명을 평균 2500시간에서 1000시간 또는 그 이하로 줄이는 모의를 벌였다.[4] 효과는 기가 막혔다. 판매가 올라갔고 이윤이 치솟았다. 이 아이디어는 다른 산업들에서도 재빨리 채택되었고, 오늘날 계획적 진부화는 자본주의 생산 전반에 널리 퍼진 특징이 되었다.

냉장고·세탁기·식기세척기·전자레인지 같은 가전제품들을 생각해보자. 제조업자들은 제품의 평균 수명이 7년 이하로 떨어졌다는 점을 인정한다.[5] 하지만 제품이 '생명을 다하는' 것은 시스템 전반의 문제가 아니다. 대체로는 최소한의 비용으로 몇년을 더 견딜 수 있도록 간단하게 설계할 수 있는 작은 전자 부품들 때문이다. 그러나 이런 부품들을 수리하려면 엄두를 낼 수 없을 만큼 비싼 경우가 많아서, 기계 전체를 교체하는 비용이나 거의 차이가 없을 정도다. 실제로 많은 경우에 제품은 모든 작동이 한꺼번에 멈추도록 설계된다. 사람들은 어떤 합리적인 이유도 없이 몇년마다 엄청난 양의 멀쩡한 금속과 플라스틱을 폐기하게 된다.

우리가 매일같이 사용하는 기기들 역시 똑같다. 애플 제품을 써본 이들이라면 이 모든 걸 너무 잘 이해할 것이다. 애플의 성장 전략은 삼중 전술에 의존한다. 몇년 동안 사용하면 기기들이 느려져서 쓸 수가 없게 된다. 수리는 불가능하거나 엄두를 낼 수 없을 만큼 비싸다. 그리고 광고는 사람들로 하여금 자신의 제품이 어쩐지 뒤떨어졌다고 느끼게끔 만든다. 물론 애플만 그런 게 아니다. 2010년에서 2019년 사이에 정보 기술 기업들은 총 130억개의 스마트폰을 팔았다. 지금도 사용 중인 건 그중 30억개뿐이다.[6] 이는 지난 10년간 100억개의 스마트폰이 버려졌음을 의미한다. 데스크톱·랩톱·태블릿 등 불필요한 전자 쓰레기 산에 대해서도 말해보자. 전자 쓰레기의 대부분은 계획적 진부화로 인해 만들어진다. 매년 버려지는 1억 5000만대의 컴퓨터가 배에 실려 나이지리아 같은 나라들로 간 다음 그곳의 야외 쓰레기장에 버려진다. 거기서 새어나온 수은, 비소 등 독성 물질들은 그대로 토양으로 흘러들어간다.[7]

이것은 내구성이 부족하거나 업그레이드할 장치가 없어서가 아니다. 있다 해도 성장 추구 속에서 개발이 억압된다. 우리가 가장 위대한 혁신이라고 칭송하는 거대 기술 기업들은 성장의 정언명령에 배치된다는 이유로 우리에게 필요한 혁신을 가로막는다. 이는 단지 가전제품이나 스마트폰에 국한되지 않는다. 모든 게 그렇다! 몇번 입고 나면 찢어지도록 디자인된 나일론 스타킹, 새로운 포트를 장착하여 구형 단자와 충전기를 쓸모없게 만드는 기기 등이 모든 것들이 계획적 진부화의 불합리성을 말하고 있다. 이케아가 수십억달러의 제국이 된 것은 손쉽게 처분할 수 있는 가구를 발명한 덕분이었다. 스칸디나비아의 숲을 덮었던 나무들은 폐기할 수 있게 디자인된 값싼 테이블과 선반의 부품이 되었다.

여기에 역설이 있다. 우리는 자본주의를 합리적 효율성에 기반하여 건설된 체제라고 생각하지만, 현실에서는 정확히 반대다. 계획적 진부화는 일종의 의도된 비효율성이다. 비효율성은 이윤을 극대화한다는 측면에서 (기괴하게도) 합리적이다. 하지만 인간의 필요라는 관점에서 보면, 그리고 생태학의 관점에서 보면, 이는 미친 짓이다. 낭비하는 자원의 측면에서도 미친 짓이고, 불필요한 에너지를 소모한다는 측면에서도 미친 짓이다. 단지 계획적 진부화에 의해 의도적으로 만들어진 빈 구멍을 채우기 위해 스마트폰·세탁기·가구들을 만들어내느라 수백만시간을 쏟아붓는 것을 생각해보면, 인간 노동의 측면에서도 미친 짓이다. 이건 마치 생태계와 인간의 생명을 밑 빠진 수요 항아리에 퍼넣는 것이나 다름없다. 그리고 이 빈 구멍은 결코 채워지지 않을 것이다.

진정으로 합리적·효율적인 경제라면, 애플 같은 기업들은 내구성 있는 모듈식 기기(예를 들어 페어폰Fairphone˙ 같은)를 생산하고, 신제품 판매를 축소하고, 기존 재고를 가능한 한 유지하거나 업그레이드하려 할 것이다. 하지만 자본주의 경제에서 이는 선택지가 못 된다. 혹자들은 너무 많은 스마트폰이나 세탁기를 구입

˙ 페어폰은 2013년 창립한 네덜란드의 사회적 기업으로, 이용자 스스로 부품을 교체하고 수리할 수 있도록 하여 환경에 미치는 영향이 적은 스마트폰 개발을 목표로 한다.

하는 개인들을 비난하고 싶겠지만, 그건 핵심을 놓치는 것이다. 사람들은 이런 기계의 희생자다. 개인을 비난하는 것은 우리의 주의를 체계적인 원인들로부터 엉뚱한 곳으로 돌리게 만든다.

이런 비효율에 어떻게 대응할 수 있을까? 방법 중 하나는 제품의 보증기간 의무 연장 제도를 도입하는 것이다. 추가 비용 없이도 평균 수명이 지금보다 두배에서 다섯배는 길고 35년은 가동 가능한 장치들을 위한 기술이 이미 존재한다. 간단한 입법만으로도 우리는 제조업자들이 만드는 제품에 실현 가능한 가장 긴 수명을 보장하도록 요구할 수 있다. 만약 애플이 10년의 보증기간을 갖게 된다면, 얼마나 빨리 수리와 업그레이드가 가능하도록 제품을 재설계할지를 지켜볼 수 있을 것이다.

또한 '수리할 권리'right to repair*라는 제도를 도입할 수도 있다. 비싸지 않은 대체 부품이 있음에도 불구하고 일반 사용자들이나 독립 기술자들이 수리할 수 없게끔 제품을 만드는 기업을 불법화하는 것이다. 이미 이런 취지의 법안들이 유럽의 여러 의회에서 논의되고 있다. 또 하나의 방법은 대형 기기나 장치들을 장기임대 모델로 전환하는 것이다. 이 경우 제조업자들은 가능한 한 효율 향상을 위해 부분적 업그레이드를 포함한 모든 수리에 완전한 책임을 져야 한다.

이러한 조치들은 제품을(가전제품이나 컴퓨터뿐 아니라 가구·주택·자동차 등도) 지금보다 몇배 오래 사용할 수 있도록 해줄

• 수리할 권리는 2019년 유럽 의회에서 통과되어 시행되고 있다. 영국에서도 2021년 여름부터 수리할 권리가 제도화되어 시행되기 시작했다.

것이다. 그리고 그 효과는 엄청날 것이다. 세탁기와 스마트폰을 지금보다 네배 더 오래 쓸 수 있다면, 우리는 75퍼센트를 더 적게 소비하게 될 것이다. 이는 물질적 산출에 있어 커다란 감축이며, 동시에 사람들의 삶에는 아무런 부정적 영향도 끼치지 않는다. 사실상 사람들이 기기들을 끊임없이 교체하느라 겪는 불만과 비용으로 인해 골치 아플 일이 없어지는 만큼, 삶의 질도 얼마간 향상될 것이다.

2단계 : 광고 줄이기

계획적 진부화는 성장 지향 기업들이 회전율을 높이는 데 활용하는 전략들 중 하나일 뿐이다. 다른 하나는 광고다.

광고 산업은 지난 세기 동안 어마어마한 변화들을 목도했다. 1920년대까지 소비는 필요한 것을 사는 비교적 형식적인 행위였다. 광고는 제품의 유용한 특징들을 소비자에게 알려주는 것 이상이 아니었다. 하지만 이런 체제에서는 일단 사람들의 필요가 충족되면 구매가 감소했기 때문에 성장에 방해가 되었다. 인간의 필요라는 한계를 돌파할 '해결책'을 찾던 회사들은 심리학자 지크문트 프로이트의 조카인 에드워드 버네이스가 당시 발전시킨 새로운 광고 이론에서 방법을 발견했다. 버네이스는 사람들의 심리를 조작하는 것만으로도 그들의 필요를 훨씬 넘어 소비하도록 자극할 수 있다고 지적했다. 사람들의 마음속에 욕망의 씨앗을 뿌리고 당신의 제품이 욕망을 해소할 수 있다고 제시할 수 있다. 또는 사회적 인정, 계급적 차별화, 아니면 성적인 능력을 제공할 거라고 약속하며 팔 수도 있다. 이런 유형의 광고는 빠르게 증가하는 수요를 창출하는 데 필사적인 미국 기업들에게 금세 필수불가결한 것이 되었다.

1990년대에 수행한 한 조사에 따르면 미국 CEO의 90퍼센트가 광고 없이는 새 제품을 파는 게 불가능할 것이라고 생각했다.

85퍼센트는 광고가 '종종' 사람들에게 필요 없는 물건을 사도록 설복한다는 것을 인정했다. 그리고 51퍼센트는 광고가 사람들에게 그들이 실제로 원하지 않는 것을 사도록 만든다고 말했다.[8] 이것은 범상치 않은 수치다. 광고가 한 산업의 규모를 조작하는 데까지 이르렀음을 알려주기 때문이다. 인터넷 시대에 들어서자 광고는 버네이스 스스로가 생각할 수 있었던 것보다 훨씬 강력하고 음흉해졌다. 브라우저의 쿠키, 소셜미디어 기록, 빅데이터는 기업들이 단지 특수한 욕망이나 불안 같은 우리의 본성뿐 아니라 어느 때든 우리의 감정적 상태까지 짐작하여 정교한 맞춤 광고를 보여줄 수 있게 만들어주었다. 구글이나 페이스북 같은 기업들은 순전히 광고의 장래성에 관련해서라면 BP나 엑손 같은 기업보다 훨씬 값어치가 있다. 우리는 이런 기업들을 혁신가라고 생각하지만, 그들의 혁신 중 대다수는 사람들로 하여금 물건을 구입하도록 좀더 정교화된 도구들을 계속 발전시키는 데 초점이 맞춰져 있다.

광고는 일종의 심리 전쟁이다. 석유 산업이 점점 접근하기 어려운 유정에서 기름을 뽑아내기 위해 더욱 공격적인 방식으로 전환한 것과 마찬가지로, 광고주들은 우리 주의의 마지막 남은 1000분의 1초에 다가가기 위해 더욱 공격적인 방식들로 전환하고 있다. 말 그대로 우리 마음을 프래킹*하고 있는 것이다. 우리는

* 프래킹(fracking)은 셰일 가스와 기름을 채굴하기 위한 수압 파쇄 기술을 말한다. 지층 속에 흩어져 있는 가스와 기름을 채굴할 때 화학물질을 섞은 물을 고압으로 분사하기 때문에, 에너지를 많이 소비할 뿐 아니라 오염과 지진 발생 같은 부작용이 있어서 논란이 되는 기술이다. 본문에서는 흩어져 있는 것들을 모아서 짜낸다는 비유적 의미로 쓰였다.

매일같이 수천건의 광고에 노출되며, 해마다 광고의 재깍거림은 더욱 널리 퍼져간다. 광고는 우리의 의식에 대한 공세이며, 우리의 공적 공간뿐 아니라 마음까지 식민화한다. 그리고 그게 먹힌다. 조사 결과는 광고 지출이 물질 소비에 직접적으로 지대한 영향을 미친다는 것을 보여준다.[9] 광고 지출이 많을수록 소비도 많아진다. 지금도 전세계의 광고 지출은 빠르게 늘고 있다. 2010년에 4000억달러였던 것이 2019년에는 5600억달러가 되어, 광고를 세계에서 가장 큰 산업 중 하나로 만들었다.[10]

때로 광고는 계획적 진부화와 섞여 독성 강한 칵테일이 된다. 패션 산업을 예로 들어보자. 과포화된 시장에서 판매고를 늘리려고 골몰하는 의류 소매상들은 **버려지기 딱 좋은** 옷을 디자인하는 쪽으로 방향을 바꾸었다. 싸고 조잡한 옷들은 몇번밖에 입지 못한 채 몇달 안에 '유행에 뒤떨어진' 것이 된다. 광고는 사람들에게 그들이 가진 옷들이 지루하고 구식이며 더이상 어울리지 않는다고 믿게 만든다(종종 '인지된 진부화'라 불리는 전술이다). 오늘날 평범한 미국인들은 1980년대에 비해 매년 다섯배 많은 의류를 구매한다. 영국에서는 '패스트 패션' 기법이 주류로 들어서면서, 2001년에서 2005년까지 4년간 섬유 구입이 37퍼센트 증가했다.[11] 패션 산업의 물질 소비는 한해에 1억톤 이상으로 급증했고, 이와 더불어 에너지·물·토지의 이용 역시 치솟았다.

미국의 데이터를 표준으로 본다면, 사람들이 필요로 하는 의복에 대한 접근권을 가로막지 않더라도, 패스트 패션에 대한 규제만으로도 이론상 섬유 생산을 80퍼센트까지 줄이는 게 가능하다고 추정된다.

광고의 권력을 누그러뜨릴 수 있는 방법은 많다. 우리는 광고 지출의 총량을 줄이도록 쿼터를 도입할 수 있다. 심리적 조작 기법을 활용하지 못하도록 막는 법안을 도입할 수도 있다. 그리고 오프라인과 온라인 모두에서, 사람들이 보지 않을 도리가 없는 공공 공간을 광고에서 해방시킬 수 있다. 2000만의 인구를 가진 도시인 상파울루에서는 이미 시의 주요 지역에서 이렇게 하고 있다. 파리 역시 이런 방향으로 움직이고 있으며, 옥외 광고를 줄이고 학교 주변에서는 심지어 광고를 완전히 금지했다. 결과는 어땠을까? 사람들은 더 행복해졌다. 스스로에게 더 나은 확신을 갖고 본인의 삶에 더 만족하게 되었다. 광고 줄이기는 사람들의 좋은 삶에 직접적이고 긍정적인 영향을 미친다.[12] 이러한 조치는 불필요한 소비를 늦출 뿐 아니라, 우리의 마음도 자유롭게 만든다. 광고 때문에 쉼 없이 교란당하는 대신 우리의 판단, 상상력, 창조성을 따를 수 있게 된다. 그리고 우리는 이런 공간들을 예술과 시로, 또는 공동체를 건설하고 내재적 가치를 드러내는 메시지들로 채울 수 있다.

일부 경제학자들은 광고를 제한하면 시장 효율성이 저하될 수 있다고 우려한다. 광고가 사람들이 무엇을 살지 합리적으로 결정하도록 도와준다고 그들은 말한다. 그러나 이 주장은 구멍투성이다. 현실에서 대부분의 광고는 정확히 그 반대다. 광고는 사람들을 조종해 비합리적인 결정을 하도록 설계된다.[13] 제대로 들여다보자. 인터넷 시대에 사람들에게는 실제로 제품을 찾거나 평가하기 위한 광고가 필요 없다. 간단한 검색만으로도 충분하다. 인터넷은 광고를 진부한 것으로 만들었고 (아이러니하게도 광고로 가득 차 버린 곳에서) 우리는 이 사실을 받아들여야 한다.

3단계: 소유권에서 이용권으로

자본주의 내에 장착된 또 하나의 비효율이 있다. 우리가 소비하는 물건들 중 다수는 필수적이지만 그다지 자주 사용되지 않는다. 잔디깎이나 전동 공구 같은 기기들은 아마 한달에 한번쯤, 기껏해야 한두시간 사용되며, 1년 중 대부분의 시간 동안 놀고 있다. 제조업자들은 아주 쉽게 공유될 수 있을 것들을 모든 이들이 각자 소유하여 창고에 가득 채워 놓기를 원한다. 하지만 합리적으로 접근한다면 이웃 공동체 작업장을 만들어서 공구와 장비들을 그곳에 세워두고 필요할 때마다 이용할 수 있다. 일부 지역 공동체들은 이미 이렇게 하고 있으며, 공동 기금을 만들어 공유 장비들을 유지한다. 공유 프로젝트들은 시 정부가 주도하여 규모를 확대할 수도 있고, 앱을 이용해 더 쉽게 접근하고 사용하게 할 수도 있다. 소유권에서 '이용권'usership으로의 전환은 물질 산출에 큰 영향을 미칠 수 있다. 열개의 가구가 장비 하나를 공유하는 것은 제품 수요를 열배 감축하는 것을 의미하며, 이 과정에서 사람들은 시간과 돈을 절약할 수 있다.

자동차가 특히 그렇다. 우리는 전기차로 전환할 필요가 있다는 것을 알지만, 궁극적으로는 자동차의 총대수를 극적으로 줄일 필요도 있다. 이제까지 가장 강력한 개입은 저렴한(또는 심지어 무상의) 대중교통에 투자하는 것이며, 대중교통은 사람들이 이동하는 데 요구되는 물질과 에너지 측면에서도 매우 효율적이다. 교통수단은 화석연료로부터 탈피하는 모든 계획에 있어서도 핵심적인 부분이다. 유럽의 여러 도시들이 배우고 있듯, 자전거는 더욱 좋다(내가 이 책을 쓰고 있는 밀라노는 코로나바이러스 봉쇄이후 오염을 낮게 유지하기 위한 명령으로, 35킬로미터의 거리를 자전거 통행자에게 넘겨주었다). 그리고 대중교통이나 자전거도이용하기 어려운 여행이라면 공공 소유의 공유 차량을 위한 앱기반 플랫폼을 개발할 수 있다. 공공으로 운영되기에 우버나 에어비앤비 같은 플랫폼에서 말썽을 일으킨 임대 중계 수수료 없이사용할 수 있다.

4단계: 식품 폐기 없애기

나를 놀라 자빠지게 만든 사실 하나가 있다. 전세계에서 생산되는 식품 전체의 대략 50퍼센트, 그러니까 20억톤가량이 매년 버려지고 만다는 것이다.[14] 식품 폐기는 공급 사슬 전체에 걸쳐 일어난다. 고소득 국가들에서는 외관상 예쁘지 않은 채소를 버리는 농민들, 불필요하게 엄격한 유통기한을 적용하는 슈퍼마켓들, 공격적인 광고, 벌크 할인, 원 플러스 원 방식 때문에 일어난다. 가정에서는 그들이 구매하는 식품 중 30~50퍼센트를 결국 버린다. 저소득 국가에서 식품을 폐기하는 것은 열악한 운송수단과 저장시설 미비 탓인데, 식품이 시장에 도착하기 전에 상해버린다.

식품 폐기는 에너지·토지·물·탄소배출의 측면에서 엄청난 생태적 비용을 나타낸다. 반대로 이는 큰 기회이기도 하다. 식품 폐기를 없애면 이론상으로는 우리가 현재 필요로 하는 식품에 대한 접근성에 해를 끼치지 않고도 농업의 규모를 절반으로 줄일 수 있다. 이는 우리로 하여금 세계의 탄소배출량을 13퍼센트까지 줄이면서, 24억헥타르의 땅을 야생동물 서식지와 탄소 격리원으로 복원할 수 있게 할 것이다.[15]

탈성장의 견지에서 보면 식품 폐기를 줄이는 일은 누워서 떡 먹기나 다름없다. 일부 국가들은 이미 이런 방향으로 걸음을 내디뎠다. 프랑스와 이탈리아는 최근 슈퍼마켓에서 식품 폐기를 금지하는 법안을 통과시켰다(대신에 팔리지 않은 식품은 자선단체에 기부해야 한다). 한국은 음식물 쓰레기 매립을 금지했고, 각 가정과 식당들은 종량으로 요금이 부과되는 특수한 퇴비화 수거 봉투를 사용해야 한다.

5단계: 생태계를 파괴하는 산업의 규모 줄이기

의도적인 비효율과 폐기를 비판하는 것 외에, 생태계를 파괴하고 사회적으로 꼭 필요하지 않은 특정 산업의 규모를 축소하는 것에 대해서도 언급할 필요가 있다. 화석연료 산업은 가장 명백한 사례지만, 이 논리를 다른 곳으로도 확장할 수 있다.

소고기 산업을 생각해보자. 세계 농지의 60퍼센트 가까이가 소고기를 위해 이용된다. 목초지로 직접 이용되기도 하고 사료 작물을 기르기 위해 간접적으로 이용되기도 한다.[16] 소고기 산업은 칼로리나 영양소당 요구되는 토지와 에너지의 측면에서 보면 지구에서 자원을 가장 비효율적으로 이용하는 식품 산업 중 하나다. 목축과 사료 작물을 감당할 땅을 확보하기 위한 압력은 산림 파괴를 일으키는 유일하고도 가장 큰 동인이다. 이 글을 쓰고 있는 지금도, 아마존의 우림은 말 그대로 소고기를 위해 불태워지고 있다. 하지만 인간의 먹거리에서 필수적이지 않은 소고기는 인간이 소비하는 칼로리 가운데 겨우 2퍼센트를 차지할 뿐이다. 대부분의 경우 소고기 산업은 인간 복지에 전혀 손해를 가하지 않고도 급격히 규모를 줄일 수 있을 것이다.[17]

얻을 수 있는 이익은 놀라울 것이다. 소고기 대신 되새김질을 하지 않는 동물의 고기 또는 콩 등 두류 같은 식물성 단백질로 먹거리를 바꾸면 거의 1100만제곱마일, 그러니까 미국·캐나다·중국을 합친 크기의 땅을 자유롭게 할 수 있다.[18] 이런 단순한 전환으로 우리는 지구의 방대한 농지를 산림과 야생동물 서식지로 돌려줄 수 있으며, IPCC에 따르면 새로운 탄소 흡수원을 창출하고 매년 8기가톤의 이산화탄소 순 배출을 줄일 수 있다. 이는 현재 연간 배출량의 약 20퍼센트에 해당하는 양이다. 과학자들은 소고기 산업 축소가 우리가 이행할 수 있는 가장 변혁적인 정책 중 하나이며, 위태로운 기후변화를 피하는 데 핵심적이라고 말한다.[19] 첫걸음은 고소득 국가에서 소 축산 농가들에게 지급하는 보조금을 철폐하는 것이다. 연구자들은 붉은 고기에 대한 과세 제안을 검토하는 중이기도 하다. 그들은 이것이 배출을 줄일 뿐 아니라 공중보건상의 광범한 이익을 가져다주며, 의료 비용도 줄어들 것이라고 본다.[20]

소고기 산업은 하나의 예일 뿐이다. 우리가 생각해볼 수 있는 다른 것들이 많이 있다. 군수 산업과 개인 전용기 산업의 규모를 줄일 수도 있다. 일회용 플라스틱, 쓰고 버리는 커피 컵, SUV, 맥맨션*(미국의 주택 크기는 1970년대 이래 두배가 되었다[21])의 생산 규모를 줄일 수도 있다. 몇년마다 올림픽과 월드컵을 위한 새 경기장을 짓는 대신 기존의 기반시설을 재사용할 수도 있다. 기후 목표에 도달하기 위해서는 잦은 비행에 대해 〔마일리지 혜택 대

---

* 크다는 의미의 접두어인 '맥'과 빨리 짓기 때문에 맥도널드 햄버거를 연상시킨다는 의미를 결합한 조어로, 특색 없이 크게 만들어진 대형 주택을 말한다. 미국 부동산 버블 시기 이전까지 중산층 주택의 상징이었다가 침체 이후 한동안 새로 지어지지 않았다. 2010년 이후 신규 주택들이 다시 커지면서 맥맨션이 시장에 귀환하고 있다.

신) 추가 요금을 부과하는 정책을 시작으로, 기차로 여행 가능한 지역의 항공편을 폐지하고, 여행객당 이산화탄소 배출이 가장 많은 일등석과 비즈니스석을 폐지하는 등, 상업적 항공 산업의 규모를 줄여야 한다. 그리고 에너지 집약적인 장거리 공급망에 기반한 경제에서 벗어나 집 가까이에서 생산이 이루어지는 경제로 전환해야 한다.

우리는 이에 대해 열린 마음으로 민주적인 대화를 해야 한다. 모든 부문이, 우리가 실제로 그것들을 원하든 원하지 않든, 영원히 성장해야 한다고 가정하는 대신, 경제가 우리에게 무엇을 제공해주기를 바라는지에 대해 말하자. 이미 충분히 거대하고 더이상 성장해서는 안 되는 산업들은 무엇인가? 계속 확장할 필요가 있는 산업들은 무엇인가? 2020년 코로나 팬데믹 동안에 우리는 '핵심' 산업들과 불필요한 산업들 간의 차이에 대해 알게 되었다. 어떤 산업들이 사용가치를 중심으로 조직되어 있고, 어떤 산업들이 거의 교환가치에 기반한 것인지가 뚜렷해졌다. 우리는 이러한 교훈 위에서 나아가야 한다.

*

끊임없이 목록을 작성하자는 주장이 아니다. 내 말의 핵심은 우리가 인간 복지에 어떠한 부정적 영향을 끼치지 않고도 물질 산출을 크게 줄일 수 있다는 것을 보여주는 데 있다. 그리고 여기에 중요한 부분이 있다. 이러한 접근은 물질적 재화의 유량flows을 줄일 뿐 아니라 유량을 지탱하는 저량stocks도 줄일 것이다. 우리가 매년 추출하는 물질 총량의 절반은 공장, 기계, 운송 기반시설 같은 물질적 저량을 쌓아올리고 유지하는 데 쓰인다.[22] 우리가 제품의 절반만 소비한다면, 제품을 생산하기 위한 공장과 기계의 절반만큼만, 그것을 나르는 비행기와 트럭의 절반만큼만, 이를 배분하고 판매하는 창고와 상점의 절반만큼만, 그것들을 다 쓰고 버린 다음 처리하는 쓰레기 트럭과 폐기물 처리장의 절반만큼만, 그리고 이 모든 기반시설을 만들고 유지하고 운영하는 데 필요한 에너지의 절반만큼만 있으면 될 것이다. 효율성은 곱으로 늘어난다.

궁극적으로는 정부가 물질과 에너지 사용을 줄이기 위한 구체적인 목표를 수립할 필요가 있다. 우리가 3장에서 보았듯이, 세금만으로는 충분치 않다. 생태경제학자들은 이를 위한 유일한 방법이 강한 한계hard limit를 설정하는 것이라고 주장한다. 지금의 수준에서 자원과 에너지 소비의 상한선을 설정하고 지구의 위험 한계선 이내로 돌아갈 때까지 매년 기준선을 지속적으로 하향시켜가는 것이다.[23] 여기에는 특별히 급진적인 게 없다. 어쨌든 우리는 최저임금법·아동노동법·휴일 등 자본이 인간을 착취할 수 없도록 갖가지 한계를 두고 있다. 자본의 자연 착취에도 한계들을 설정할 필요가 있다.

중요한 것은 이 과정이 정의롭고 공평한 방식으로 이루어져야 한다는 점이다. 모든 이들이 그들이 번영하는 데에 필요한 자원과 생계수단에 접근할 수 있어야 하며, 작은 기업들이 덩치 큰 기업들에 밀려나지 않도록 보장해야 한다. 상한 설정cap, 과금, 배당

등으로 할 수 있는 일이다. 산업에 자원과 에너지 사용에 대한 누진 과금을 물리고, 수익을 모든 시민들에게 공평한 배당으로 나눈다. 2018년 프랑스에서 분출한 노란조끼 운동은 노동계급과 빈민의 등을 밟고 환경 목표의 균형을 잡으려 했던 정부의 시도를 정면으로 거부했다. 부정의는 애초에 부정의에 의해 초래된 문제들을 해결할 수 없다. 우리는 정반대의 접근을 취할 필요가 있다.

하지만 일자리는?

자, 이제부터 일들이 복잡해진다. 내가 앞서 제안한 정책들은 산업 생산의 총량을 줄일 공산이 크다. 이는 인간의 필요라는 조망에서는 괜찮을지 모르지만(우리의 스마트폰이 두배 오래간다고 해서 우리 중 누구도 더 못살게 되지는 않을 것이다), 우리에게 어려운 질문을 남긴다. 제품이 더 오래감에 따라, 우리가 물건을 공유하게 됨에 따라, 우리가 식품 폐기물을 없애고 패스트 패션을 줄임에 따라, 관련 산업들의 고용은 줄어들 것이고 공급망 전체에서 일자리가 사라질 것이다. 요컨대 경제가 더 합리적이고 효율적이 될수록 더 적은 노동을 필요로 하게 될 것이다.

어떤 관점에서 보면 신나는 소식이다. 이는 사회가 실제로 요구하지도 않는 것들을 만들고 파는 불필요한 일자리에 삶을 낭비하는 사람이 더 적어짐을 의미한다. 사람들이 다른 것들에 시간과 에너지를 쏟을 수 있도록 해방시킴을 의미한다. 하지만 이런 일자리들에서 해고될 개별 노동자들의 관점에서 보자면 사실상 재앙이다. 정부는 실업에 대처하느라 골머리를 썩는 스스로를 발견하게 될 것이다.

탈성장과 실업은 불가능한 묶음처럼 여겨질 수 있다. 실제로 정치인들이 탈성장을 아예 생각할 엄두조차 내지 못하는 이유 중 하나이기도 하다. 우리는 불필요한 일자리를 없앰으로써 주당 노동시간을 47시간(미국의 평균 노동시간)에서 30시간이나 심지어 20시간으로 줄일 수 있고, 노동인구에게 필수 노동을 보다 균등하게 분배하여 완전고용을 유지할 수 있다. 이러한 접근은 탈성장에 의해 해방되는 시간으로부터 모든 이들이 혜택을 얻을 수 있게 할 것이다. 그리고 사람들이 축소되는 산업에서 다른 유형의 노동으로 쉽게 전환하고, 아무도 뒤에 남겨지지 않도록 보장하기 위한 재훈련 프로그램들이 실행될 수 있다. 우리는 공공 일자리 보장(마침 매우 대중적으로 확산되고 있는 정책[24])을 도입함으로써 이 과정을 촉진할 수 있다. 그리하여 일하고자 하는 누구든 생활임금을 받으면서 돌봄, 필수 공공 서비스, 재생에너지 기반시설 건설, 로컬푸드 재배, 생태계 복원처럼 공동체들이 실제로 필요로 하며 사회적으로 유용한 일들에 종사할 수 있다.[25] 실제로 일자리 보장은 정부가 시행할 수 있는 가장 강력한 환경 정책 중 하나다. 이 정책으로 우리는 실업의 불안에 대한 걱정 없이 파괴적 산업의 규모를 축소하는 것에 관한 열린 대화를 할 수 있기 때문이다.

노동시간 단축이 사람들의 좋은 삶에 실질적으로 긍정적인 영향을 미친다는 것은 신나는 부분이다. 이런 영향은 거듭거듭 예증되었으며, 그 결과들은 놀랍다. 미국에서 수행된 연구들은 소득 변수를 통제하더라도 짧게 일하는 사람들이 길게 일하는 사람들보다 더 행복하다는 것을 보여주었다.[26] 프랑스가 주당 35시간으로 노동시간을 줄였을 때, 노동자들은 삶의 질이 향상되었다고 말했다.[27] 스웨덴의 한 실험은 30시간으로 노동시간을 줄인 종업원들의 삶의 만족도가 높아지고 건강도 좋아졌다고 보고했다.[28] 또한 데이터는 더 짧은 노동시간으로 사람들이 자신의 일자리에 더 만족감을 느끼며 사기와 행복도 진작된다는 것을 보여준다.[29] 그리고, 아마도 가장 좋은 결과일 텐데, 더 짧은 노동시간은 작업장에서나 집 안에서나 더 많은 젠더 평등과 관련되어 있다.[30]

일부 비판자들은 사람들에게 더 많은 여유 시간이 생기면 휴일을 이용해 장거리 비행 같은 에너지 집약적 레저 활동을 더 많이 하지 않을까 우려한다. 하지만 증거는 정확히 반대임을 보여준다. 여가 시간이 더 적은 이들이 보다 집중적인 소비를 하는 경향이 있다. 그들은 고속 여행, 배달 식사, 충동구매, 쇼핑을 통한 기분 전환 등등에 의존한다. 프랑스의 가계에 대한 한 조사는 소득 변수를 보정하더라도 더 긴 노동시간이 더 많은 환경 집약적인 재화 소비와 직접적 연관이 있음을 보여주었다.[31] 대조적으로 사람들이 일에서 벗어나 여유를 갖게 되면 생태적 영향이 더 적은 활동에 끌리는 경향을 보인다. 운동, 자원봉사, 학습, 친구나 가족들과 어울리기 같은 활동들 말이다.[32]

이러한 효과는 모든 나라에서 나타난다. 예를 들어, 연구자들은 미국이 서유럽 수준으로 노동시간을 줄이게 되면 미국의 에너지 소비가 자그마치 20퍼센트나 줄어들 것임을 발견했다. 노동시간 단축은 우리가 취할 수 있는 가장 직접적이고 효과적인 기후 정책 중 하나다.[33]

노동시간을 단축함으로써 얻을 수 있는 가장 중요한 부분은 사람들이 돌봄에 더 많은 시간을 쓸 수 있게 된다는 점이다. 아픈 가족을 간호하거나, 아이들과 놀아주거나, 숲 복원을 돕는 일 같은 것 말이다. 이러한 핵심적인 재생산 노동(일반적으로 대개 여성들에 의해 수행되는)은 자본주의하에서는 총체적으로 저평가된다. 외재화되고 지불받지 못하며 보이지 않고 GDP 숫자로 나타나지 않는다. 탈성장은 우리에게 정말로 중요한 것, 진정한 사용가치를 가진 것들에 우리의 노동을 다시 할당하는 자유를 줄 것이다. 돌봄은 사회적·생태적인 좋은 삶에 직접적으로 기여한다. 돌봄 활동 참여는 행복과 의미에 대한 사람들의 의식을 증진하는 데에 있어 물질 소비보다 훨씬 강력한데, 폭풍 쇼핑으로부터 얻을 수 있다고 예상되는 것보다 훨씬 많은 도파민을 분비시킨다.

더 짧은 노동시간의 이익은 계속 배가된다. 일군의 과학자들은 그 증거를 이렇게 요약했다. "전반적으로, 현재의 연구들은 노동시간 단축이 잠재적으로 사회에 삼중의 배당을 제공한다는 것을 시사한다. 실업을 줄이고, 삶의 질을 높이며, 환경적 압력을 줄인다.[34] 더 짧은 노동시간으로의 전환은 인간적·생태적 경제를 건설하는 데 핵심적이다.

*

이 아이디어는 새로울 것이 전혀 없다. 솔직히 특별히 급진적인 것도 아니다. 1930년대에 영국의 경제학자 존 메이너드 케인스는 「우리의 손주들을 위한 경제적 가능성들」이라는 제목의 논문을 썼다. 그는 2030년이 되면 기술혁신과 노동생산성 향상으로 사람들이 단지 주당 15시간만 일해도 될 것이라고 예상했다. 케인스는 생산성 증진에 대해서는 정확했던 것으로 드러났지만, 노동시간에 대한 예언은 현실이 되지 못했다. 왜일까? 노동생산성 향상이 자본에 의해 전유되었기 때문이다. 노동시간을 줄이고 임금을 올리는 대신에, 기업들은 초과 이윤을 호주머니에 넣고 종업원들에게는 계속 이전과 같은 만큼 일하도록 만들었다. 말하자면 생산성 향상이 인간을 노동으로부터 해방시키는 데 이용된 게 아니라 끊임없는 성장의 연료가 되었던 것이다.

이런 의미에서, 자본주의는 진보를 주장했던 계몽주의의 가치 자체를 배신한다. 대체로 우리는 자본주의가 자유와 인간 해방의 원칙을 중심으로 조직되었다고 생각한다. 자본주의가 우리에게 팔아먹은 이데올로기가 그것이다. 자본주의는 모든 사람의 필요를 충족하고 사람들을 불필요한 노동에서 해방시킬 수 있는 충분한 기술적 역량을 몇배나 만들어냈지만, 이 기술을 새로운 '필요'를 창출하고 생산과 소비의 수레바퀴를 끝없이 확장하는 데 이용했다. 진정한 자유의 약속은 영원히 유예된다.[35]

불평등 줄이기

노동시간을 줄이면, 사람들이 잘 살기에 적절한 수준의 임금이 유지되도록 보장할 필요가 있다. 줄어든 주당 노동시간과 일자리 보장으로 노동자의 교섭력이 강화될 테니 이 중 일부는 자동적으로 해결될 것이다. 그런데 시간이 아니라 주나 월 단위로 고정되는 생활임금 정책을 도입할 수도 있다. 탈성장 시나리오에서 소득보장은 소득을 자본에서 노동으로 이전하며, 1930년대 케인스가 그의 논문에서 썼던 이래 일어난 생산성 향상의 전유를 역전시킨다. 더 짧아진 주당 노동시간은 말하자면 불평등이 줄어들면서 벌충될 것이다.

이를 위한 여유는 넉넉하다. 영국에서 국민소득 중 노동자의 몫은 1970년대에 76퍼센트에서 지금은 65퍼센트로 하락했다. 미국은 60퍼센트까지 떨어졌다. 노동자의 손실을 역전시킴으로써 최저임금이 크게 상승될 수 있을 것이다. 기업들 내에서도 여지는 충분하다. 지난 몇십년 동안 경영자 보상은 기절초풍할 수준으로 뛰어서, 일부 경영진은 한해에 1억달러나 거둬간다. CEO와 평균 노동자의 임금 격차 역시 폭증했다. 1965년에 CEO가 버는 돈은 평균 노동자의 20배가량이었다. 지금은 300배 이상을 벌어간다.[36] 일부 기업에서는 격차가 더욱 극단적이다. 맥도널드의 CEO 스티브 이스터브룩은 2017년에 2160만달러를 벌었는데, 중위 풀타임 맥도널드 노동자의 연봉은 7017달러였다. 대략 3100 대 1의 비율이다. 그러니까 평균적인 맥도널드 종업원이 스티브 이스터브룩이 연간 수표책으로 받는 만큼을 벌려면 3100년을 일해야 한다는 소리인데, 이는 고대 그리스 시대부터 현재까지 하루도 빠짐없이 일해야 한다는 뜻이다.[37]

한가지 접근은 임금 비율에 상한을 두는 것, 즉 '최고임금' 정책이 될 수 있다. 정책학연구소Institute for Policy Studies 의 연구원 샘 피치가티는 세후 급여 기준으로 10 대 1의 상한을 두어야 한다고 주장한다.[38] CEO들은 곧바로 〔종업원들의〕 임금을 할 수 있는 한 높이 올리려 할 것이다. 실로 우아한 해법이자 전례 없는 해법이다. 스페인의 거대 노동자 협동조합인 몬드라곤은 경영진의 급여가 동일 기업 내에서 가장 임금이 낮은 종업원보다 여섯배 이상이 될 수 없도록 규정하고 있다. 물론 이는 한 나라의 최저임금의 몇배 같은 수준을 정해놓고 그보다 높은 소득에 대해서는 100퍼센트 세금을 물리는 방식을 쓰면 국가 수준에서도 할 수 있는 일이다. 소득분배가 얼마나 빨리 변하게 될지 상상해보라.

그러나 소득 불평등만이 문제가 아니다. 부의 불평등 역시 문제다. 예를 들어 미국에서는 가장 부유한 1퍼센트가 이 나라 부의 40퍼센트 가까이를 가지고 있다. 하위 50퍼센트는 겨우 0.4퍼센트만 가질 뿐이니 정말 아무것도 아니다.[39] 세계적 수준에서는 불균형이 더욱 악화된다. 가장 부유한 1퍼센트가 전세계 부의 거의 50퍼센트를 가지고 있다. 이러한 유형의 불평등이 갖는 문제는 부유층이 채굴 임대업자가 된다는 점이다. 돈과 자산을 쓸 수 있는 것 이상으로 축적하게 되면서, 그들은 자신의 부를 외부로 임대한다(그것이 주택이나 상업 자산이든, 특허권이든, 대부든 상관없이 말이다). 그리고 부유층이 이것들을 독점하고 있는 탓에, 다른 사람들은 임대료와 부채를 갚아야만 한다. 이는 노동력 없이 자본만 가진 이들에게 자동적으로 축적되기 때문에 '불로소득'passive income이라 불린다. 하지만 부자들을 제외한 나머지 모든 이들의 관점에서 보자면 단순히 마이너스 정도가 아니다. 사람들은 단지 부자들에게 임대료와 빚을 갚기 위해, 실제로 필요로 하는 것 이상을 얻으려고 더 많이 일을 하고 돈을 모아야 하기 때문이다. 거의 현대판 농노제나 다름없다. 그리고 농노제와 똑같이, 이는 우리의 생명세계에 심각한 영향을 미친다. 농노제는 영주들이 농민에게 토지에서 필요한 것 이상으로 생산물을 뽑아내도록 강제하는 생태적 재앙이었다. 이 모든 게 공납을 바치기 위해서였다. 공납은 산림과 토양의 점진적 황폐화로 귀결되었다. 오늘날도 마찬가지다. 우리는 그저 백만장자와 억만장자들에게 공물을 바치기 위해 지구를 약탈해야 한다.

부유세(또는 아마도 연대세)는 이 문제를 푸는 방법 중 하나다. 경제학자 에마뉘엘 사에즈와 가브리엘 쥐망은 10억달러 이상의 부에 대해 매년 10퍼센트의 추가 과세를 제안했다. 부유세는 부자들에게 자산 중 일부를 매각하게 하는 압력이 될 것이며, 따라서 부가 보다 공평하게 분배되도록 만들 것이다. 그러나 생태 위기의 시대에 우리는 더 야심 차야 한다. 결국 아무도 이런 유형의 부를 갖는 게 '당연'하지 않다. 그것은 벌어들인 게 아니라 착취한 것이다. 제대로 된 급여를 받지 못한 노동자들로부터, 저렴한 자연으로부터, 지대 추구로부터, 정치적 포획으로부터 말이다. 극단적인 부는 우리의 사회를, 정치체제를, 생명세계를 갉아먹는 효과를 낳는다. 우리는 이에 대해 민주적인 대화를 나눠야 한다. 어느 정도 비축되어 있어야 지나치게 파괴적이어서 받아들일 수 없는가? 1억달러? 1000만달러? 500만달러?

우리가 앞 장에서 보았듯이, 불평등 줄이기는 생태적 압력을 줄이는 강력한 방법이다. 이는 부유층의 사치성 소비를 줄어들게 하고, 나머지 사회 전반에서도 경쟁적 소비를 감소시킨다. 게다가 불필요한 성장에 대한 압력도 없애준다. 내가 여기서 제안한 정책들은 자본의 탈축적으로 이어지게 될 것이다. 지대 추구 행위를 줄이고 우리가 필요로 하는 것보다 더 많이 추출하고 생산하도록 우리를 강제할 부유층의 권력을 잃게 할 것이다. 경제가 불필요한 교환가치에서 벗어나서 사용가치를 지향하도록 전환될 것이다. 정치적 포획을 줄이며 민주주의의 질이 향상될 것이다. 그리고 민주주의는, 이후에 보게 될 것처럼, 생태적 가치를 내재하고 있다.

공공재를 탈상품화하고 커먼즈를 확장하기

우리가 과도한 산업 생산의 규모를 줄이면 노동·소득·부를 보다 공평하게 분배함으로써 생계에 미치는 영향을 완화할 수 있다. 하지만 보태야 할 또 하나의 결정적인 지점이 있다. 인간의 복지에 관해서라면, 중요한 것은 소득 자체가 아니라는 것을 기억하자. 문제가 되는 것은 소득의 복지 구매력이다.

나의 경험과 가까운 사례를 들어보고자 한다. 런던의 주택 가격은 경악할 정도로 높아서 침실 두개짜리 평범한 아파트의 한달 월세는 2000파운드, 매매가는 60만파운드쯤 된다. 이 가격은 토지, 주택 건설에 관련된 자재나 노동비용과 아무런 관련이 없다. 그저 1980년대 이후 공공 주택 민영화, 낮은 금리, 2008년 이후 자산 가치를 폭등시킨 양적 완화 같은 정책 결정의 결과다. 반면 런던의 임금은 이런 속도를 따라잡기는커녕 근처에도 가지 못했다. 이 격차를 메꾸려면, 평균적인 런던 주민은 과거에는 크지 않은 비용으로도 얻을 수 있었던 기본적인 사회적 재화에 단지 접근만 하더라도, 더 긴 시간 일하거나 대부(그들이 미래에 해야 할 노동에 해당하는)를 받아야 했다. 말하자면 주택 가격이 치솟으면서 런던 주민들의 복지 구매력이 하락한 것이다.

이제 우리가 영구적인 임대료 통제(영국인의 74퍼센트가 찬성하는 것으로 나타난 정책[40])로 임대료를 하향시킨다고 상상해보

자. 가격은 여전히 엄청나게 높은 수준이더라도, 갑자기 런던 주민들은 삶의 질에 어떠한 하락 없이도 현재보다 덜 일하고 덜 벌어도 될 것이다. 실제로는 여가 시간을 가족과 보내거나 친구와 어울리고, 본인이 좋아하는 일들을 하게 된다는 점에서 이익을 얻게 될 것이다.

사람들의 좋은 삶에 본질적인 다른 재화들에도 똑같은 것을 적용할 수 있다. 보건과 교육은 확실히 그렇다. 인터넷은? 공공 교통은? 에너지와 상수도의 기본 한도는 어떨까? 런던 대학의 연구자들은 보편적 기본 서비스라 부르는 모든 범위를 현재 지출하는 것보다 훨씬 적은 금액의 (부·토지·탄소 등에 대한 누진 과세를 통해) 공공 재정으로 제공 가능하며, 동시에 모든 사람들에게 적절하고 품위 있는 삶에 대한 접근을 보장해줄 수 있음을 보여주었다.[41] 이에 더해 공공 도서관, 공원, 스포츠 시설에 투자할 수도 있다. 이러한 시설들은 우리가 주당 노동시간을 줄일수록 특히 중요해지며, 사람들은 환경에 영향을 거의 미치지 않으면서 복지를 증진하는 방식으로 시간을 쓸 수 있게 된다.[42]

기본재의 탈상품화와 커먼즈 확장은 소득의 복지 구매력을 증진시키며, 따라서 사람들은 전보다 높은 소득 없이도 잘 살기 위해 필요한 것에 접근할 수 있다. 이러한 방식은 우리가 1장에서 살펴본 로더데일의 역설을 거꾸로 뒤집는다. 자본가들은 성장('사적인 부')을 창출하기 위해 커먼즈('공공의 부')에 장벽을 치고, 사람들로 하여금 기껏해야 과거에 공짜로 누렸던 자원을 이용하는 데 지불하기 위해 더 많이 일하도록 강제한다. 우리가 포스트 성장경제를 창출함에 따라 우리는 이 등식을 뒤집을 수 있다. 우리는 지속적인 소득 증가가 필요하지 않도록 커먼즈들을 복원하거나, 새로운 커먼즈를 창출하는 선택을 할 수 있다. 커먼즈는 성장의 정언명령에 대한 해독제다.

급진적 풍요 이론

이것은 우리를 포스트 자본주의 경제의 진정한 핵심으로 데려다준다. 계획적 진부화를 끝내고, 자원 사용에 상한을 두며, 노동시간을 단축하고, 불평등을 줄이고, 공공재를 확장하는 것. 이 모든 것들이 에너지 수요를 감축하고 더 빨리 재생에너지로 전환하게 하는 중요한 발걸음들이다. 그렇지만 그런 의미 정도로만 봐서는 안 된다. 이것들은 자본주의의 깊은 논리를 근본적으로 변화시킨다.

1장에서 우리는 자본주의가 어떻게 인위적 희소성의 창출에 의존해 발흥했는지를 보았다. 인클로저에서 식민주의까지, 사람들이 저임금노동을 받아들이고, 그들을 경쟁적 생산에 참여하도록 압박하고, 대중 소비자로 만들기 위해 희소성이 **창출되어야** 했다. 인위적 희소성은 자본축적의 엔진으로 기능했다. 이와 똑같은 논리가 오늘날에도 작동한다. 이 논리는 우리 주변 모든 곳에 있다. 노동시장을 예로 들어보자. 사람들은 언제나 실업의 위협 속에서 희소성의 힘을 느낀다. 노동자들은 훈육에 더 익숙해져야 하며 작업장에서 생산성을 높여야 한다. 그러지 않으면 더 생산적인 누군가에게 일자리를 빼앗길 것이기 때문이다. 그 누군가는 아마도 더 가난하거나 더 긴급한 사람들일 것이다. 하지만 생산성이 올라갈수록 노동자들은 해고당한다. 그리고 정부는 새로운 일자리를 창출하기 위해 경제를 성장시킬 방법들을 짜내야만 한다. 노동자 스스로가 성장을 요구하는 합창에 동참하고, 성장을 약속하는 정치인들을 선출하도록 내몰린다. 그러나 이럴 필요가 없다. 우리는 더 높은 임금과 더 짧은 노동시간이라는 형태로 노동자들에게 생산성의 이익을 되돌려주는 것이 가능하다. 실업의 끊임없는 위협은 일자리의 인위적 희소성에 기인한다.

소득분배의 문제에서도 똑같은 일이 벌어진다. 성장으로부터 오는 새로운 소득의 대부분은 부유층의 주머니로 곧장 빨려들어간다. 반면 임금은 제자리걸음이고 빈곤은 여전히 유지된다. 정치인과 경제학자들은 이 문제들을 풀기 위해 더 많은 성장을 요구하며, 빈곤의 비극에 따라 움직이는 모든 이들이 그 뒤에 줄을 선다. 하지만 결코 그들이 약속한 대로 이루어지지 않는데, 성장의 결실은 설령 뭔가 흘러내린다 하더라도 너무 느리기 때문이다. 불평등은 소득의 인위적 희소성을 영속화한다.

인위적 희소성은 소비의 영역에서도 마찬가지로 작동한다. 불평등은 부적절하다는 느낌을 자극한다. 이는 사람들에게 그저 약간의 존엄성을 갖기 위해 불필요한 물건을 살 수 있도록 더 많은 돈을 벌어야 하며, 또 그러기 위해 더 긴 시간을 일해야 한다고 느끼게 만든다.[43] 이런 의미에서, 불평등은 좋은 삶의 인위적 희소성을 창출한다. 실제로 이런 효과는 경제학자와 정치인들에 의해 의도적인 전략으로 상당히 빈번하게 활용되곤 한다. 영국의 총리 보리스 존슨은 "불평등이 선망의 정신에 필수적이며" 그것이 자본주의를 꾸역꾸역 나아가게 만든다고 말한 바 있다.

계획적 진부화는 인위적 희소성의 또 하나의 전략이다. 판매업체들은 소비의 저거너트가 멈추지 않도록 제품을 인위적으로 단명하게 만들어 새로운 필요를 창출하고자 한다. 광고도 마찬가지다. 결핍이라는 인공적인 느낌, 말 그대로 뭔가가 빠졌다는 느낌을 자극한다. 광고는 우리가 충분히 아름답지 않거나, 남성적이지 않거나, 스타일이 뒤처졌다는 인상을 만들어낸다.

시간에 대한 인위적 희소성도 있다. 불필요하게 긴 시간을 일하도록 만드는 구조적 압력은 사람들에게 여유 시간을 남겨주지 않아 기업에 돈을 지불하는 것 말고는 선택지가 없게 만든다. 달리 어쩔 도리가 없다. 음식을 만들고, 집을 청소하고, 아이들과 놀아주고, 나이 든 부모를 보살피는 일 모두를 돈을 주고 해결할 수밖에 없다. 다른 한편, 과로로 인한 스트레스는 우울증 치료제, 수면제, 알코올, 다이어트 보조제, 결혼 상담, 비싼 휴가 패키지 등 사람들에게 그다지 필요하지 않았을 것들에 대한 수요를 창출한다. 이런 것들에 비용을 지불하려면 사람들은 더 많은 돈을 벌기 위해 더 많이 일해야 하며, 더 많은 노동은 불필요한 생산과 소비라는 악순환으로 이어진다.

인위적 희소성은 우리의 공공재에도 그늘을 드리운다. 1980년대 이래로 교육·보건·교통·도서관·공원·수영장·상수도·주택, 심지어 사회보장의 끝없는 민영화 물결이 전세계로 밀어닥쳤다. 사회적 재화들은 도처에서 성장을 위한 공격 아래 놓여 있다. 민영화 아이디어는 공공재를 희소하게 만들어 사람들이 사적 대안을 구매할 수밖에 없게 만든다. 마찬가지로 비용을 지불하려면 더 많이 일하게 될 것이고, 따라서 더 많이 생산된 재화와 서비스 위한 시장을 찾아야 하며, 결국 체제의 다른 곳에 추가적인 소비의 새로운 압력을 창출하게 될 것이다.

희소성 논리는 2008년 금융위기의 물결 속에서 유럽 전역으로 전개된 긴축 정치에서 최고조에 달했다. 긴축(말 그대로 희소성과 동의어인)은 노인 난방 수당에서부터 실업급여, 공공 부문 임금에 이르기까지 사회적 재화와 사회보장 보호막에 대한 공공 투자를 삭감함으로써 성장의 엔진을 재가동하려는 필사적인 시도다. 커먼즈로 남아 있는 것에 가해지는 타격은 너무 '편안한' 또는 '게으른' 것으로 여겨지는 사람들을 다시 한번 배고픔의 공포로 몰아넣고, 살아남으려면 생산성을 향상하지 않을 수 없도록 만든다. 이런 논리는 마치 18세기나 19세기에 그랬던 것처럼 공공연하다. 데이비드 캐머런 총리 정부 시절에, '기피자'sherkers를 보다 열심히 일하고 보다 생산적으로 만들기 위해 명시적으로 복지 삭감이 시행되었다(그들은 이를 '노동복지'workfare라고 일컬었다).

거듭해 말하건대, 희소성은 성장을 위해, 의도적으로, **창출된다**는 것이 분명해진다. 1500년대의 인클로저 시절과 마찬가지로 희소성과 성장은 동전의 양면으로 나타난다.

*

인위적 희소성은 자본주의의 핵심에 있는 놀랄 만한 환상을 드러낸다. 우리는 대체로 자본주의를 굉장히 많이 산출하는 체제라고 생각한다(텔레비전과 상점 전면에 진열된 물건들의 엄청난 풍요의 뿔만 생각해보아도 그렇다). 하지만 현실에서 자본주의는 희소성의 끊임없는 생산을 둘러싸고 조직된 체제다. 자본주의는 생산성과 소득의 엄청난 향상조차 풍요와 자유가 아닌 새로운 형태의 인위적 희소성으로 바꾸어낸다. 자본주의는 그래야만 하며, 그러지 않으면 성장의 엔진 자체가 멈춰 서는 위험에 처하게 된다. 성장 지향의 체제 속에서, 목표는 인간의 필요를 충족하는 것이 아니라, 인간의 필요 충족을 회피한다. 이는 불합리하며 생태적인 폭력이다.

일단 일이 어떻게 돌아가는지를 파악하고 나면, 해법은 금방 시야에 들어온다. 희소성이 성장을 위해 창출된다면, 인위적 희소성을 뒤집음으로써 성장을 불필요하게 만들 수 있다. 공공재의 탈상품화, 커먼즈 확장, 노동시간 단축과 불평등 감소를 통해 우리는 사람들로 하여금 추가적인 성장의 요구 없이도 잘 살아가는 데 필요한 재화에 접근하도록 보장할 수 있다. 사람들은 자신의 좋은 삶에 어떠한 손해를 입지 않고도 더 적게 일할 수 있을 것이며, 따라서 불필요한 물건을 덜 만들고 불필요한 소비의 압력도 덜 만들게 될 것이다. 또한 여분의 자유 시간을 갖게 됨으로써 시간의 희소성으로 불가피하게 유발되었던 소비 패턴에 더이상 빠져들지 않게 될 것이다.[44]

인위적 희소성의 압력으로부터 해방되고 기본적 필요가 충족됨에 따라, 사람들이 계속 늘어나는 생산성을 위해 경쟁해야 할 추동력은 사라질 것이다. 결과적으로 경제는 덜 만들어낼 것이고,

그렇다, **필요도 덜 하게 될 것이다.** 더 작지만 그럼에도 훨씬 풍요로워질 것이다. 그러한 경제에서는 개인의 부(또는 GDP)가 줄어들고, 기업과 부유층의 소득이 감소하겠지만, 공공의 부는 늘어나고 모든 이들의 삶이 향상될 것이다. 교환가치는 하락하는 반면 사용가치는 상승하게 될 것이다. 갑자기 새로운 역설이 생겨난다. **풍요가 성장의 해독제임이 드러나는 것이다.** 실제로 풍요는 성장의 정언명령 자체를 중립화하며, 우리로 하여금 저거너트의 속도를 늦추고 생명세계를 성장의 족쇄에서 풀려나게 해준다. 요르고스 칼리스가 지적했듯이 "자본주의는 풍요의 조건 아래에서는 작동할 수 없다."[45]

일부 비판자들은 탈성장이 긴축의 새로운 버전에 지나지 않는다고 주장해왔다. 그러나 실제로는 정확히 그 반대가 진실이다. 긴축은 더 많은 성장을 만들기 위해 희소성을 요청한다. 탈성장은 **성장을 불필요하게 만들기 위해 풍요를** 요청한다. 우리가 기후 붕괴를 피하고자 한다면, 21세기의 환경운동은 새로운 요구를 모아내야 한다. 급진적 풍요에 대한 요구 말이다.

주빌리 법칙

인위적 희소성을 뒤집는 것은 우리를 성장의 폭정으로부터 해방시키는 도정으로 가는 중요한 발걸음이다. 그러나 우리가 다뤄야 하는 또다른 압력들이 있다. 다른 성장의 정언명령을 중립화해야 한다.

이 중 부채는 아마도 가장 강력할 것이다. 당신이 대학을 가고자 하는 학생이라면, 또는 집을 사려는 가족이라면, 대출을 고려할 공산이 크다. 대출은 이자를 수반하며, 이자는 부채를 기하급수적으로 늘리는 함수다. 당신이 개인 대부자에게 빚을 진다면, 빌린 만큼만 되갚는 것으로 끝나지 않는다. 늘어나는 부채를 모두 갚기에 충분할 만큼 더 빨리 돈을 벌 수 있는 방법을 찾아야만 한다. 어쩌면 남은 인생 동안 원금만 여러 차례 갚다가 끝날 수도 있다. 그러지 않는다면 빚은 쌓여갈 것이고 결국 금융위기를 촉발할 것이다. 성장하거나 몰락하거나 둘 중 하나다.

복리는 일종의 인위적 희소성을 창출한다. 그리고 생태에 직접적으로 영향을 미친다. 외채를 짊어진 나라들은 채무를 갚기 위해서 임업과 광업 등 채굴 산업의 규제를 완화하고 생태계를 약탈하라는 강한 압박을 받는다(하지만 정부가 자국의 중앙은행에 빚을 지는 재정 적자의 경우에는 그렇지 않다. 외채와 달리 재정 적자는 상환의 의무가 없다). 이는 가계에서도 마찬가지다. 연구자들은 고금리 담보대출을 받은 가계들이 빚 없이 현 상태를 유지하려는 가계보다 더 긴 시간을 일한다는 것을 발견했다.[46] 인류학자 데이비드 그레이버가 관찰했듯이, 부채는 금융의 정언명령으로 "우리를, 자기도 모르는 사이에, 약탈자와 같은 위치로 떨어뜨리며, 세상을 단지 돈으로 바꿀 수 있는 것으로 바라보게 만든다."[47]

다행히도 부채의 압력을 경감할 수 있는 방법이 있다. 우리는 부채의 일부를 간단히 무효화할 수 있다. 생태계 붕괴의 시대에 부채 탕감은 보다 지속가능한 경제로 향하는 중요한 발걸음이 된다. 이 말이 급진적으로 들릴지 모르지만, 과거에 이런 사례들이 얼마든지 존재했다. 고대 근동 지역 사회들은 주기적으로 비상업적 부채 탕감을 선포했고, 사람들을 채권자로부터 풀어주었다. 이 원칙은 히브리의 주빌리 율법Law of Jubilee으로 제도화되었는데, 7년마다 부채가 자동으로 탕감된다고 선언했다.[48] 실제로 부채 탕감은 구원 자체에 대한 히브리 개념의 핵심이 되었다.

오늘날의 경제에서 이를 어떻게 할 수 있을지에 관한 십여개의 제안들이 나와 있다. 미국의 대선 후보 버니 샌더스는 2020년에 자그마치 1조 6000억달러에 달하는 학생 채무를 탕감하기 위한 확실한 계획을 수립했다. 런던 킹스 칼리지의 학자들은 정부가 학생 채무뿐 아니라 다른 부당한 부채들도 무효화할 수 있는 방안을 발표했다. 주택 투기와 양적 완화로 만들어진 주택담보 부채, 대부자가 정부로부터 구제받은 오래된 부채, 증권거래소secondary markets에서 평가절하되어 상환이 불가능하게 된 부채가 이에 해당한다.[49] 우리는 이것이 가능하다는 것을 안다. 2020년 코로나바이러스 사태가 발발하면서, 많은 나라의 정부는 부채를 없앨 수 있는 능력을 재빨리 발견하게 되었다.

우리는 남반구 국가들이 짊어진, 경악할 비율로 늘어가는 외채에 대해서도 똑같이 할 수 있다. 남반구 국가들의 부채 중 상당 부분은 미 연방준비제도이사회가 금리를 급격히 올려서 모든 나라들을 월스트리트에 영구적으로 속박되도록 만든, 1980년대로부터 내려온 유산이다.[50] 그 때문에 여기에는 부정한 대부자들이 팔아치운 채권들, 민주적인 위임도 없이 과거 독재자들이 쌓아놓은 부채들이 있다. 주빌리 부채 캠페인Jubilee Debt Campaign의 연구자들은 부정의한 부채의 탕감을 위한 분명한 메커니즘을 제안했다. 이 제도는 가난한 나라들을 끊임없는 성장 추구 속에서 자신들의 자원을 약탈하고 시민들을 착취하게 만드는 압력으로부터 해방시킬 수 있다. 실제로 이는 부유한 나라들이 세계의 나머지에 대해 지고 있는 기후 부채를 변상하는 중요한 첫걸음이기도 하다.

물론 거대 채권자들은 손해를 보겠지만, 우리는 이 정도는 괜찮다고 결정할 수 있다. 보다 공정하고, 보다 생태적인 사회를 건설하기 위해 그들에게 감내하라고 할 수 있는 손해니까 말이다. 이렇게 우리는 아무도 상처를 받지 않는 방식으로 부채를 탕감할 수 있다.[51] 아무도 죽지 않는다. 결국 복리는 그저 하나의 허구일 뿐이다. 그리고 허구의 좋은 점은 우리가 그것들을 바꿀 수 있다는 데 있다. 아마도 데이비드 그레이버만큼 이를 잘 표현한 이도 없을 것 같다.

〔부채 탕감은〕 그것이 실제 인간의 고통을 경감해주기 때문만이 아니라, 화폐가 절대적인 게 아니라는 점을 우리 스스로에게 환기하는 방식이라는 점에서 유익하다. 부채를 지불하는 것은 윤리의 핵심이 아니며, 이 모든 것은 인간이 배치한 장치이다. 만약 민주주의가 뭔가 의미가 있다면, 그것은 모든 것을 다른 방식으로 배치하는 데 동의할 수 있는 능력일 것이다.[52]

새로운 경제를 위한 새로운 화폐

하지만 부채 탕감은 일회성 해법일 뿐이다. 그것은 문제의 뿌리를 건드리지 못한다. 우리가 다뤄야 할 더 깊은 이슈가 있다.

우리 경제가 부채를 이고 있는 주된 이유는 그 자체가 부채인 화폐체제 위에서 움직이기 때문이다. 당신이 은행에 가서 대부를 받을라치면, 은행이 다른 누군가의 예치금들을 모아서 어딘가의 보관 금고에 저장해둔 보유고에서 돈을 꺼내 빌려준다고 생각할 것이다. 하지만 부채는 그렇게 작동하지 않는다. 은행들은 대부하는 화폐의 대략 10퍼센트 가치 또는 그 이하의 보유고만 가지고 있으면 된다. '부분 지급 준비금 제도'라고 알려진 방법이다. 말하자면, 은행들은 실제로 가지고 있는 것보다 대략 열배 이상의 돈을 빌려준다. 돈이 실제로 존재하지 않는다면, 추가적인 화폐는 어디서 나오는 것일까? 은행들은 당신의 계좌를 평가하여 허공에서 돈을 만들어낸다. 말 그대로 빌려서 만드는 것이다.

우리 경제 속에 돌고 있는 화폐의 90퍼센트 이상이 이런 방식으로 창출된 것이다. 즉 우리의 손을 거쳐 가는 거의 모든 달러 한장 한장은 누군가의 부채를 표상한다. 그리고 부채는 이자를 쳐서 되갚아야 한다. 더 많은 노동, 더 많은 채굴, 더 많은 생산을 통해서 말이다. 생각해보면 정말 기이한 일이다. 은행은 무에서 공짜로 생산한 제품(화폐)을 효과적으로 판매한다. 그런 다음 사람들에게 현실 세계로 가서 이를 지불하기 위해 실제 가치를 채굴하고 생산하도록 요구한다. 상식을 침해할 정도로 기괴하다. 사람들은 이게 진실일 수 있다는 것을 믿기 어려워 한다. 헨리 포드가 1930년대에 썼듯이, "아마도 이 나라의 사람들이 은행과 화폐 시스템에 대해 알지도 이해하지도 못하고 있는 것이 확실하다고 보는데, 만약 그들이 안다면 내일 아침 해가 뜨기 전에 혁명이 일어날 거라고 생각한다."

자, 여기에 문제가 있다. 은행들은 대부하는 모든 것에 원칙을 만들지만, 자기들이 지불해야 할 이자에 필요한 돈은 만들지 않는다. 언제나 적자고 언제나 희소성이 존재한다. 이러한 희소성은 격심한 경쟁을 만들고, 모든 이들이 (더 많은 빚을 지는 걸 포함해서) 부채를 되갚기 위해 돈을 벌 방법을 찾아 나서게 한다.

당신이 의자 뺏기 놀이를 본 적이 있다면, 이게 어떻게 돌아가는지 이해할 것이다. 게임의 라운드마다 의자는 부족해지고, 참가자들은 남아 있는 몇개 중 하나를 차지하기 위해 다른 이들과 싸워야 한다. 혼란의 도가니다. 이제 우리의 문제가 되었다고 상상해보자. 그저 게임에서 지고 마는 게 아니라, 집을 잃고 아이들이 굶주리며 약을 살 돈조차 없게 되는 것이다. 이런 게임이 어떤 모양일지를, 사람들이 의자를 잡기 위해 취할 필사적인 조치들이 무엇일지를 생각해본다면, 우리 경제가 어떻게 작동하는지 대략적인 그림을 얻을 수 있다.[53] 자본주의 사회를 주의 깊게 관찰하지 않은 이들이라면 (다수의 경제학자들이 그러하듯이) 극악한 경쟁, 극대화, 이기적 행동이 인간 본성에 굳게 자리하고 있다고 결론 내릴지도 모른다. 그러나 진정 인간 본성이 우리를 그렇게 행동하도록 만드는 것일까? 아니면 단지 게임의 규칙이 인간을 그렇게 만드는 걸까?

지난 10여년간 생태경제학자들은 복리에 기반한 화폐 시스템은 정교하게 균형 잡힌 생명 행성에서의 지속가능한 삶과 양립할 수 없다고 결론 내렸다. 그러면 무엇을 할 것인가에 대해서는 몇 개의 아이디어가 떠올랐다. 첫번째 그룹은 부채가 기하급수적으로 늘어나는 기존의 복리 시스템을 매년 동일한 증가분이 더해져서 선형적으로 늘어나는 단순 이자 시스템으로 전환할 필요가 있다고 주장한다. 이는 시간이 흐름에 따라 총부채 수준을 크게 줄일 것이며, 화폐를 생태계와 조화를 이루도록 되돌려놓고, 금융위기를 야기하지 않으면서 포스트 성장경제로 전환하도록 만들어 줄 것이다.[54]

두번째 그룹은 한발 더 나아가 부채 기반의 통화를 모두 폐지할 필요가 있다고 주장한다. 상업 은행들이 신용 화폐를 창출하도록 내버려두지 말고, 국가가 부채 없이 신용 화폐를 만들어 경제에 **빌려주는 대신 경제에 사용하도록** 할 수 있다. 화폐 창출의 책임을 민주적이고 믿을 수 있으며 투명한 독립 기관에게 부여하고, 인간의 좋은 삶과 생태적 안정성의 균형을 지키도록 위임할 수 있다. 물론 은행들이 계속 돈을 빌려줄 수 있겠지만, 은행의 돈은 100퍼센트의 보유고를 가지고, 달러에 대해 달러로 환수되어야 할 것이다.[55]

이 모든 것이 터무니없는 아이디어가 아니다. 이는 1930년대

에 시카고 대학의 경제학자들이 대공황의 부채위기에 대한 해법
으로 처음 제안한 것이다. 그리고 2012년에 IMF의 일부 진보적
인 경제학자들이 부채를 줄이고 세계경제를 보다 안정적으로 만
드는 방법으로 제안하면서 다시 전면에 등장했다. 영국에서는 포
지티브 머니Positive Money라는 캠페인 그룹이 이 아이디어를 가지고
운동을 조직했고, 지금은 보다 생태적인 경제를 향한 또 하나의
가능한 발걸음으로 자리매김되고 있다. 이러한 접근이 갖는 강력
함은 단지 부채를 줄이는 데 있지 않다. 그것은 공적 화폐 시스템
이 수입을 만들어내기 위해 GDP 성장을 좇을 필요 없이 보편적
의료보장, 일자리 보장, 생태적 재생과 에너지 전환 같은 것들에
직접적으로 자금을 투입할 수 있다는 점에 있다.[56]

포스트 자본주의의 상상

사람들이 자본주의 '타도'나 '철폐'를 이야기할 때 우리는 그다음에 무슨 일이 일어날지에 대한 현실적인 불안을 느낀다. 특히나 지구가 죽어가는 모습을 목도하면 경제체제에 대해 쉽게 분노하지만 혁명을 요구하는 이들 모두 새로운 사회가 어떤 모습일지를 명백하게 보여주는 일은 드물다. 이는 미래를 두렵고 예측 불가능한 것처럼 만든다. 빈 공간을 악몽이 채울지 누가 알겠는가?

하지만 성장의 정언명령으로부터 우리 체제를 어떻게 자유롭게 할지에 초점을 맞춘다면, 우리는 포스트 자본주의 경제가 어떠한 모습일지 감각을 갖기 시작한다. 포스트 자본주의 경제는 결코 무시무시하지 않다. 소비에트 연방의 명령과 통제 체제 같은 재앙도, 자발적 가난이 가져오는 동굴 속 원시인 생활도, 히피 복장을 연상시키는 모습도 아니다. 오히려 핵심적인 측면에서 친숙하게 느껴질 텐데 우리가 보통 스스로에게 설명하는 (말하자면 아마도 우리가 원하는 모습의) 경제를 닮았기 때문이다. 사람들이 유용한 재화와 서비스를 생산하고 판매하는 경제, 사람들이 합리적이고 정보에 기반하여 상품을 선택·구입하는 경제, 사람들이 노동력에 대해 공정하게 보상받는 경제, 인간의 필요를 충족하면서 동시에 폐기물을 최소화하는 경제, 화폐가 그걸 필요로 하는 사람들 사이를 순환하는 경제, 혁신으로 더 좋고 오래가는 제품을 만들고 생태적 압력을 줄이며 노동시간을 단축하고 인간 복지를 향상시키는 경제, 경제가 의지하는 생태계의 건강을 무시하지 않고 응답하는 경제.

이런 방식으로 친숙하다는 것을 고려해보면, 새로운 경제는 자본주의의 주요 목표인 축적을 중심으로 조직되지 않는다는 점에서 지금의 경제와는 근본적으로 다르다고 할 수 있다.

자, 분명히 하자. 이 중 어느 것도 쉽지 않을 것이다. 쉽다고 여긴다면 너무 순진하다. 우리가 해답을 갖고 있지 못한 어려운 문제들이 여전히 존재한다. 아무도 포스트 자본주의 경제에 대한 간단한 레시피를 제공할 수 없다. 체제의 전환은 궁극적으로 집단적 프로젝트여야 한다. 여기서 나는 상상력이 풍부해지기를 희망하며 몇가지 가능성들을 제공했을 뿐이다. 이런 일이 어떻게 일어날 수 있을까를 생각해보자면 운동이 필요할 것이다. 역사속에서 사회적·생태적 정의를 위한 모든 투쟁이 그랬다. 그리고 어느 정도는 이미 출현하고 있다. 학생들의 기후파업부터 멸종반란까지, 비아 캄페시나Via Campesina부터 스탠딩록Standing Rock 운동까지,* 사람들은 더 좋은 사회를 염원할 뿐 아니라 그것을 실체로 만들기 위해 뭉치고 있다.

나는 정치 전략가가 아니지만, 희망적인 의견을 제시하고 싶다. 어떤 이들은 하향식으로 강력한 정책을 추진할 일종의 전체주의적 정부 없이는 필요한 전환을 달성할 다른 방법이 없을 거라고

---

* 비아 캄페시나는 '농민의 길'이라는 의미의 국제적 농민운동 조직, 스탠딩록 운동은 미국 노스다코타의 수 부족이 주도한 송유관 건설 반대 투쟁이다.

염려한다. 하지만 이런 가정은 근거가 없다. 실제로는 그 반대가 진실이다.

민주주의의 힘

2014년에 하버드와 예일 대학 소속의 과학 연구팀은 사람들이 자연 세계를 두고 어떤 결정을 내리는지에 관한 놀랄 만한 연구를 발표했다. 연구팀은 사람들이 미래 세대들과 제한된 자원을 어떻게 나누도록 선택할지에 관심이 있었다. 미래 세대가 당신에게 화답할 수 없기에 문제가 하나 발생한다. 만약 당신이 손주들을 위해 생태계를 보전하려고 당장의 금전적 이익을 포기한다 해도 손주들은 호의에 보답할 수 없다. 결국 당신이 이 선택으로부터 얻는 이익은 거의 없다. 이런 견지에서 경제학자들은 사람들이 현재를 위해 자원을 소모하고 미래 세대들에게는 아무것도 남겨주지 않는 '합리적' 결정을 할 것이라고 예상했다.

하지만 사람들은 실제 이런 방식으로 행동하지 않는 것으로 드러났다. 하버드-예일 팀은 사람들을 그룹으로 나누고 모든 세대에 걸쳐서 관리되어야 할 공통 자원들의 일부를 각각의 몫으로 제공했다. 평균 68퍼센트의 개인들이 자신들의 몫을 지속가능하게 이용하는 쪽을 선택했다. 재생가능한 만큼만 저수지를 이용하고 더 얻을 수 있었을 이윤을 포기함으로써 미래 세대들이 살아나갈 수 있도록 한 것이다. 요컨대 사람들 다수는 경제학 이론이 예견했던 것과 정반대로 행동한다.

문제는 나머지 32퍼센트가 더 빠른 이익을 위해 자원 중 그들의 몫을 청산하는 쪽을 선택한다는 것이다. 시간이 지나면서 이기적인 소수는 공동의 저수지를 고갈시키고, 매 후속 세대들에게는 더욱더 적은 자원만이 남게 된다. 손실은 시간이 흐르면서 급속하게 불어나 네 세대 만에 자원이 완전히 고갈되고 미래 세대들에게는 아무것도 남지 않았다. 몰락의 놀라운 패턴은 지금 우리 지구에서 일어나고 있는 것과 너무도 닮은 꼴이다.

하지만 직접 민주주의를 통해 그룹들이 **집단적으로** 결정을 내리도록 요청받자 놀라운 일이 벌어졌다. 68퍼센트가 이기적 소수를 통제하고 그들의 파괴적 충동을 제어할 수 있었다. 실제로 민주적 의사결정은 이기적 유형들에게 보다 지속가능한 결정에 표를 던지도록 만든다. 그들 역시 함께라는 것을 알기 때문이다. 민주적 조건하에서는 사람들이 몇번이고 미래 세대들을 위해 자원을 100퍼센트 용량으로 무한하게 보전했다. 연구팀은 열두 세대까지 실험을 진행했는데, 계속 같은 결과를 얻었다. 어떠한 순 고갈도 없었다. 전혀, 아무것도.[57]

여기서 신나는 것은 생태경제학자들이 '정상상태' 경제라 부르는 비전에 사람들이 광범하고도 직관적인 지지를 보여준다는 점이다. 정상상태 경제는 생명세계와의 균형 속에 머물기 위해 두 가지 핵심 원칙을 따른다.

1) 생태계가 재생할 수 있는 것보다 더 많이 추출하지 않는다.
2) 생태계가 안전하게 흡수할 수 있는 것보다 더 많이 폐기하거나 오염시키지 않는다.

정상상태 경제에 도달하려면 자원의 이용과 폐기에 분명한 상한선을 설정할 필요가 있다. 경제학자들은 수십년 동안 상한선 설정이 불가능하다고 말해왔다. 사람들이 그것을 비합리적이라고 여길 거라는 이유에서였다. 그러나 경제학자들이 틀렸다는 것이 드러났다. 만약 기회가 주어진다면, 이는 사람들이 원하는 바로 그런 유형의 정책인 것이다.

*

이 결과는 우리의 생태 위기를 새롭게 조망하도록 도와준다. 여기서 문제가 되는 것은 '인간 본성'이 아니다. 소수의 사람들이 본인의 사적 이익을 위해 우리의 집단적 미래를 방기하는 일이 허용되는 어떤 정치체제가 문제인 것이다.

어떻게 그럴 수 있을까? 결국 우리 대부분은 민주주의 사회에서 살고 있는데, 왜 현실의 정책 결정들은 하버드-예일 팀의 실험이 예견한 것과 그토록 달라 보이는 걸까? 답변은 우리의 '민주주의'가 실제로는 전혀 민주적이지 않다는 것이다. 소득분배가 점점 불평등해질수록, 부유층의 경제 권력은 정치 권력의 증가로 직접 전환된다. 부유층이 우리의 민주주의 체제를 장악해버렸다.

우리는 이를 미국에서 특히 분명하게 볼 수 있다. 미국에서 기업들은 정치 광고에 무제한의 돈을 쓸 수 있는 권리를 가지며, 정당에 기부하는 것에도 거의 제약이 없다. '자유 발언'의 원칙에 따라 정당화되는 이런 조치들은 정치인들이 기업과 억만장자들의 직접 지원 없이는 선거에서 이기기 어렵도록 만들기에 정치인들은 부유층의 정책 선호를 따라야 하는 압력을 피할 수 없다. 여기에 더해, 거대 기업과 부유한 개인들은 엄청난 돈을 정부 로비에 쏟아붓는다. 2010년에는 35억 5000만달러가 로비에 쓰였는데, 1998년의 14억 5000만달러에서 크게 늘어난 것이다.[58] 그리고 실제로 효과를 본다. 한 연구는 미국 의회 로비에 쓰인 돈이 세금 삭감과 우대 조치로 인한 이윤 등의 형태로 2만 2000퍼센트만큼의 벌이로 되돌아왔음을 보여주었다.[59]

정치적 장악의 결과, 미국에서 경제 엘리트들의 이해는 대다수의 시민들이 동의하지 않을 때조차 정부의 정책 결정을 언제나 지배한다. 이런 의미에서 미국은 민주주의보다는 금권정치와 닮았다.[60]

영국도 유사한 경향을 보이지만, 그건 다른(그리고 더 오래된) 이유들 때문이다. 영국의 금융 허브이자 경제의 동력실인 런던 시티 지역은 영국의 민주적 법률 다수를 오랫동안 적용받지 않아왔으며 의회의 감독으로부터도 여전히 자유롭다. 런던 시티의 지방의회 투표권은 주민들뿐 아니라 기업들에게도 할당된다. 그리고 큰 기업일수록 투표권도 많이 받아서, 각각 최대 79표까지 가질 수 있다. 의회에서 보면, 상원은 투표뿐 아니라 지명으로도 채워지는데 92석은 귀족 가문들에서 세습되고, 26석은 잉글랜드 교회 몫으로 주어지며, 나머지 다수의 의석들이 거액의 선거 기부금에 대한 답례로 부유한 개인들에게 '판매'된다.[61]

금융에서도 비슷한 금권정치 경향을 볼 수 있다. 엄청난 수의 주주 의결권이 아무런 민주적 정당성도 갖지 않는 블랙록이나 뱅가드 같은 거대 투자신탁회사에 의해 통제된다. 소수의 사람들이 나머지 사람들의 돈을 어떻게 쓸지 결정하며, 기업의 행동에 막대한 영향력을 행사하고, 사회적 관심이나 생태적 염려보다 이윤을 우위에 두도록 압박한다.[62] 또한 미디어가 있다. 영국에서는 세 회사가 신문 시장의 70퍼센트 이상을 통제하는데, 그중 절반은 루퍼트 머독의 소유다.[63] 미국에서는 여섯 개의 회사가 모든 미디어의 90퍼센트를 통제한다.[64] 이런 조건하에서 경제에 대한 진정한, 민주적인 토론을 갖는다는 것은 사실상 불가능하다.

국제적인 수준에서도 이는 똑같이 진실이다. 세계경제 거버넌스의 두 핵심 기관인 세계은행과 IMF의 투표권은 소수의 부유한 나라들에 편중되어 할당된다. 세계 인구의 85퍼센트가 살고 있는 남반구가 갖는 투표권은 50퍼센트 이하다. 비슷한 문제들이 세계무역기구에도 있는데, 세계무역기구에서의 교섭력은 시장 크기에 달려 있다. 세계 무역체제의 규칙에 관한 중대한 결정들이 필요할 때면 거의 언제나 세계 최고의 경제 부국들의 의사에 좌우되며, 생태계 붕괴로 가장 큰 피해를 보는 가난한 나라들은 무시당하기 일쑤다.

우리가 바로 지금 생태 위기의 극한적 상태를 바라보고 있는 이유 중 하나는 우리의 정치체제가 완전히 부패했기 때문이다. 미래 세대를 위해 지구의 생태계를 보전하고자 하는 다수의 선호는 모든 것을 팔아치우면서 행복에 겨워하는 소수 부유층에 의해 농락당한다. 보다 생태적인 경제를 위한 우리의 투쟁이 성공하려면 민주주의를 가능한 한 확장하려고 노력해야 한다. 이는 거대 자본을 정치에서 쫓아내는 것을 의미하며, 급진적인 미디어 개혁을 의미하고, 엄격한 금융규제 입법운동, 기업 인격의 불인정reversing corporate personhood, 독점 해체, 협동조합 소유 구조로의 전환, 노동자의 이사회 참여, 주주 의결권의 민주화, 지구적 거버넌스 기구의 민주화, 집합적 자원을 가능한 한 커먼즈로 관리하는 것을 의미한다.[65]

나는 세계 곳곳의 사람들 대다수가 자본주의에 문제를 제기하고 좀더 나은 무언가를 갈구하고 있다는 것을 지적하면서 이 책을 시작했다. 우리가 어떤 유형의 경제를 원하는지 열린 마음으로 민주적 토론을 갖는다면 어떻게 될까? 새로운 경제는 어떤 모습일까? 자원을 어떻게 분배하게 될까? 그게 어떤 모습이든 간에, 극단적인 불평등과 끝없는 성장에 대한 폭력적 집착을 수반하는 우리의 현 체제와는 닮지 않을 것이라고 나는 분명하게 말할 수 있다. 실제로 아무도 그런 것을 바라지 않는다.

*

우리는 자본주의와 민주주의가 같은 꾸러미의 일부라는 말을 오래도록 들어왔다. 하지만 현실에서 둘은 양립 불가능한 것이 당연하다. 생명세계의 희생을 대가로 하는 영속적 성장에 대한 자본의 집착은 우리 대부분이 지키려는 지속가능성의 가치와 상충한다. 사람들에게 이 문제가 주어지면, 성장의 정언명령과 정면으로 충돌하는 정상상태의 원칙들에 따라 경제를 운영하는 쪽을 택하게 될 것이다. 즉 자본주의는 반민주적이 되는 경향을 가지며, 민주주의는 반자본주의적이 되는 경향을 갖는다.

두 전통 모두가 적어도 일부는 계몽주의 사상의 역사로부터 출현했다는 것은 흥미로운 대목이다. 한편으로 계몽주의는 이성의 자유를 향한 요청이었다. 전통, 권위 있는 인물들, 신이 내려준 지혜에 대해 질문할 권리를 요구했다. 다른 한편, 베이컨과 데카르트 같은 계몽주의 사상가들의 이원론 철학은 자연의 정복을 자본주의적 확장의 기본 논리로서 찬양했다. 아이러니하게도, 확연히 구별되는 계몽주의의 두 프로젝트는 서로 만날 수 없다. 우리는 자본주의와 자연 정복에 질문을 제기하도록 허락받지 못한다. 그것은 일종의 이단으로 여겨진다. 다시 말해, 우리에게 비판적인 독립적 사고의 가치를 믿으라고 권장하지만, 자본주의에 의문을 품지 않을 때에 한해서다.[66]

생태계 붕괴의 시대에 우리는 이 장벽을 부숴야 한다. 우리는 자본주의를 검증대에, 이성 앞에 세워야 한다. 포스트 자본주의 경제로 향하는 여정은 민주주의의 가장 기본적인 행동과 함께 시작된다.

6장

모든 것은 연결되어 있다

아주 오래전

사람들과 동물들이 모두 땅 위에 살고 있을 때

사람은 원한다면 동물이 될 수 있었고

동물은 인간이 될 수 있었다네.

어떤 때 그들은 사람들이었고

또 어떤 때는 동물들이었고

그리고 거기에는 차이가 없었다네.

모두 같은 언어를 말했지.

—나룽지아크, 이누이트 노인[1]

우리는 강의 수호자가 아니다. 우리가 강이다.

—콜롬비아 마그달레나강의 어부

어떤 이미지들이 가슴에 날아와 날카롭게 꽂힐 때가 있다. 나는 브라질의 사진작가 세바스치앙 사우가도의 작품을 처음 마주했을 때를 지금도 기억한다. 어두운 조명의 갤러리에서 쿠웨이트의 광대한 사막, 유정에 의해 망가진 풍경, 뿜어져 나오는 화염과 연기의 두꺼운 기둥을 담은 흑백의 이미지를 홀로 마주하고 있었다. 탄자니아의 난민 캠프를 담은 이미지도 있었는데 지평선까지 넓게 펼쳐진 간이 텐트들에서 생존을 위해 분투하는 가족들을 볼 수 있었다. 그리고 아마존 우림 한복판에 놓인 노천 금광을 담은 사진도 있었다. 남자들이 진흙 속에서 맨발로 어깨를 부딪치며 땅을 파는 것을 무장한 경비병들이 감시하고 있었다. 이 이미지들은 우리 문명의 트라우마를 증언하고 있었다. 그것들은 몇달 동안이나 나를 따라다녔다.

사우가도는 위기에 처한 세계 최전선의 모습을 알리며 작가 경력을 쌓았지만, 결국 그의 경력이 그를 파괴하고 말았다. 1990년대 후반, 강제 이주와 유랑에 관한 프로젝트를 끝낸 후 그는 사진 활동을 그만두기로 결정했다. "나는 아팠습니다. 상태가 엉망이었어요. 나는 우리 생물종에 대한 신뢰를 잃었습니다." 그는 캐나다 신문 『글로브 앤드 메일』에서 이렇게 말했다. 그와 해외에 살던 그의 아내 렐리아는 브라질로 돌아가기로 했다. 부부는 사우가도가 어린 시절 대부분을 보냈던 부모의 농장을 물려받았다. 사우가도는 이곳을 마법의 숲, 생명으로 가득하고 물이 넘치는 천국으로 기억했다. 하지만 농장으로 돌아왔을 때 그는 아무것도 찾을 수 없었다. 집약적 축산과 산림 벌채가 농장을 생명이 없는 마른 불모지로 만든 것이다. 언덕이 깎여나갔다. 토양은 먼지가 되었다.

깊은 트라우마를 치유하고자 하는 시도처럼, 사우가도는 모든 사람이 불가능하다고 말하는 일을 하기로 했다. 땅을 대서양의 우림으로 복원하는 것 말이다. 부부는 1999년에 이 일을 시작했는데, 그 결과는 모두를 놀라게 했다. 6년 후, 1730에이커에 달하는 황무지가 희망찬 녹색으로 덮였다. 그리고 2012년이 되자 숲이 회복되었다. 샘이 다시 솟아났고 동물들이 돌아왔다. 새, 포유류, 양서류, 일부 멸종위기종들의 모습도 보였다. 오늘날 이 땅은 생태계 복원의 상징이 되었고, 세계 곳곳의 여러 유사한 프로젝트들에 영감이 되어주었다.

사우가도의 이야기는 생태계가 얼마나 빨리 재생될 수 있는지를 보여주었기에 강력했다. 이에 관한 연구는 실로 흥미롭다. 2016년에 국제적 과학 연구팀이 라틴아메리카 열대우림의 재성장에 관한 가장 방대한 데이터베이스를 발표했다. 연구팀은 습윤림과 건조림 가릴 것 없이 생태계 전체에 걸쳐, 예전 산림의 90퍼센트를 순전히 자연적으로 회복하는 데 평균 66년밖에 걸리지 않는다는 것을 발견했다. 그냥 내버려두기만 하면 되는 것이다.[2] 어떤 경우에는 더 빨리 이루어지기도 한다. 코스타리카에서는 목초지로 바뀌었던 우림이 다시 자라는 데 21년이 채 걸리지 않았고, 사우가도의 농장에서도 비슷한 일이 일어났다. 생물종 다양성이 회복되려면 일반적으로 더 오랜 시간이 필요하지만, 일부 경우에는 30년 이내에 예전의 수준으로 돌아갈 수 있다.[3] 숲들이 다시 자라면서 대기 중으로부터 엄청난 양의 탄소를 빨아들인다. 한해에 헥타르당 11톤 이상의 이산화탄소를 흡수한다.

이런 발견들은 진정한 희망을 가져다준다. 이는 우리가 과도한 산업 활동의 규모를 줄이기 시작하면, 생명세계가 놀랄 만한 속도로 회복될 수 있음을 의미한다. 이것은 멀리 있는 꿈이 아니다. 우리 생애 내에, 바로 우리 눈앞에서 볼 수도 있는 일이다. 그러나 지구온난화가 계속됨에 따라 생태계가 자체 재생 능력을 상실할 지경에 이른 지금, 우리는 재빨리 움직여야만 한다.

이런 견지에서, 나는 궁극적으로 탈성장이 탈식민화의 과정이라고 여길 수밖에 없다. 자본주의적 성장은 언제나 영토 확장 논리를 중심으로 조직되어왔다. 자본이 점점 많은 양의 자연을 축적의 회로 속으로 밀어넣으면서, 자본은 토지·숲·바다, 심지어 공기까지 식민화한다. 500여년 동안 자본주의적 성장은 인클로저와 수탈의 과정이었다. 탈성장은 이 과정의 역전을 의미한다. 치유와 회복, 바로잡음의 기회를 의미한다.

이는 지정학적 의미에서도 진실이다. 고소득 국가의 과도한 소비가 남반구의 토지와 사람들로부터, 불평등한 조건으로 끊임없이 전유하는 과정을 통해 지탱되어왔음을 기억하라. 식민주의는 50년 전에 종식되었을지 몰라도, 우리가 살펴봤듯이 강탈의 오랜 패턴이 지금도 계속되며 파괴적인 결과들을 낳고 있다. 고소득 국가에서의 탈성장이 남반구 공동체들을 채굴주의의 손아귀에서 해방시키는 만큼, 이는 정말이지 말 그대로 탈식민화를 의미한다.

내가 탈성장을 연구한 시간들은 전혀 예상하지 못했던 무언가를 내게 가져다주었다. 바로 희망이었다. 물론 나는 여전히 문득문득 뭔가가 빠져 있다는 염려를 떨치지 못하고 있다. 우리의 모든 관심을 경제를 어떻게 고칠지에만 집중하면, 더 큰 그림을 간과할 위험이 있다. 그렇다, 우리는 자본주의를 넘어 나아가는 걸음을 떼어야 한다. 하지만 자본주의는 우리가 직면한 위기에 가장 근접해 있는 동력일 뿐 기저의 실제 원인이 아니다. 더 깊은 곳에 놓인 무언가가 있다.

16세기에서 17세기 사이 자본주의의 등장이 허공에서 이루어진 게 아니었음을 기억하자. 우리가 1장에서 보았듯이, 자본주의의 등장은 폭력과 박탈 그리고 노예화를 필요로 했다. 여기에 더해 자연에 관한 새로운 이야기를 고안해낼 필요가 있었다. 이 이야기는 처음으로 사람들에게 자연을 인간과는 근본적으로 별개인 무언가로 보도록 요구했다. 열등하고 종속적인 무엇일 뿐 아니라, 인간에게 부여된 살아 있는 영혼이 없는 어떤 것 말이다. 이 이야기는 세계를 둘로 나눌 것을 요구했다. 한마디로 분리를 요구했다. 지난 500여년간 지구를 지배한 자본주의 문화는 이런 균열 속에 뿌리를 내렸다.

이를 이해하게 되면, 우리 앞의 투쟁이 단지 경제를 둘러싼 투쟁 이상임이 분명해진다. 그것은 존재에 관한 우리의 이론 자체를 둘러싼 투쟁이다. 이는 토지·숲·사람의 탈식민화뿐 아니라, 우리 마음의 탈식민화를 요구한다. 투쟁의 여정을 시작하려면 희망의 새로운 원천, 마르지 않는 새로운 가능성의 샘, 즉 세상이 어떻게 다를 수 있는지에 대한 새로운 비전이 필요하다. 우리는 그 과정에서 생태적 문명 건설의 비밀은 한계와 빈약함에 관한 게 결코 아님을 배우게 될 것이다. 그것은 급진적으로 더 커지는 무엇에 관한 이야기다. 우리가 상상할 수 있는 것보다 더 큰 것 말이다.

선조의 가르침

내가 인류학자로서 경력을 쌓아오며 발견한 진정한 즐거움 중 하나는 기존에 알던 것보다 훨씬 더 깊은 감정을 유발하는 인간 이야기를 한데 모으는 과정이었다. 대학원에 다니던 시절, 강의실에서 나올 때면 가끔 새로운 시야를 얻은 것 같은 느낌에 거의 압도당하곤 했던 것을 나는 기억한다. 작고 소박한 오두막에서 걸어 나와, 시간의 풍경이 눈앞에 펼쳐지는 광활한 절벽 가장자리에 서 있는 나를 발견한 것만 같았다. 인류의 이야기는 마치 여행처럼 펼쳐진다. 우리의 선조들은 수만년의 세월 동안 아프리카를 벗어나 지구 곳곳으로 이주했다. 그 길에서 그들은 사바나부터 사막까지, 정글부터 스텝까지, 습지부터 툰드라까지, 엄청나게 다양한 생태계와 마주쳤다. 새로운 지역에 들어설 때마다 선조들은 생태계가 어떻게 작동하는지 배워야 했다. 그래야 영양 공급과 생계를 의존하는 다른 생물종들과 호혜관계를 유지하며 지속가능하게 살 수 있었기 때문이다. 선조들은 어떤 때는 성공했고, 어떤 때는 실패했다.

오스트로네시아의 확장만큼 복잡한 기록을 가진 경우도 없을 것이다. 2000~3000년 전 인간은 그들이 살던 영토인 아시아를 떠나 태평양의 남쪽과 동쪽으로 뻗어나가 그물망 같은 섬들 곳곳에 정착했다. 탐험을 시작한 사람들은 안정적인 몬순 기후 조건의 광대한 대륙에서, 농경을 위해 강 유역 전체를 정기적으로 개간하면서 형성된 문화로부터 나온 이들이었다. 넓게 펼쳐진 영토 속에 살았던 그들은 마음대로 이용할 수 있는 무한한 자원을 가졌다는 느낌에 익숙했다. 그들이 땅에 대해 원하는 것은 무엇이든 가능할 것 같았다.

이주민들은 그런 문화를 장착한 채 오스트로네시아의 섬들에 상륙했다. 하지만 본토 문명의 확장주의 논리가 이 섬들에서는 그리 제대로 작동되지 않았다. 사실 결과는 파괴적이었다. 정착민들은 대형 거북, 새, 물고기 등 섬의 거대 동물들을 살육해 손쉬운 단백질원으로 삼았고, 인간 포식자에게 익숙하지 않았던 동물들은 쉽사리 먹잇감이 되었다. 그들은 곡물을 기르기 위해 나무를 베어내고 땅을 정리했다. 이 모든 일이 본토에서는 거의 아무런 영향도 없었지만, 이곳 섬에서는 재앙을 초래했다. 핵심 종들이 멸종했다. 생태계는 균형을 잃었다. 삶이 위태해지기 시작했다. 여러 사회들이 완전히 붕괴했다. 일부 섬들은 완전히 버려졌다.

하지만 오스트로네시아의 확장이 진행되면서 정착민들은 실수로부터 교훈을 얻었다. 그들은 제한된 섬 생태계에서 번영하는 사회를 건설하려면 생태계에 대한 완전히 다른 접근이 필요하다는 것을 알게 되었다. 확장의 이데올로기를 통합의 이데올로기로 대체해야 했다. 그들은 다른 생물종에 관심을 기울여 다른 종의 습성과 언어, 서로 관계 맺는 법을 익혀야 했다. 주어진 군집으로부터 안전하게 취할 수 있는 정도가 얼마만큼인지, 지속성을 보장하기 위해 어떻게 되돌려주어야 하는지를 배워야 했다. 또한

자신들이 의존하는 섬의 생태계를 단지 보호할 뿐 아니라 **풍부하**
게 해야 한다는 것을 배워야 했다. 그들은 동물·숲·강과 그들의
관계에 관한 새롭고 더 생태적인 사고방식을 발전시켜야 했고,
이러한 대상들을 신화와 의식 속에 담아 결코 잊지 않도록 해야
했다. 이렇게 한발짝씩 내디뎠던 사회들은 마침내 태평양의 섬들
에서 번성할 수 있었다.

　오늘날 우리는 이와 비슷한 분기점에 서 있다. 미래는 어느 쪽
으로도 향할 수 있다. 우리는 그때처럼, 섬에 살고 있다는 것을 갑
자기 깨달은, 확장에 사로잡힌 문명이다. 우리는 무모한 과거의
이데올로기에 집착할 것인가, 아니면 새롭고 보다 현명한 생존
방식을 배울 것인가? 우리가 후자의 경로를 택한다면 다행히도
우리는 그때의 선조들과 동일 선상에서 출발할 필요가 없다. 인
류는 놀랍도록 다양한 장소에서 생태적으로 존재하는 방식을 발
전시켰다. 오늘날 우리와 가까이 살고 있는 공동체들을 잘 살펴
본다면, 현실의 생태적 현명함이 무엇일지에 관한 풍부한 실마리
를 발견할 수 있다.

생태적으로 된다는 것

아마존 우림의 내부를 촬영한 사진을 본 적이 있다면, 그곳이 어떤 모습일지 어렴풋하게나마 알 것이다. 빽빽하고 무더우며 생명으로 얽히고설켜 있다. 이곳은 여러 세대에 걸쳐 이 지역에서 살아온 수백개의 원주민 공동체의 고향이기도 하다. 이 중에는 에콰도르와 페루 사이의 보이지 않는 국경을 따라 살고 있는, 아추아Achuar로 알려진 부족 공동체도 있다.

지난 10~20년 사이에 아추아족이 많은 관심을 끌었는데, 인류학자와 철학자들을 사로잡은, 그들의 예상치 못한 세계관 때문이었다. 아추아족의 세계관은 학자들이 자연을 생각하는 방식을 완전히 뒤집었다. 예컨대 아추아족에게는 '자연'이 존재하지 않는다. 자연이라는 범주를 자명하다고 보는 경향이 있는 서구의 관찰자들에게는 터무니없게 보일지 모른다. 나도 이 이야기를 처음 들었을 때 황당하다고 느꼈다. 하지만 이 생각을 충분히 오래 가까이 두다보면 무언가 심오한 일이 일어나고 있음이 명백해진다. 그 속에는 아주 강력한 비밀이 담겨 있을지도 모른다.

당신이 아추아족을 방문한다면, 바깥으로는 거대한 녹색 물결처럼 자란 빽곡한 나무들이 벽을 이루고 있고, 정글 한가운데 마련된 작은 원형 공터에 살고 있는 그들을 만나게 될 것이다. 어둡고 음울하며, 개구리·큰부리새·뱀·원숭이·재규어를 비롯한 수

백수천만마리의 곤충이 내는 소리로 출렁이고, 이끼와 버섯과 이리저리 구부러지며 타고 오르는 덩굴들이 만들어낸 세계로 가득한 곳이다. 다수의 사람들에게는 다른 인간 공동체들과 외떨어진 이런 방식의 삶이 엄청나게 외롭고 고립되어 있다고 느껴질 법하다. 하지만 아추아족은 정글을 완전히 다르게 바라본다. 그들은 모든 곳에서 사람을 본다.

아추아족이 보기에 정글에 사는 대부분의 동식물은 인간의 영혼과 비슷한 영혼wakan을 가지고 있으며, 따라서 말 그대로 '인간들'aents로 분류된다. 동물과 식물은 인간과 마찬가지로 주체성, 의지, 자의식까지 가지고 있다. 감정을 경험하고 같은 종 사이에서뿐 아니라 다른 종들, 심지어 인간과도 (꿈을 통해) 메시지를 교환한다. 본래부터 동식물을 인간과 근원적으로 구별해주는 것은 아무것도 없다. 실제로 아추아족은 동식물을 친척으로 여길 정도다. 원숭이를 비롯해 인간이 식량을 위해 사냥하는 동물들은 처남으로 간주되며, 그들 사이의 관계는 경의나 상호 존중과 유사한 규칙에 의해 지배된다. 그들이 식량으로 삼는 식물들은 먹이고 돌봐야 할 아이들로 간주한다. 아추아족에게 정글이란 단지 생존의 원천이 아니다. 친밀한 연결과 유대로 가득 찬 영역이다.

이 모든 것을 그저 신기한 비유 정도로 생각하고 싶을 수도 있다. 하지만 전혀 아니다. 우리가 안전하고 행복한 삶을 유지하는 데에 부모와 아이들, 친척, 이웃들과의 좋은 관계가 필수적이라는 것을 우리는 알고 있다. 마찬가지로 아추아족은 그들의 존재가 숲을 공유하는 비인간(또는 인간 이상의) 사람들의 오밀조밀한 공동체와 좋은 관계를 유지하는 것에 달려 있음을 알고 있다. 아추아족은 자신들과 비인간 사람들이 근본적으로 상호 의존적이라는 것을, 그리고 그들 없이 자신들은 아무것도 아니라는 것을, 존재하지 못한다는 것을 알고 있다. 그들의 운명은 하나로 묶여 있다.

아마존 우림에 살고 있는 대부분의 사람들이 이와 유사한 원칙들을 따른다. 이는 세계와 상호작용하는, 널리 퍼져 있으며 지극히 정상적인 방식이다. 이런 시각을 갖는 이들이 아마존 원주민들만은 아니다. 몇몇 중요한 차이들은 있지만 모든 대륙의 셀 수 없이 많은 원주민 공동체들 사이에서 널리 공유되는 윤리관이다.[4] 그 일관성이 놀라울 정도다. 그리고 많은 경우 단지 식물과 동물뿐만 아니라, 강이나 산 같은 무생물까지 사람으로 간주된다.

아마존과는 지구 반대편에 있는 말레이반도의 열대우림에 사는 원주민 공동체 취옹족Chewong을 예로 들어보자. 인구는 겨우 300명 정도지만, 취옹족은 자신의 공동체가 인간을 넘어서 식물·동물·강·숲을 포괄한다고 본다. 실제로 이들을 집합적으로 '우리 사람'bi he이라고 부르기까지 한다. 다시 한번 말하지만, 그저 낭만적인 비유가 아니다. 취옹족은 모든 존재가 동일한 도덕의식ruwai에 의해 움직인다고 간주한다. 다람쥐, 덩굴, 사람이 겉모습은 완전히 다르게 보일지 몰라도, 한꺼풀 벗겨보면 모두가 궁극적으로 똑같은 도덕적 존재로서 함께한다는 것이다. 모든 존재는 서로에게 윤리적 책임을 갖는다. 그렇게 함으로써 더 넓은 집합 생태계가 원활하게 돌아가고, 생명의 그물망을 구성하는 친밀한 상호 의존성을 유지한다. 벌이 인간 복지에 도덕적인 책임을 갖는 것과 마찬가지로 인간은 벌의 복지에 책임을 갖는다.

4000킬로미터 떨어져 있는 뉴기니섬에서, 베다무니 사람들은 말한다. "우리가 동물들을 볼 때, 그저 동물이라고 생각할 수 있지만, 실제로 인류와 마찬가지라는 걸 우리는 알죠." 뉴칼레도니아섬 근처의 카나크족 역시 유사한 가치체계를 갖고 있는데, 그들은 이 생각을 동물뿐 아니라 식물 전체로 확장한다. 카나크족은 인간과 식물 사이에 물질적 연속성이 있다고 주장한다. 인간과 식물은 동일한 종류의 신체를 갖고 있으며, 선조들이 죽은 후에 어떤 나무로 다시 돌아와서 산다고 말할 정도다. 베다무니와 카나크족은 서구인들이 당연시하는 경향이 있는 인간, 식물, 동물 사이의 형식적 구별을 거부하며, 어떤 위계도 받아들이려 하지 않는다. 서구 철학에서 오랫동안 핵심 자리를 지켰던, 인간이 맨 위에 그리고 다른 것들은 그 아래에 배치되는 존재의 대사슬^{Great Chain of Being} 따위는 거기에 존재하지 않는다.

이런 공동체들에서는 자본주의 사회에 사는 우리들이 일상적으로 해왔던 인간과 '자연' 사이의 구별선을 긋는 게 불가능하다. 우리에게 이런 구별은 초기 메소포타미아 문명, 선험적인 종교들, 베이컨과 데카르트 같은 계몽주의 철학자들에 의해 전해 내려오는 유산이나 마찬가지다. 이러한 구별은 의미가 없다. 오히려 도덕적으로 비난받을 만하며 거의 폭력에 가깝다. 한때 유럽인들이 식민화와 노예제를 정당화하기 위해 그랬던 것처럼, 한 집단의 인간이 다른 집단의 인간을 부인하고, 인종주의를 근거로 그들을 권리에서 배제하고자 했던 것과 다름없다. 이는 상호 의존성을 이해할 필요가 있는 올바른 삶의 방식을 모욕하는 셈이 된다.

*

세계를 보는 이러한 시각은 사람들이 생태계와 상호작용하는 방법에 강력하게 영향을 미친다. 인간과 완전히 동일한 유형의 인격이 부여된 자연 세계와 당신의 관계는 무엇인가? 인간과 함께하는 사회 공동체 속에 살며, 친지의 역할까지 갖는 존재들이라면? 그런 존재들을 '천연자원' 또는 '원재료', 심지어 '환경'이라고 여길 거라 생각하기는 어렵다. 아추아족, 취옹족 등 원주민 공동체의 시각에서 보면 자연을 자원으로 치부하고 착취하는 일은 윤리적으로 불가해하다. 결국 무언가를 착취하려면 먼저 그것을 인간보다 열등한 것, 즉 객체로서 간주해야 한다. 그러니 어떤 것도 인간보다 열등하지 않고, 모든 존재가 스스로의 권리를 갖는 세계에서는 불가능한 일이다.

오해는 말기를 바란다. 확실히 원주민 공동체들은 주변 생태로부터 취할 것을 취한다. 그들은 낚시와 사냥을 하며, 과일과 견과류를 얻기 위해 나무를 키우고 뿌리를 먹을 수 있는 작물을 기른다. 이런 행위는 실제로 의문이 들게 한다. 만약 동물이 사람이라면, 그들을 먹는 것은 일종의 카니발리즘으로 보아야 할까? 극지방의 주술사가 인류학자 크누드 라스무센에게 말했듯이, "삶의 가장 위태로운 점은 인간의 식량이 온전한 영혼들로 이루어져 있다는 사실에 있다."

이는 풀 수 없는 난제처럼 여겨진다. 하지만 이것은 애초에 인간과 비인간의 분리를 고수하는 이들에게만 불가능하다. 그렇지 않고 양쪽 모두 동일한 전체의 구성 요소라는 전제에서 출발한다면, 이 난제는 사라져버린다. 중요한 것은 이쪽인가 저쪽인가가 아니라 관계다. 금세 평형과 균형의 문제로 넘어간다. 맞다, 인간은 큰부리새를 사냥하고 덩이뿌리를 캐지만, 이런 활동이 추출이 아니라 교환이라는 생각 위에서 이루어진다. 이는 상호 존중의 문제다. 여기서 작동하는 도덕적 코드는 절대로 취하지 않는다는 것(그렇다면 금방 붕괴에 이를 것이다)이 아니라, 다른 쪽이 기꺼이 줄 수 있는 이상을 취하지 않아야 한다는 것이다. 달리 말해 생태계가 재생할 수 있는 한도를 넘어서지 않아야 한다. 그리고 당신이 의지하는 생태계를 파괴가 아닌 풍부하게 만들 수 있는 행위를 통해, 반드시 이를 되돌려주도록 해야 한다.

이러려면 할 일이 많다. 들어야 하고, 공감해야 하고, 대화해야 한다. 다수의 원주민 공동체에서 인간과 비인간 존재 사이의 관계를 다루는 기술은 특히 주술사에 의해 연마된다. 20세기 대부분 동안 인류학자들은 주술사의 역할이 인간과 조상들 사이의 매개에 국한된다고 생각했다. 이제 많은 경우 주술사들은 인간 공동체와 인간이 의존하는 더 넓은 존재 공동체 사이도 매개한다는 사실이 점점 더 분명해지고 있다.

주술사들은 다른 존재들을 친밀하게 인식하면서 성장한다. 아마존의 주술사들은 최면과 꿈을 통해 다른 존재와 소통하며, 메시지와 의도를 서로에게 전달한다. 그들은 비인간 존재 이웃들과 상호작용하며 많은 시간을 보내기 때문에 생태계가 어떻게 작동하는지에 대해 전문가적 식견을 갖고 있다. 주술사들은 한 계절에 어떤 종류의 물고기를 얼마나 많이 잡아도 되는지를 정확히 알며, 다음 해에는 얼마나 많이 나올지를 예견할 수 있다. 무리를 해치지 않는 범위에서 원숭이를 얼마나 사냥해도 좋을지를 안다. 유실수가 언제 건강하고 언제 병들었는지를 안다. 주술사들은 숲이 안전하게 제공할 수 있는 것보다 더 많은 것을 식물과 동물 이웃들로부터 취하지 않도록 하는 데 이 지식을 활용한다.

이런 의미에서, 주술사는 일종의 생태주의자와 같이 기능한다. 그들은 정글의 생태계를 구성하는 깨지기 쉬운 상호 의존성을 이해하고 유지하는 전문가이며, 가장 명성 있는 대학 교수가 자랑하는 것을 훨씬 능가하는 식물학과 생물학 지식을 지니고 있다.

*

이렇게 세계를 경험하는 것은 얼마나 벅찬 일인가! 자본주의 문화 속에서 자라고, 지배와 이원론의 자만 속에서 훈련받은 우리들로서는 거의 이해가 불가능하다. 우리가 그들의 문화를 의지와 사회성이 넘치는 것으로 여긴다면 생명세계의 경험은 얼마나 풍부해질까? 거기는 누가 살지? 어떤 모습이지? 무슨 경험을 했지? 우리는 서로 어떻게 말하게 될까? 이렇게 살아가는 모습을 상상하는 것만으로도 매혹적인 세계로 들어가는 관문이 될 것이다. 평범한 시선으로는 보이지 않는 관문 말이다.

인류학자들은 이러한 존재 방식을 애니미즘이라고 부른다. 종교학 연구자 그레이엄 하비는 애니미즘을 "세계가 사람들로 가득 차 있으되, 그중 일부만 사람이고, 생명은 언제나 다른 것들과의 관계 속에서 살아간다"라는 주장으로 아주 간단히 정의한다.[5] 애니미스트들은 동물과 식물, 강과 산까지도 객체가 아닌 스스로 권리를 가진 주체로 접근한다. 그러한 세계관에서 '그것'it 따위는 존재하지 않는다. 모든 것은 '당신'thou이다.[6]

이것이 애니미즘을 이해하기 위한 핵심 열쇠다. 일부 사람들은 애니미스트들이 비인간 존재들을 '사람들'이라고 말할 때, 그저 그들에게 인간의 특질을 투사하고 그들을 (실수로) 가면을 쓴 인간으로 본다고 생각하는 오류를 저지른다. 그건 오해다. 애니미스트들은 다른 종들을 주체, 즉 인간이 그러하듯이 자신만의 주체성을 갖고 있으며, 세계를 감각하고 경험하는 주체로 본다. 그들이 사람으로 간주되는 것은 다름 아니라 그들이 주체이기 때문이다. 주체가 되는 것은 사람이 되는 것이기 때문이다.

사람들이 어떻게 이런 결론에 도달하게 되었는지를 상상하기란 어렵지 않다. 숲에서 먹을 것을 따고 사냥하는 데 의존하여 사는 원주민 공동체들은 그곳의 식물과 동물과 친밀해질 수밖에 없다. 그들은 수만시간 동안 원숭이·새·재규어의 울음소리를 배우고 모방하면서, 그 의미와 분위기의 미세한 차이까지 알아낼 정도가 되었다. 이는 성공적인 사냥에 필요한 핵심 기술이기도 하다. 그들은 토양의 종류별로 어떤 식물을 심는 것이 적합한지, 기온과 빛의 변화에 따라 식물들이 어떻게 움직이고 곤충·개미·새와 어떻게 상호작용하는지를 알게 된다. 그들의 삶은 이런 유형의 지식에 통달하는지 여부에 달려 있다. 그리고 이 과정 속에서 모든 존재가 각자의 방식으로 세계를 경험하고, 자신만의 독특한 감각들로, 자신만의 지식 형태로 상호작용하고 반응한다는 것을 깨닫게 된다. 그러지 않을 수가 없지 않겠는가? 이는 비인간 사람들과의 근본적인 공감의 과정이다.[7]

이는 어떤 면에서는 자명해 보인다. 그렇지만 드물게 다른 생물종들을 만나더라도 장식물인 경우가 대부분인, 특히나 도시에 사는 우리들이라면 망각하기 너무 쉬운 것이기도 하다. 농촌 지역이나 농장에서조차 야생종들은 그저 가급적 박멸되어야 하는 유해동물로 취급되기 일쑤다. 이러한 맥락 속에서 우리는 간혹 다른 존재들을 생각하는 경우에도 그들이 주체가 아니라 객체라는 사고로 쉽사리 빠져든다. 또는 우리가 망각하거나 기억에서 사라진 게 아니라… 어쩌면 우리가 어떤 깊은 수준에서 진실이라고 알고 있는 것을 무의식적으로 억압하는지도 모르겠다. 우리의 경제체제가 다른 살아 있는 존재들의 체계적 착취에 의존한다는 사실을 스스로 생각한다는 것은 너무 견디기 어려운 일이기 때문이다.

애니미즘에 대해 뭐라 생각하든 간에 한가지는 확실하다. 애니미즘은 근본적으로 생태적이다. 이로써 실제로 오늘날 이 분과학문의 심장부에 놓인 생태과학의 핵심 원칙을 예상할 수 있다. 핵심 원칙은 한문장으로 축약될 수 있다. 모든 것이 긴밀히 연결되어 있으므로 그에 따라 행동하라. 이는 그저 멋진 수사가 아니다. 실제로 작동하는 말이다. 이러한 방식의 삶은 세계에 현실적·물질적 영향을 미친다. 과학자들은 지구 생물종 다양성의 80퍼센트가 원주민들이 관리하는 영토에서 발견된다고 추산한다.[8] 확실히 그들은 뭔가 좋은 일을 하고 있다. 원주민들은 생명을 보호해왔다. 생명에 양분을 공급해왔다. 자비심이 우러나서 혹은 그것이 아름다워서가 아니다. 그들이 모든 존재의 근본적인 상호 의존성을 인식하고 있기 때문이다.

성장주의로 인해 지구 역사상 여섯번째 대멸종이 가속화됨에 따라, 애니미즘 가치와 자본주의 가치 사이의 대조는 어느 때보다 분명해졌다.

마이너리티 리포트

이런 사상에 친숙하지 않은 사람들에게, 애니미즘은 처음 볼 때는 다소 낯설거나 아마도 기괴하기까지 한 것으로 여겨질 수 있다. 그다지 놀랍지 않은 반응이다. 어쨌든 우리는 르네 데카르트의, 그리고 애니미즘과는 완전히 반대 전제로부터 전개되어온 계몽주의를 규정한 이원론 철학의 상속자들이 아닌가.

데카르트가 신과 창조물 사이의 근본적 구분이라는 오랜 일신교적 사고에서 출발했고, 거기서 한발 더 나아갔음을 기억하자. 데카르트는 창조물 자체가 두개의 실체로 구분된다고 말했다. 한편으로는 마음(또는 영혼), 다른 한편으로는 단순히 물질의 창조다. 마음은 특별하며 신의 영역이다. 그것은 물리학과 수학의 일반 법칙으로 설명될 수 없는 천상의, 신성한 실체다. 인간은 신과 연결되는 특별한 징표인 마음과 영혼을 가지고 있기에 모든 창조물 가운데 유일무이한 존재다. 인간의 육체 자체를 포함한 나머지 피조물들은 단지 비활성의, 생각하지 못하는 물질이다. 그건 단지 '자연'이다.

데카르트의 사상은 경험적 증거에 기반한 것이 아니었지만 1600년대 유럽 지배층 사이에서 대중화되었다. 그의 사상이 교회의 권력을 키우고, 노동과 자연에 대한 자본주의적 착취를 정당화했으며, 식민주의에 도덕적 면죄부를 부여해주었기 때문이다. '이성'이라는 개념 자체도 이원론의 전제에 기대어 등장했다. 데카르트는 인간만이 마음을 갖고 있으므로 이성이 있다고 주장했다. 그리고 이성의 첫 단계는 우리가(우리 마음이) 육체로부터 분리되어 있으며 세계의 나머지로부터 분리되어 있음을 깨닫는 것이다.

이러한 견지에서, 세계를 친밀하게 상호 연결된 것으로 보는 애니미즘의 주장은 오래도록 비합리적이고 무지몽매한 것으로 간주되었다. 19세기에 저명한 인류학자들은 이를 '유치한' 것으로 묘사했다. 아이들만이 세계를 마법이 통하는 공간으로 보는데, 이는 우리가 교정해주어야 할 인식론적 오류라는 설명이다. 실제로 이성뿐만 아니라 근대성, 그리고 근대과학 자체가 인간과 자연, 주체와 객체 사이의 범주적 구별에 따라 출현하게 된 것이다. 애니미즘은 '근대적'이라는 새로 등장한 개념에 완벽한 포장지를 제공했다.

하지만 데카르트는 마지막 진술을 하지 못했다. 그의 원고에서 잉크가 말라가는 동안, 그는 자신의 작업에서 근본적 오류들을 지적하는 동시대 사람들의 공격을 받게 되었다. 그리고 그후 400년이 넘도록, 과학 연구가 발전하면서 생명과 물질이 실제로 어떻게 움직이는지에 대해 데카르트가 틀렸을 뿐 아니라, 핵심적 측면들에서 애니미즘 사상이 더욱 타당하다는 점을 밝혀냈다.

*

데카르트에 대한 반격은 바뤼흐 스피노자라는 이름의 용감한 네덜란드 철학자로부터 시작되었다. 스피노자는 데카르트가 막 유명인이 되었던 1600년대에 암스테르담의 유대인 가정에서 자랐다. 당시의 지배층이 데카르트의 이원론에 경도되어 있었음에도, 스피노자는 이를 신봉하지 않았다.

그는 오히려 완전히 정반대의 시각을 취했다. 스피노자는 우주가 하나의 궁극적 원인으로부터 출현했음이 분명하다고 주장했다. 오늘날 우리가 빅뱅이라고 인식하고 있는 것 말이다. 일단 이 사실을 받아들인다면, 신과 영혼, 인간과 자연이 근본적으로 다른 종류의 독립체로 보일 수 있지만, 그들은 실제로 하나의 거대한 현실grand Reality, 즉 하나의 실체에 의해 지배되는 다른 측면들이라는 것 역시 인정해야 한다고 스피노자는 주장했다. 그의 주장은 우리가 세계에 대해 사고하는 방식에 급진적인 함의를 갖는다. 이는 신이 궁극적으로 '창조'로서 동일한 실체 속에 참여함을 의미한다. 인간이 자연으로서 동일한 실체 속에 참여함을 의미한다. 마음과 영혼이 물질로서 동일한 실체임을 의미한다. 실제로 모든 것이 물질이고, 모든 것이 마음이며, 모든 것이 신이라는 것을 의미한다.

이런 사상들은 당대에는 이단적이었다. 영혼이 없다고? 초월적인 신이 없다고? 스피노자의 가르침은 종교적 교의의 핵심을 흔들었고, 자연과 노동의 착취를 둘러싼 도덕적 난제를 공공연히 파고드는 위협이었다. 자연이 궁극적으로 신과 동일한 실체라면, 인간이 자연을 지배해야 한다고 주장하기 어렵게 된다.[9]

반격은 빠르고도 가혹했다. 스피노자는 당시의 기성 사고 중에서도 지배적인 이데올로기와 충돌했고, 야만적 박해의 칼날 앞에 서야 했다. 암스테르담의 유대교단은 그에게 가장 엄한 **파문**을 선언했고, 그를 공동체에서 내쫓았다. 교회 기관도 그를 내쳤을 뿐 아니라, 가톨릭교회는 그의 저작을 금서 **목록**으로 지정하기까지 했다. 스피노자의 가족도 그에게 등을 돌렸고, 그는 거리에서 피습을 당하기도 했다. 유대교 회당 계단에서 그를 찌른 사람은 "이단자!"라고 외쳤다. 하지만 그 어떤 것도 스피노자를 단념시키지 못했다. 그는 피습당했을 때 찢어진 망토를 저항의 상징으로 계속 입고 다녔다.

*

유럽은 갈림길에 직면했다. 그들에게는 두가지 선택지가 있었다. 데카르트의 길과 스피노자의 길. 교회와 자본의 든든한 뒷배 덕분에 데카르트의 관점이 승리를 거두었다. 이는 지배계급 세력에게 정당성을 부여했고, 그들이 세계에 하던 일을 정당화했다. 결과적으로, 오늘날 우리는 이원론의 전제에 의해 형성된 문화 속에서 살고 있다. 하지만 다를 수도 있었다. 나는 만약 스피노자의 시각이 지지를 얻었더라면 어떻게 달라졌을까를 자주 생각해 본다. 그랬다면 우리의 윤리를 어떻게 형성했을까? 우리의 경제학은? 아마도 생태계 붕괴라는 악몽과는 맞닥뜨리지 않았을지도 모르겠다.

이 이야기의 정말 놀라운 점은, 이후 수세기가 지나면서 과학자들이 스피노자의 주장들 중 다수를 옳다고 인정했다는 것이다. 그들은 마음과 물질 사이에 어떤 근본적인 구별도 실제 존재하지 않음을 확인했다. 다른 모든 것과 마찬가지로, 마음은 물질의 집합체assemblage다. 그들은 인간과 비인간 존재들 사이에 아무런 근본적인 차이가 없음을 확인했다. 인간과 비인간들은 이전의 동일한 생물들로부터 진화했다. 그리고 그들은 우주의 모든 것이 궁극적으로 동일한 물리학에 의해 지배받는 것을 확인했다. 물론 아직 물리학으로 모든 것을 설명할 수는 없지만 말이다. 아이러니하게도 한때는 계몽주의 과학의 정점에 있는 것으로 여겨졌던 학파인 이원론이 과학 자체의 손에 의해 참혹한 패배를 겪고 말았다. 실제로 지금은 판도가 바뀌었다. 이제 스피노자는 현대 유럽 철학에서 최고의 사상가 중 한명으로서 정식으로 인정되며, 과학사에서 중요한 인물로 찬양받고 있다.

하지만 과학이 이원론을 탈피했다 치더라도, 세계에 관한 데카르트의 전제들 중 일부는 여전히 자리를 차지하고 있다. 오늘날에도 서구 사회의 대다수 사람들은 인간이 나머지 자연으로부터 근본적으로 따로 존재한다고 믿는다. 이 믿음을 정당화하기 위해 종교인들은 영혼이라는 관념에 일부 기대기도 한다. 신학자들은 영혼이 지성 또는 의식과 관련 있는 무엇이라고 주장할 것이다. 인간만이 내재적 자아를 가지며 세계를 반영하는 능력을 지녔다고, 이것이 우리를 다른 존재들보다 우월하도록 만든다고 그들은 말할 것이다. 인간만이 실제 주체이며, 다른 존재들은 우리의 영역에서 '객체'로서, 유전자 코드에 따라 삶을 기계적으로 전개한다고 말이다. 400년이 지났는데도 우리는 여전히 데카르트를 리트윗하고 있다.

20세기 중반부터, 에드문트 후설, 모리스 메를로퐁티 같은 철학자들은 이러한 일상의 전제들에 의문을 제기하며 현상학이라 불리는 새로운 틀을 사용하기 시작했다. 그들은 인간의 의식, 즉 자아는 어떤 추상적이며 초월적인 마음속에 존재할 수 없다고 지적했다. 모든 의식은 현상의 경험으로부터 나오며, 경험은 신체에 근본적으로 의존한다. 우리가 아는 모든 것과 우리가 생각하는 모든 것, 우리의 실제 자아의식 자체는 세계 속에서 체화된 경험으로부터 나온다. 철학자 데이비드 에이브럼은 이를 시적인 언어로 이렇게 표현한다.

육체 없이는, 혀와 귀가 없이는, 당신은 말할 수도 다른 사람의 목소리를 들을 수도 없습니다. 무엇에 대해 말할 것도, 성찰할 것도, 생각할 것도 없습니다. 어떤 접촉이나 조우가 없다면, 어떤 미세한 감각적 경험이 없다면, 질문할 것도 알아야 할 것도 없을 테니까요. 그러므로 살아 있는 육체는 곧 접촉의 가능성입니다. 다른 것들뿐 아니라 스스로에게도. 바로 성찰, 사고, 지식의 가능성 말입니다.[10]

물론 이미 자신의 육체에 대해 너무나 잘 알고 있는 사람들에게는 어느 것도 특별히 놀라울 게 없었다. 들판이나 공장에서든 아니면 집에서든, 생계를 위해 때때로 고단한 육체노동에 의존해야 했던 사람들, 특히 여성들에게는 말이다. 하지만 현상학의 발흥은 유럽의 엘리트 남성들이, 그들이 단지 통 속의 이성*이 아니라 육체를 가지고 있음을 발견한 기점이었다. 현상학은 마음-육체의 구분을 완전히 붕괴시켰다.

일단 이를 받아들이고 나면, 우리 경험의 영역을 채우는 다른 '현상들'을 인식하는 것은 어려운 일이 아니게 된다. 인간뿐 아니라 식물과 동물들까지, 우리와 함께하는 다른 존재들 역시 주체적인 경험을 한다. 그들은 우리처럼 세계를 느끼고, 세계에 참여하고 반응하며, 또 형성해가는 육체들이다. 실제로 우리가 그들의 세계를 함께 창조하는 것처럼, 우리에게 스스로를 드러내는 세계는 다른 주체들이 함께 창조한 것이다. 우리 모두는 세상을 알게 해주는 감각적인 인식의 춤사위, 끊임없는 대화를 통해 다른 존재들과 만난다.

이런 방식으로 생각하게 되면, 주체-객체의 거리가 갑자기 사라진다. 후설은 경험의 우주는 주체-객체 관계로 정의되지 않는다고 주장했다. 차라리 그것은 집단적으로 생산되는 상호 주관성의 영역이다. 우리가 알고 있는 모든 것, 생각하는 모든 것, 우리가 존재하는 모든 형태는 다른 주체들과의 상호작용에 의해 형성된다.

현상학으로부터 얻어진 이런 통찰들이 우리를 애니미스트들이

---

* 미국의 철학자 힐러리 퍼트넘이 사고실험으로 발전시킨 '통 속의 뇌'(brain in a vat) 이론을 말한다. 인위적으로 영양분을 공급받아 작동을 유지하는 통 속의 뇌는 자신이 움직이고 경험을 한다고 착각하게 된다는 것인데, 데카르트의 회의론을 현대적으로 풀이한 것으로 볼 수 있다.

오랫동안 해온 주장과 놀랍도록 가깝게 만들어준다. 인간을 특별하게 만드는 것이 주체들이라는 사실을 믿는 것에서 출발한다면, 비인간 존재들 역시 주체들이라고 깨닫는 순간 완전히 새로운 지형에 들어서게 된다. 갑자기 개별 존재가 뻗어나가는 경계가 인간 공동체를 훨씬 넘어서 비인간 타자들을 포괄하게 되는 것이다.

*

내가 여기서 서구 철학자들을 언급한 것은 서구 철학 자체에서조차 소수파의 반대의견minority reports이 언제나 있었다는 것을 보여주기 위해서일 뿐이다. 이러한 사상들은 발전했고 실천되었으며, 무엇보다 데카르트적 전제들에 얽매이지 않았던 원주민 사상가들에 의해 거의 온전히 보존되었다. 괄카르케강을 지키다가 2016년에 암살당한 온두라스 활동가 베르타 카세레스, 2007년에 (결국 앨 고어에게 돌아갔지만) 노벨평화상 후보로 지명되었던 이누이트 지도자 실라 와트-클루티에, 브라질의 원주민 활동가이자 지도자인 아일톤 크레낙, 그리고 나에게 특별한 영향을 준 두 사람으로 알곤킨족 철학자이자 활동가 잭 D. 포브스와 포타와토미족 과학자이자 철학자 로빈 월 키머러를 언급하고자 한다.

이런 경이로운 사람들의 글을 읽다보면, 나는 언제나 이 책의 시작에서 언급한 에메 세제르를 떠올린다. 세제르는 식민화를 '물화'thingfication의 과정으로 설명했다. 살아 있는 존재들, 자연과 인간 모두가 합법적으로 착취될 수 있도록 객체가 되어야 했다. 물화는 저렴한 자연과 자본주의적 성장을 위한 길을 닦아주었다. 이런 역사를 감안한다면, 탈식민화의 모든 과정은 결국 탈물화dethingfication의 과정과 함께 시작되어야만 한다. 이것이 원주민 철학자들이 내게 가르쳐준 것이다. 우리는 다시 한번 살아 있는 존재들의 보다 넓은 공동체의 일부로서 스스로를 바라보는 법을 배워야 한다. 탈성장에 접근하는 마음 한가운데에 이런 윤리가 없다면, 우리는 요점을 놓치고 만 것이다.

두번째 과학혁명

20세기 후반으로 오면서 현상학은 유럽 철학의 심장부에 애니미스트의 원칙들을 다시 착근할 수 있었다. 과학이 재빨리 뒤를 따랐다. 지난 20여년 사이에 과학적 발견의 봇물이 터지면서 우리 스스로가 나머지 생명세계와의 관계를 인식하는 방식을 근본적으로 변화시키기 시작했다.

박테리아를 예로 들어보자. 수 세대 동안 우리는 박테리아가 나쁘다고 들어왔고, 철저히 봉쇄해야 할 것으로 여겼다. 항박테리아 비누와 화학 항균제로 무장했고, 우리가 세균이라 부르는 보이지 않는 작은 적들로부터 신체와 집, 음식을 깨끗하게 지키려 나섰다. 하지만 최근 몇년 사이 과학자들은 이런 초기의 오해들 중 다수를 집어던졌다.

우리의 소화관과 피부 등 신체 기관들은 수조개나 되는 미생물 존재들로 가득하며, 우리는 우리의 존재를 이런 작은 생물들에 의존한다는 것이 밝혀졌다. 소화기 박테리아는 음식물을 분해하여 우리가 이용할 수 있는 양분으로 바꿔줌으로써 소화에 핵심적 역할을 한다. 몸속 미생물은 우리의 면역 반응을 조절하는 데 도움을 준다. 또한 건강한 뇌의 작동에도 중요하다. 미생물이 신경 연결통로와 신경계 신호 메커니즘을 활성화하여 우리가 스트레스에 대응하며 불안과 우울을 예방하는 데 도움을 주고 정신 건강을 증진하기 때문이다. 미생물은 우리의 사회생활에까지 역할을 한다. 최근에 과학자들은 미생물을 제거한 생쥐가 반사회적으로 행동하는 것을 발견했고, 인간도 유사하리라고 예상했다.[11] 이런 사실들은 마음과 육체, 인간과 '자연' 사이의 어떤 분명한 구별도 완벽히 틀렸다는 것을 입증해준다. 이원론적 사고를 떠받치던 전제들이 과학 앞에서 허물어지고 있다.[12]

박테리아만 그런 것이 아니다. 박테리아의 숫자를 조절하는 파지phages처럼, 일부 바이러스들도 우리에게 이로운 것으로 드러났다.[13] 바이러스가 없다면 우리 신체 내의 박테리아 작용은 균형을 잃게 될 것이다.

당신의 몸을 구성하는 모든 세포를 계산해보면, '당신'에 속해 있는 것보다 다른 생명 형태에 속해 있는 것이 더 많다는 것을 발견하게 될 것이다.[14] 이 사실을 충분히 이해하면, 우리 자신을 생각하는 방식이 뒤집힌다. 우리가 함께 살고 있는 수조개의 다른 존재들과 쉽게 분리될 수 없다면, 그리고 그런 존재들과 우리가 신체적·정신적인 상태를 함께 관리하고 그들 없이는 우리가 존속할 수 없다면, 대체 자아란 무엇일까? 영국의 과학철학자 존 뒤프레가 말했듯이, "이런 발견들은 생물이 자급자족한다고 주장하기 어렵게 만들며, 심지어 생명체가 어디서 끝나고 어디서 시작되는지조차 분명하게 규정하기 어렵게 만든다."[15]

우리가 진화의 시간이라는 지평을 넘어 시야를 확장하면 이야기는 더욱 어려워진다. 인간은 두 배열의 DNA를 가지고 있는데, 하나는 각 세포의 핵에 들어 있고 다른 하나는 세포 속에 살고 있는 '세포 소기관'organelle인 미토콘드리아에 들어 있다. 생물학자들은 후자의 배열인 미토콘드리아 DNA가 과거 진화의 어떤 지점에서 우리 세포가 집어삼킨 박테리아로부터 왔을 것이라고 생각한다. 오늘날 세포 소기관들은 음식을 에너지로 변환하여 신체가 이용할 수 있도록 하는 등 인간의 생명에서 엄청나게 핵심적인 역할을 한다. 이는 정말 정신 차리기 어려운 내용이다. 우리의 가장 기본적인 대사 작용들, 심지어 우리 존재의 핵심을 구성하는 유전자 코드조차 다른 존재에 의존한다는 말이기 때문이다.

이 이야기는 심대한 함의를 갖는다. 옥스퍼드 대학의 다학제간 연합 미생물군 프로젝트와 함께 연구를 수행한 과학 연구팀은 박테리아와 관련한 발견이 우리 과학뿐 아니라 우리의 존재론에도 혁명이 될 수 있다고 말했다. "이전까지는 보이지 않던 미생물 형태를 우리 내부와 주변에서 포착할 수 있는 능력은 세계의 생물학적 구조와 인간의 위치를 다른 형태의 생명체와 비교하여 다시 생각할 수밖에 없게 만든다."

*

박테리아가 세계와 우리의 관계에 대한 사고에 혁명을 일으키고 있는 것처럼, 생물학자들은 나무와 숲에 관한 놀라운 발견들을 통해 우리가 식물에 대해 생각해온 방식을 뒤집고 있다.

우리는 나무를 볼 때, 본인을 개별자로 생각하는 것과 마찬가지로, 나무를 하나의 단일한 단위로 생각하는 경향이 있다. 하지만 생물학자들은 그렇게 간단하지 않다는 것을 알아냈다. 나무는 토양에 있는 특정한 균류들에 의존한다. 머리카락 굵기 구조의 균사들이 나무의 뿌리 속에 있는 세포들과 결합하여 균근mycorrhiza을 형성하는 것이다. 균류는 식물이 광합성을 통해 생산하는(다른 방식으로는 만들어질 수 없는) 당분의 일부를 얻는 이익을 취하고, 반면에 나무는 스스로 만들 수 없으나 생존에 필수적인 인과 질소 같은 요소들을 대가로 받는다.

호혜는 이런 오래된 관계 속의 쌍방에만 국한되지 않는다. 보이지 않는 균류 네트워크는 때로 매우 멀리 떨어진 다른 나무의 뿌리들을 연결시키며, 지하의 인터넷을 만들어 나무 사이를 소통하고, 에너지와 양분 그리고 치료까지 공유한다. 생태학자 로버트 맥팔레인은 이런 작동을 다음과 같이 설명한다.

예를 들어, 죽어가는 나무는 자신의 자원을 공동체에 이익이 되도록 내놓기도 하고, 짙은 그늘이 진 하층 식생대의 어린 묘목은 더 강한 이웃들로부터 여분의 자원을 받을 수도 있다. 더욱 놀라운 것은, 이 네트워크를 통해 식물들이 서로에게 경고를 보내주기도 한다는 점이다. 진딧물의 공격을 받은 식물은 가까이 있는 식물에게 진딧물이 오기 전에 방어 대응을 해야 한다고 알릴 수 있다. 한때는 식물들이 공기를 떠다니는 호르몬을 통해 비슷한 방식으로 지상에서 소통한다고 알려졌다. 하지만 그런 경고들이 균류 네트워크myco-net에 의해 보내질 때, 주고받는 것이 더 정확하다는 것이다.[16]

나무들은 협동한다. 나무들은 소통하고 공유한다. 동일한 종 사이에서뿐 아니라 종의 경계를 넘어선다. 미송과 자작나무는 서로를 먹인다. 나무만 그런 게 아니다. 우리는 한줌의 종을 제외한 모든 식물이 균근과 이런 동일한 관계를 갖는다는 것을 이제 알고 있다. 우리의 소화기 박테리아와 마찬가지로, 이런 발견들은 우리가 종들 사이의 경계에 대해 생각하는 방식에 도전을 제기한다. 한 나무는 정말 개별체일까? 정말 하나의 독립된 단위로 인식될 수 있을까? 아니면 더 넓은, 다종적 기관의 한 측면일까?

여기서 더 나아가야 할 부분이 있으니, 어쩌면 더 혁명적일지도 모르겠다. 브리티시컬럼비아 대학의 산림보전학과 교수 수잰 시마드 박사는 식물들 사이의 균근 네트워크가 인간이나 다른 동물들의 신경연결 네트워크처럼 작동한다고 주장했다. 균근 네트워크는 신경연결 네트워크와 놀랄 만큼 유사한 방식으로, 나무의 마디 사이에 정보를 흐르게 한다. 그리고 신경연결 네트워크가 동물에게 인지와 지능을 가능하게 하듯이, 균근 네트워크는 식물에 유사한 능력을 부여한다. 최근 연구는 균근 네트워크가, 인간의 신경연결이 그렇듯이, 전달·소통·협동을 촉진할 뿐 아니라 문제해결·학습·기억·의사결정까지도 촉진함을 보여준다.[17]

이런 표현들은 그저 비유적인 것이 아니다. 생태학자 모니카 갈리아노는 식물의 지능에 관한 파격적인 연구를 출간했는데, 식물들이 일어난 일을 기억하며 이에 따라 행동을 바꾼다는 것을 보여주었다. 말하자면, 식물이 학습한다는 것이다. 『포브스』와 가진 최근 인터뷰에서 그녀는 말했다. "나의 작업은 결코 비유가 아닙니다. 제가 학습이라고 말할 때 그건 학습을 의미하는 거예요. 제가 기억이라고 말할 때 그건 기억을 의미합니다."[18]

실제로 식물들은 새로운 도전을 만나고 주변의 변화하는 세계에 관한 메시지를 받아 적극적으로 행동을 바꾼다. 식물들은 감각한다. 식물들은 보고, 듣고, 느끼고, 냄새 맡으며, 이에 따라 반응한다.[19] 덩굴 식물이 자라는 모습을 담은 저속촬영 사진을 본 적이 있다면, 이것이 어떻게 작동하는지 이해할 것이다. 덩굴은 자동기계가 아니다. 그것은 감각하고, 움직이고, 균형을 잡으며, 문제를 해결하여, 새로운 영역을 어떻게 탐험해나갈지를 알아가려고 노력한다.

우리가 더 많이 알게 될수록, 모든 것이 낯설어진다(혹은 아마 더 친숙해진다). 시마드의 작업은 균근 네트워크를 통해 나무가 이웃들을 인지할 수 있음을 보여준다. 나이 든 '엄마' 나무들은 자신의 씨앗에서 자란 가까운 어린 나무들을 식별하며, 이런 정보를 스트레스 상황에서 자원을 배분하는 방식을 결정하는 데 활용한다. 시마드는 식물이 동물과는 다른 방식으로 어떻게 트라우마에 '감정적' 대응을 갖는지도 설명한다. 칼질을 당한 후, 진딧물의 공격을 받을 때, 식물의 세로토닌 수치가 변화하며(그렇다, 식물은 동물의 신경 시스템에 공통적인 다수의 신경화학물질과 더불어 세로토닌을 갖고 있다), 그래서 다른 이웃들에게 비상 신호를 뿜어내기 시작한다.

물론 이 모든 이야기가 식물의 지능이 동물의 것과 완전히 같다는 말은 아니다. 실제로 과학자들은 우리가 끊임없이 어떤 종

의 지능을 다른 종과 비교하려는 조급함이 정말 문제라고 경고한
다. 지능의 단순 비교는 다른 유형의 지능이 어떻게 작동하는지
를 이해하지 못하게 만들고 만다. 뇌에 대한 탐구로 출발해서는
4억 5000만년 동안 땅을 통해 맥박을 전하고 우리 발밑에서 진화
한 균근을 결코 알아차릴 수 없을 것이다.

이러한 연구는 단지 시작점일 뿐이며, 그것이 어디를 향할지
우리는 알 수 없다. 하지만 시마드는 이것이 완전히 새로운 게 아
니라는 점을 조심스레 지적한다.

당신이 코스트 샐리시와 북미 서부 해변을 따라 거주하는 원주민
들의 오랜 가르침에 대해 들어보셨다면, 그들은 〔이런 통찰에 대해〕
이미 알고 있습니다. 글 속에도 있고 구전되는 역사 속에도 있죠. 어머
니 나무라는 생각은 오래전부터 거기에 있었어요. 균류 네트워크, 숲
전체를 건강하고 생기 있게 만드는 땅 밑의 네트워크도 거기 있죠. 식
물들이 상호작용하고 서로 소통한다는 것 역시 전부 거기 있어요. 그
들은 나무를 나무 사람이라고 부르는 데 익숙했습니다. (…) 서구의
과학이 한동안 그곳의 문을 닫아걸었지만 이제 우리는 돌아가려 하는
중입니다.[20]

*

나무는 나무들끼리만 연결하는 게 아니다. 나무는 우리와도 연
결되어 있다. 지난 수년 동안, 인간-나무 관계성에 대한 연구에서

아주 놀라운 결과들이 밝혀졌다.

일본의 한 연구팀은 일본 전역에 있는 수백명의 사람들을 대상으로 실험을 수행했다. 그들은 참가자의 절반에게는 숲속을 15분간 걷게 하고, 나머지 절반은 도시 환경 속을 걷게 한 다음, 그들의 감정 상태를 측정했다. 모든 경우에서 숲을 걸었던 이들이 도시를 걸었던 이들에 비해 확실한 감정 향상을 경험했으며, 이에 더하여 긴장·불안·분노·적대감·우울·피로가 하락했다.[21] 효과는 직접적이고도 확실했다.

나무는 우리의 행동에도 영향을 준다. 연구자들은 나무 주변에서 시간을 보내는 것이 사람들을 더 협동적이고 친절하고 관대하게 만든다는 것을 발견했다. 나무는 세계에 대한 경외감과 호기심을 키우고, 그로 인해 우리가 다른 이들과 상호작용하는 방식을 바꾼다. 나무는 우리의 공격성과 무례함을 줄여준다. 시카고·볼티모어·밴쿠버에서 진행된 연구들은 사회경제적 지위나 다른 교란 요인들을 통제했을 때도, 키가 큰 나무들이 있는 마을일수록 폭행·강도·마약 같은 범죄 모두 상당히 적다는 것을 발견했다.[22] 나무가 우리를 보다 인간적으로 만들어주는 것이나 다름없다.

왜 이런 일이 벌어지는지 정확히는 모른다. 단지 녹색 환경이 어떤 이유에서든 더 즐겁고 침착하게 해주기 때문일까? 폴란드에서의 연구는 그것만으로 설명되지 않는다는 걸 보여준다. 그들은 사람들을 겨울의 도시 숲에 15분간 서서 시간을 보내게 했다. 나뭇잎도 없고 녹색도 없으며 관목도 없고 그저 곧게 뻗은 벌거벗은 나무들뿐이었다. 아마도 그런 환경은 사람들의 기분에 긍정적인 영향을 미치더라도 최소한일 거라고 생각할지 모르지만, 그렇지 않았다. 벌거벗은 숲에 섰던 참가자들은 도시의 풍경 속에서 15분을 보낸 대조군과 비교하여 심리적·감정적 상태가 크게 향상되었다.[23]

단지 기분이나 행동만이 아니다. 나무는 우리의 신체적 건강에도 구체적이고 물질적인 측면에서 영향을 준다. 나무들 근처에서 살면 심혈관계 위험이 감소하는 것으로 드러났다.[24] 숲을 걸으면 혈압, 부신피질 호르몬 수치, 맥박, 스트레스와 불안을 나타내는 지표들을 낮추어주는 것으로 드러났다.[25] 중국 과학 연구팀의 연구는 더욱 흥미로운데, 그들은 만성질환을 가진 나이 든 환자들이 숲속에서 시간을 보낸 다음 면역 기능이 크게 향상되었음을 발견했다.[26] 확실히는 모르지만, 이는 나무들이 공기 중으로 내뿜는 화학적 화합물과 관련이 있을지도 모른다. 예를 들어 삼나무가 배출하는 향 입자들은 인간의 상당수의 면역세포 활동을 향상시키면서 스트레스 호르몬 수치를 낮추는 것으로 밝혀졌다.[27]

나무의 전반적인 이익을 양적으로 평가하려는 시도도 있었다. 캐나다의 과학자들은 나무가 심지어 상당한 액수의 돈보다 우리의 건강과 좋은 삶에 더욱 강력한 영향을 미친다는 것을 발견했다. 한 도시 블록에 나무가 열그루 더 많아지면 2만달러를 더 버는 것에 비교할 수 있을 만큼 심혈관질환 위험을 낮춘다. 나무가 많아지면 1만달러를 더 버는 것만큼, 중위소득이 1만달러 더 부유한 마을로 이사하는 것만큼, 그리고 7년이 더 젊어진 것만큼, 잘산다는 느낌을 향상시킨다.[28]

이러한 결과들은 경이롭다. 여기에는 과학자들도 여전히 이해하지 못하는 진정한 미스터리가 존재한다. 하지만 아마도 우리는 그렇게 놀라지 말아야 할지 모른다. 결국에 우리는 나무들과 수백만년을 함께 진화해왔다. 나무들과 DNA를 공유하고 있기까지 하다. 수많은 세대를 거치며, 우리가 우리의 건강과 행복을 다른 인간들에게 의지하는 것처럼 나무에게 의지하게 된 것이다. 우리는, 아주 현실적인 의미에서, 이웃들이다.

*

나무, 균류, 인간과 박테리아 사이의 놀라운 상호 의존성은 빙산의 끄트머리 조각에 불과하다. 생태학자들은 이런 것들을 말 그대로 모든 곳에서 찾아내고 있다. 지구에서 종들이 서로를 풍부하게 만드는 방식으로 상호작용하지 않는 생태계는 하나도 없다. 우리는 포식자와 피식자의 관계도 다시 생각하기 시작한다. 과거에는 이를 지배와 약탈의 문제로 보았다. '먹고 먹히는' '정글의 법칙' '죽거나 죽이거나' 등등. 사자가 사냥하는 장면을 본 적이 있다면 알겠지만, 포식의 순간들을 확대해 보면 그것들은 확실히 끔찍하다. 하지만 시야를 넓히면 뭔가 다른 일이 일어나고 있음이 뚜렷해진다. 포식은 균형과 평형에 관한 어떤 것으로 드러나기도 한다.

예를 들어 알래스카의 늑대는 순록의 개체 수를 억제해준다. 이를 통해 순록이 어린 나무를 너무 많이 뜯어먹지 못하게 하며,

이는 결국 숲이 자라고 번성하게 해준다. 숲은 침식을 막아주며, 토양을 건강하게 하고 맑은 강물이 흐르게 해준다. 좋은 토양은 열매와 유충을 키우고, 깨끗한 강은 물고기와 담수 생물들의 서식처를 제공한다. 물고기와 열매와 유충들은 다시 곰과 독수리를 먹여 살린다. 이러한 상호 의존은 생태계의 역량과 복원력을 키우고, 말 그대로 네트워크를 살찌운다. 하지만 지나친 쏠림 현상은 역으로 작용하기도 한다. 늑대가 멸종된 지역은 생태계 전체가 붕괴한다. 숲이 무너지고 토양이 침식되며 강물에 토사가 들어차고, 독수리와 곰도 사라진다.

이와 유사한 생태계의 역학 관계는 극지방뿐 아니라 모든 대륙의 모든 지역에서 설명된다. 혼자 존재하는 것은 없다. 개별성은 환상이다. 지구상의 생명체는 관계적 존재들이 서로 얽힌 그물망이다.

상호 의존의 원리는 전체 지구시스템 과정에서, 행성적 수준으로 작동한다는 증거까지 존재한다. 과학자들은 식물·동물·박테리아 생명체가 어떻게 땅·대기·해양과 함께 지구 표면의 온도부터 바다의 염분과 대기의 조성에 이르기까지 모든 것을 조절하는 방식으로 상호작용하는지를 알아왔다. 우리 지구는 서로 결합된 호혜관계로 이루어진 하나의 거대한 시스템이다. 영국의 과학자 제임스 러브록과 그의 미국인 동료 린 마굴리스는 인간의 신체가 기능적 균형 속에서 내부 체제를 유지하기 위해 자기조절하는 것과 마찬가지로, 생명을 위한 조건을 유지하는 방식으로 자동적으로 자기조절하는 하나의 거대 유기체로 지구를 설명했다. 이것이

가이아 가설인데, 그리스 신화 속 대지의 여신의 이름을 딴 것이다. 그리고 실제로 지구시스템과학과 생물지구화학에서 발견한 것들은 오래전부터 지구를 살아 있는 존재로, 심지어 어머니로 간주해온 이들에게는 놀라운 일이 아닐 것이다.

포스트 자본주의의 윤리

이 모든 것이 우리에게 의미하는 바가 무엇일까? 이러한 과학의 견지에서 우리는 어떻게 살아야 할까?

논의를 위하여, 식물에 관한 발견들로 돌아가보자. 식물의 지능에 관한 연구가 소셜미디어에 등장하기 시작했을 때, 모든 사람들이 이를 손쉽게 받아들인 것은 아니었다. 식물이 지능이 있다면, 아마도 일부 분산된 감각으로 의식마저 가지고 있다면, 곡물수확이 일종의 살해임이 분명하다는 사실을 어떻게 받아들여야 할까? 가구를 만들기 위해 나무를 베는 것이 한 가족을 해체함을 의미할 수도 있다면 우리는 어떻게 해야 할까? 이런 사고방식은 삶을 윤리적 문제로 가득 채워 실천을 불가능하게 만들고 말 것이다. 이런 난제는 많은 사람들이 과학 자체를 거부하는 것을 유일한 합리적 대응이라고 생각하게 만드므로 문제가 된다.

흥미롭게도, 이것이 아추아족, 취옹족, 다른 애니미스트 공동체들이 맞닥뜨린 바로 그 딜레마다. 아마도 우리는 그들이 세대를 거듭해 생각한 끝에 도달한 답에서 교훈을 얻을 수 있을 것이다. 그들은 곡물을 수확하거나 나무를 베어 넘어뜨리는 것, 심지어 사냥하고 동물을 먹는 것이 반드시 비윤리적인 것은 아니라고 말한다. 비윤리적인 것은 감사의 태도 없이, 호혜 없이 그렇게 하는 것이다. 비윤리적인 것은 당신이 필요한 것 이상으로, 당신이 되돌려줄 수 있는 것보다 많이 취하는 것이다. 비윤리적인 것은 착취, 추출, 그리고 아마도 가장 나쁜, 폐기다.

아추아족과 취옹족의 핵심 원칙이 호혜성이라는 점을 기억하자. 상호 의존의 관계 속에 당신이 존재하고 있음을 인정하는 것에서 출발해야 한다. 교환의 윤리는 우리가 독립적인 존재들과 함께한다는 인식으로부터 시작되어야 한다고 로빈 월 키머러는 주장한다. 우리의 존중을 받을 자격이 있는 사람들과의 관계 말이다. 키머러는 우리가 할머니로부터 건강한 음식, 집에서 요리한 음식을 제공받을 때와 동일한 돌봄과 배려, 감사의 태도를 가지고 생명세계로부터 식량과 물질을 받아야 한다고 지적한다. 우리가 받는 것을 권리로서가 아니라 선물로 간주해야 한다.[29]

이는 단지 '고마워'라고 소곤소곤 말하고 우리 삶을 이어가자는 얘기가 아니다(물론 이런 간단한 행동을 함으로써 우리가 생명세계와 상호작용하는 방식을 크게 바꿀 수 있기는 하다). 여기서는 그 이상을 의미한다. 선물에서 중요한 것은 우리를 자기절제의 위치에 둔다는 것이다. 이때 우리는 필요한 것 이상을, 다른 이들이 공유할 수 있는 것 이상을 취하지 않도록 유의해야 한다. 이는 본질적으로 보호의 가치이며, 초과의 수준을 넘어 소비에 광분하는 문화의 맥락에서라면 일종의 급진적 행동이다. 어떤 인류학자는 선물이 우리를 호혜적 교환의 장기 계약에 묶어둘 수 있다고 말해줄 것이다.[30] 선물은 우리가 무엇을 답례로 줄 수 있을지를 생각하게 만든다. 선물은 돌고 돈다. 당신이 누군가에게서 선물을 받는다면, 그에게 무언가를 돌려줄 기회가 있을 때까지는 다른 선물을 받지 않으려 할 것이다. 이런 의미에서, 선물의 논리는 확실히 생태적이다. 평형과 균형에 관한 것이다. 실제로 생태계가 스스로를 유지하는 방식이기도 하다.

이 모든 것은 자본주의의 논리와 **정확히** 충돌한다. 자본주의는 궁극적으로 전체를 아우르는 하나의 원칙에 의존한다. 당신이 돌려주는 것보다 더 많이 취할 것. 우리는 인클로저를 시작으로 식민주의에 이르기까지, 500년간 이런 논리가 작동하는 것을 목격했다. 잉여를 축적하기 위해서는 자연과 신체로부터 보상되지 않는 가치를 뽑아내야만 하며, 자연과 신체는 객체화되고 '외부의 것'이 되어야 한다.

그렇다면 우리가 식물과 동물 그리고 생태계와 맺고 있는 개별적 상호작용을 넘어 호혜의 원칙을 확장한다는 것의 의미는 무엇일까? 전체 경제체제가 호혜의 규칙에 의해 지배된다는 의미는 무엇일까? 흥미롭게도, 생태경제학자들은 이미 이런 방향으로 발걸음을 떼고 있다. 생태경제학의 핵심 원칙이 경제를 정상상태로 운영하는 것임을 기억하자. 재생가능한 것 이상을 추출하지 않고, 안전하게 흡수할 수 있는 것 이상을 폐기하지 않는다. 아추아족과 취옹족은 여기서 공명할 것들을 충분히 보여주었다.

그렇다면 진입의 문턱을 어떻게 알 수 있을까? 생태학자들이 나설 지점이 바로 여기다. 생태학은 시스템의 **부분들**을 이해할 뿐아니라, 부분들이 보다 큰 전체 속에서 서로 어떻게 관계하는지를 탐구한다는 점에서, 과학의 독특한 분과다. 생태주의자들은 생태계의 건강을 이해하고 나아가 관리하는 데에 능숙하다. 그들은 어떤 결정적인 측면에서 주술사와 비슷하다. 생태학자들의 전문성이 대학의 훈련에서 나온 것이든 토양과의 오랜 접촉에서 얻어진 것이든 간에, 그들의 통찰력을 바탕으로 우리가 얼마나 많은 나무를 베어도 좋을지, 얼마나 많은 물고기를 잡아도 좋을지, 생태계의 균형을 허물지 않고 얼마나 채굴이 가능한지를 결정할 수 있으며, 이에 따라 제한선과 할당량을 설정할 수 있다.

물론 더 나아가, 피해를 최소화할 뿐 아니라 생태계를 적극적으로 재생하는 방법들로 전환할 수도 있다. 여기에 상호성 역할이 들어오며, 일이 특히 흥미롭게 되는 지점이다. 농업을 예로 들어보자. 현대화된 산업형 농업은 지평선 끝까지 한가지 작물만 펼쳐진 광대한 단작 위에서 이루어지며, 다른 모든 형태의 생명을 죽이도록 고안된 화학 살충제와 제조체가 투입된다. 미국 중서부의 항공사진을 봤다면, 어떤 모습인지 이해할 것이다. 자본주의 농업하에서 땅은 단기간에 추출을 최대화한다는 하나의 목표를 염두에 둔 전체주의 논리에 따라 재조직된다. 이런 접근은 풍부한 표토를 먼지로 만들고, 그 과정에서 엄청난 이산화탄소 기둥을 땅에서 배출하게 했다. 벌레와 새의 개체들이 사라지게 만들었고, 화학물질이 유출되어 전체 담수 생태계를 죽게 만들었다.

다행히도 다른 길이 있다. 버지니아부터 시리아까지, 용감무쌍한 농민들이 재생농업생태학ㅡregenerative agroecology이라 불리는 보다 총체적인 방법론을 실험하고 있다. 그들은 여러 종자를 함께 심어 회복력 있는 생태계를 조성하고, 퇴비·유기비료·윤작을 활용하여 토양의 생명과 비옥함을 회복한다. 재생농업 방법론이 적용된 지역들에서는 곡물 수확이 향상되고, 땅벌레들이 돌아왔으며, 곤충 개체 수가 회복되고 조류의 종들이 다시 늘어났다.[31] 그리고 아마도 죽은 땅이 회복되면서 막대한 양의 이산화탄소를 대기로부터 흡수하고 있다는 것이 가장 좋은 점이 아닐까 싶다. 실제로 과학자들은 우리가 기후 붕괴를 막을 기회를 가지려면 세계의 농장과 목초지 대부분에서 재생 방법론을 전개해야 한다고 생각한다. 이 방법은 이제까지의 어떤 인위적 탄소 포집 기술보다 더 효과적이다.

이것이 호혜성이 작동하는 모습이다. 당신이 받은 것만큼 되돌려줄 때, 생태계의 건강에 승수효과를 가져온다. 생태계는 스스로 다시 살아난다. 이런 일은 농업에서만 일어나는 게 아니다. 재생 접근은 임업과 어업에서도 발전되고 있으며, 많은 경우에 사람들은 원주민 공동체들과 남반구의 소농들이 오래전부터 이용해온 기술을 가져오고 있다.

재생 방법론이 장기적으로 곡물의 질과 토양 비옥도를 향상시킨다는 것을 보여주었음에도 불구하고 거대 농산업들은 이를 더디게 받아들여왔다. 왜일까? 그것이 시간과 노동을 필요로 하기 때문이다. 재생은 지역 생태계에 대한 친밀한 지식을 필요로 한다. 수십종의 특질과 행동, 그리고 그들이 어떻게 서로 상호작용하는지에 대한 이해를 필요로 한다. 당신이 농장을 공장이 아닌 생태계로 다룬다면, 농산업의 단기적 추출 논리에 반하는 땅과의 관계 맺기부터 시작해야 할 것이다.

*

어떤 공동체들은 이런 원칙들을 더욱 심오하게 밀어붙이고 있다. 생태계와의 호혜성을 고취할 뿐 아니라, 자연에게 법인격legal personhood의 권리를 부여하는 것이다. 이 말이 생경하게 들린다면, 우리가 이미 일부 비인간 존재들, 예컨대 기업에 사람의 지위를 부여했다는 점을 잠시 떠올려보기 바란다. 이는 축적을 생명 자체보다 우월한 지위에 두는 왜곡된 인격의 관점이다. 우리는 이 논리를 뒤집을 수 있다. 엑손과 페이스북에 인격을 주는 대신, 살아 있는 존재를 법적으로 인정할 수 있다. 미국 삼나무는 왜 안 되는가? 강이 안 될 이유가 있는가? 습지 전체는 어떤가?

지난 몇년 사이, 뉴질랜드에서 진행된 일련의 이례적인 법원 판결이 세계적 관심을 불러일으켰다. 2017년, 뉴질랜드에서 세번째로 긴 강이자 마오리족이 오랫동안 신성시했던 황가누이강에 법인격을 부여한다고 선포한 것이다. 황가누이강은 이제 '산에서부터 바다까지 개별적이고 살아 있는 전체'로 인정되며, 여기에는 물리적인 요소와 형이상학적인 요소가 모두 포함된다. 마오리족은 이를 위해 1870년부터 싸워왔다. 협상을 주도한 제러드 앨버트의 말에 따르면, "우리는 이 강을 조상으로 여기며 언제나 그래왔다." 단지 강뿐만이 아니다. 같은 해에, 법원은 이 섬의 서쪽 해안에 솟아 있는 타라나키산에 대해 유사한 법률적 입장을 발표했다. 그 몇해 전에는 테 우레웨라 국립공원이 법인체가 되었는데, 이는 국립공원이 더이상 국가 자산으로서 정부가 소유하는 것이 아니라 그 자체로서 소유된다 owned by itself 는 뜻이다.

뉴질랜드의 판결에 뒤이어, 인도의 갠지스강과 야무나강이 '살아 있는 사람에 부응하는 모든 권리, 의무와 책임'이라는 법적 권리를 부여받았다. 콜롬비아 대법원은 아마존강에 법적 권리를 부여했다. 더불어 인간이 피해를 당하면 기소할 수 있는 것과 동일한 방식으로 강에 위해를 끼치는 어떤 행동도 법적으로 기소될 수 있다.

일부 국가들은 여기서 더 나아갔다. 에콰도르의 2008년 헌법은 자연 자체의 권리를 '존재하며, 지속되고, 유지되며, 자신의 필수적인 순환을 재생할 수 있는' 것으로 명시했다. 2년 뒤에 볼리비아는 어머니 지구의 권리법을 통과시키면서, '어머니 지구는 서로 연결되고 서로 의존하고 보완하며, 공동의 운명을 공유하는 모든 생명 시스템과 살아 있는 존재의 개별적 공동체로 구성된 동적인 살아 있는 체계'임을 인정했다. 어떤 이들은 자연에 부여한 권리가 현실적이라기보다는 수사학일 뿐인 게 아닌가 하고 우려하지만, 그럼에도 불구하고 여기에는 많은 잠재력이 담겨 있다. 이런 권리는 강과 습지에 해를 끼칠 수 있는 거대 산업 프로젝트를 중지시키는 몇몇 성공적인 결과들을 낳는 데 이미 도움이 되었다.

이런 접근을 보다 더 넓게, 지구 전체를 포괄하도록 확장할 수 있을까? 어떤 이들은 그렇다고 생각한다. 원주민 공동체와 협력자들이 벌이는, 어머니 지구의 권리에 관한 세계 선언이 유엔 총회에서 공식적으로 채택되도록 하기 위한 운동이 있다. 선언의 초안에는 지구는 '생명권과 존재할 권리, 존중받을 권리, 자신의 생물적 역량을 재생하고 핵심적 순환과 과정을 지속할 권리'를 가져야 한다고 명시되어 있다. 또 한편에서는 탄소 순환, 질소 순환, 해류, 산림, 오존층 등 중요한 행성적 과정들이 생명의 조건을 유지하기 위해 보호되어야 함을 인정하는, '지구-시스템 거버넌스'라는 틀을 요청하는 과학자들의 운동이 성장하고 있다. 모든 과정들이 인간이 만든 경계를 넘나들기 때문에, 이들을 보호하려면 국가를 넘어서는 협력이 필요하다.

더 적은 것이 더 많은 것

이 모든 것은 엄청난 의식 전환의 시작을 나타낸다. 우리에게 인간 이상의 세계와 우리의 관계에 대한 새로운 사고방식을 열어준(또는 오래된 사고방식을 다시 보도록 해준) 듯이 보이는 생태 위기들이 있다. 위기는 우리를 문제의 핵심으로 직접 들어가게 한다. 결국 위기가 균열을 어떻게 치유하기 시작할 것인지에 대한 방향을 제시한다. 우리가 더 풍요롭고 더 비옥한 미래, 자본주의의 낡은 도그마들로부터 자유로우며 살아 있는 세계의 호혜성에 뿌리박은 미래를 상상할 수 있게 해준다.

생태 위기는 급진적인 정책 대응을 요구한다. 우리는 고소득 국가들이 과도한 에너지와 물질 사용 규모를 줄이도록 해야 한다. 재생에너지로 재빨리 전환하도록 해야 한다. 끊임없는 성장 대신 인간의 좋은 삶과 생태적 안정성을 중시하는 포스트 자본주의 경제로 전환하도록 해야 한다. 우리는 생명세계와 우리의 관계에 대한 새로운 사고방식이 필요하다. 어떻게 이 모든 것을 같이 이룰 수 있을까?

이 책을 시작할 때, 나는 탈성장을 핵심 프레임으로 쓰는 것을 우려했다. 탈성장은 결국 단지 첫걸음일 뿐이다. 하지만 우리가 지나온 여정을 생각해보면, 탈성장 또한 그 이상의 것인지도 모르겠다. 탈성장은 우리로 하여금 이 도전에 접근하는 길을 제공

한다. 탈성장은 땅과 사람 심지어 우리 마음의 탈식민화를 나타
낸다. 커먼즈의 인클로저 해체, 공공재의 탈상품화, 노동과 삶의
탈집약화를 나타낸다. 인간과 자연의 탈물화를, 그리고 생태 위
기의 가속화 중단을 나타낸다. 탈성장은 덜 취하는 과정으로부터
시작되지만 결국 가능성의 지평 전체를 열어젖힌다. 탈성장은 우
리를 결핍에서 풍요로, 추출에서 재생으로, 지배에서 호혜로, 외
로움과 분리에서 생명이 약동하는 세계와의 연결로 데려다준다.

결국 우리가 '경제'라고 부르는 것은 우리가 서로와 맺는, 그리
고 생명세계의 나머지와 맺는 물질적 관계다. 우리는 스스로에게
물어야 한다. 이 관계가 어떠하기를 바라는가? 지배와 추출의 관
계이기를 바라는가 아니면 호혜와 돌봄의 관계이기를 바라는가?

*

내가 이 책을 쓰고 있는 런던의 방 창밖에는 나무 한그루가 서
있다. 거대한 밤나무인데 땅에 단단히 뿌리박은 채 거의 5층 높이
까지 넉넉한 가지를 드리운다. 이 종은 대략 8000만년간 존재해왔
고, 지난 대멸종에서 어떻게든 살아남았다. 이 특별한 나무는 오
백살로 오랜 세월 동안 파괴된 고대의 숲의 한 끄트머리다. 나무
는 이 책의 페이지마다 내가 설명한 모든 이야기를 선 채로 지켜
보았다. 인클로저가 시작되기도 전부터 여기 있었고, 그때 뿌리가
존속시킨 땅은 특별한 이름이 없어도 여전히 커먼즈로 남아 있
다. 초창기 식민지 침탈이 항해를 시작할 때도 나무는 여기에 있

었다. 나무는 흐르는 계절을 따라, 산업 부문에서 배출된 탄소가 하늘로 쏟아지는 것을, 기온이 올라가는 것을, 자신의 잎사귀 사이에 사는 곤충과 새들이 점차 사라지는 것을 지켜보았다.

나는 가끔 이 장대한 거인이 우리의 생애 동안, 그리고 그 뒤를 이을 미래 세대들의 생애 동안, 앞으로 수십년 수백년 동안 무엇을 지켜보게 될지 궁금해진다. 이야기의 나머지는 어떻게 전개될까? 우리가 용기를 낼 수 있다면, 다른 미래를 써내려갈 힘은 우리 안에 있다. 우리에게는 잃게 될 모든 것과 얻을 수 있는 세계가 있다.

부처님의 이 이야기는 경고였다고 한다. 한 부부가 아이들만 데리고 사막을 건너고 있었다. 식량은 떨어지고 배고픔이 더해갔다. 하지만 목적지에 도달하려는 갈망 때문에 그들은 경로를 바꾸지 않았다. 정신이 혼미해졌는지 부부는 아이들을 죽여서 먹기로 했다. 마침내 사막의 반대편에 도착했지만 목적지는 매력 없는, 정말 보잘것없는 곳이었다. 그들은 슬픔과 비탄으로 무너져버렸다.

우리가 여기서 하고 있는 게 무엇인가? 우리는 어디로 가고 있는가? 무엇을 위해서인가? 인간 존재의 목적은 대체 무엇인가? 성장주의는 잠시 멈춰 이런 질문들을 생각해보는 것을 허락하지 않는다. 우리 사회가 진정으로 성취하고자 하는 것이 무엇인지를 생각하지 못하게 한다. 실제로 성장에 대한 추종은 생각 자체를 대신하게 되었다. 우리의 정신은 혼미해져 있다. 우리는 아무

생각 없이, 우리가 무엇을 하고 있는지 모른 채, 우리 주변에 무슨 일이 일어나고 있는지 모른 채, 우리가 무엇을 희생하고 있는지 모른 채… 우리가 **누구를** 희생시키는지 모른 채, 그저 묵묵히 나아가고 있다.[1]

탈성장은 혼미 상태로부터 우리를 흔들어 깨우는 아이디어다. "앉아라, 조용히, 그리고 들어라." 시인 루미의 구절 중 하나다. "당신은 취했고, 우리는 지붕의 끄트머리에 있기 때문이다."

탈성장은 자발적으로 비참한 삶을 살거나 인간의 잠재력에 가혹한 제한을 가하는 이야기가 아니다. 오히려 정반대의 것을 의미한다. 번영에 관한, 그리고 우리가 여기서 왜 이러고 있는지에 관한 보다 높은 수준의 의식에 도달하는 이야기다.

하지만 혼미 상태는 강력하다. 여기서 벗어나려면 우리 마음에 깊이 파인 구덩이들과, 우리 문화에 틈틈이 박힌 전제들과, 우리 정치를 형성한 이데올로기로부터 벗어나야 한다. 그건 쉬운 일이 아니다. 용기와 훈련을 필요로 한다. 내게 있어 그것은 긴 여행이었고, 여전히 갈 길이 멀다는 걸 나는 안다. 그리고 이 길을 가는 걸음마다, 나를 구덩이에서 끌어올려주고 나에게 세계를 바라보는 새로운 방식을 열어준 멋진 동료 여행자들에게 의지할 수 있었다.

내가 개인적 대화에서 커다란 도움을 받았고, 때로는 협력할 수 있었던 이들에게 감사한다. 요르고스 칼리스, 케이트 레이워스, 대니얼 오닐, 줄리아 스타인버거, 존 벨러미 포스터, 이안 고프, 아제이 초드하리, 글렌 피터스, 이완 매거헤이, 아사드 레만,

베프 스킥스, 데이비드 그레이버, 샘 블리스, 리카르도 마스터니, 제이슨 허슈, 페데리코 드 마리아, 피터 빅터, 앤 페티포, 로렌초 피오라몬티, 피터 리프먼, 후안 마르티네스-알리에, 마틴 커크, 알누어 라다, 후자이파 줌카왈라, 패트릭 본드, 루퍼트 리드, 프레드 데이먼, 웬드 마셜, 페데리코 크루즈, 룰즈 팀, 그리고 『가디언』과 『포린 폴리시』의 편집자들, 『알 자지라』를 비롯한 내가 이 책에 등장하는 아이디어들을 처음 선보였던 여러 매체들, 그리고 당연히 빠트릴 수 없는 내 대리인 조 로스, 톰 에이버리, 펭귄 출판사의 편집자, 그는 이 아이디어에 기꺼이 무대를 제공해주었다.

또한 나는 여러 사람들의 저작에서 배우고 또 영감을 얻었다. 실비아 페데리치, 제이슨 무어, 라지 파텔, 안드레아스 말름, 나오미 클라인, 케빈 앤더슨, 팀 잭슨, 줄리엣 쇼어, 반다나 시바, 아르투로 에스코바, 조지 몬비오, 허먼 데일리, 케이트 아로노프, 로버트 맥팔레인, 압둘라 오잘란, 아리엘 살러, 데이비드 월리스-웰스, 니모 배시, 로빈 월 키머러, 티머시 모턴, 대니얼 퀸, 캐럴린 머천트, 비제이 프라샤드, 데이비드 하비, 마리아 미스, 구스타보 에스테바, 앙드레 고르즈, 세르주 라투슈, 빌 매키빈, 잭 D. 포브스, 필리프 데스콜라, 데이비드 에이브럼스, 코피 클루, 브뤼노 라투르, 수잰 시마드, 머레이 북친, 그리고 어슐러 르 귄 같은 이들이다. 그들의 작업들은 여정 내내 이정표가 되어주었다.

하지만 이 리스트는 겨우 표면만 약간 파 보인 정도일 뿐이다. 나의 기초와 방향에 대해, 거듭거듭 내 스스로가 돌아가고 있음을 발견한 위대한 인물들의 말과 삶이 있다는 점을 빠트릴 수 없겠다. 에메 세제르, 프란츠 파농, 토마 상카라, 베르타 카세리스, 마하트마 간디, 파트리스 루뭄바, 사미르 아민. 선배인 그들이 나를 이끌었다.

또한 나는 런던 정경대학, 바르셀로나 자치대학, 슈마허 칼리지, 골드스미스 등에서 가르칠 때 함께할 수 있었던 학생들에게도 감사한다. 나는 여러 강의실에서 내 지평을 확장시켜주고 내게 생각하고 말하는 새로운 방식들을 알려준 이들을 만났다.

나는 코로나바이러스의 봉쇄가 지속되는 런던에서 이 책을 마무리했다. 나는 언제나 이때를 낯설고 기괴한 시기로 기억하게 될 것이다. 우리 모두는 경제의 어떤 부분들이 정말로 중요한지를 갑자기 깨닫게 되었다. 그리고 우리가 가장 의존하는 것이 누구의 일자리인지도. 내게 있어서 이는 너무도 명료한 것이었다. 나의 반려자 구디는 영국 국민건강보험NHS에서 일하는 의사다. 초반 몇주간 나는 그녀가 매일 아침 현관을 걸어 나가 흡사 전장으로 향하는 것 같은 모습을 보면서 그저 아무 일이 없기를 바랄 뿐이었다. 그리고 그녀는 나의 일보다 훨씬 막중한 일을 하느라 저녁마다 녹초가 되어 돌아왔지만, 그러면서도 내 초고 읽기를 마다하지 않았다.

우리는 운동 시간을 산책하며 보냈고, 걸으면서 그녀는 내가 생각과 주장을 날카롭게 다듬고 적절한 표현을 찾도록 도와주었다. 그러는 동안 우리는 회색빛 겨울이 부드러운 잎사귀와 꽃으로 가득한 봄으로 바뀌는 것을 보았다. 이 책은, 특히 마지막 장은, 그녀와 함께한 지적 여정의 반영이다. 나는 그녀의 지혜, 통찰, 우정, 그리고 우리 문화의 구석구석을 꿰뚫는 무한한 능력에 대해 끝없이 감사할 따름이다.

2012년 초에 구디와 나는 런던 정경대학에서 열린 폴 크루그먼의 공개 강의에 참석했다. 대불황이 닥친 시기였고, 크루그먼은 미국이 성장을 회복하기 위해 대규모 정부 부양책이 필요하다고 주장했다. 집으로 걸어오는 길에, 많은 나라들이 더 적은 걸 가지고도 정말 중요한 모든 지표에서 더 잘하고 있는 때에, 세계에서 가장 부유한 나라 중 하나인 미국이 정말 더 많은 GDP가 필요한 것인지 의아하다고 구디는 말했다. 고소득 경제가 정말 계속해서, 영원히 성장할 필요가 있는 걸까? 어떤 목표를 향해서? 나는 상투적인 말들을 총동원해서 답변했다. 건강한 경제와 기타 모든 것에 성장이 얼마나 중요한가 등등 말이다. 하지만 이 질문은 나를 불편하게 했다. 지금도 나는, 그뒤에 이어진 침묵 동안, 내 스스로 생각하지 않고 그저 내가 들은 말을 반복하고 있을 뿐이라는 것을 알아차렸음을 기억한다. 그날의 대화는 이 책으로 이어진 8년 여정의 시작이었다.

질문보다 더 강력한 것은 없다.

기후위기 너머의 미래를 상상하기

2019년 9월은 전세계적으로 기후운동의 물결이 한껏 고조된 때로 기록된다. 기후위기 앞에서 입에 발린 말과 책임 미루기를 반복하는 유엔과 각국 정부를 더이상 믿을 수 없다고 선언한 청년들이 거리로 몰려나왔다. 안토니오 구테흐스 유엔 사무총장이 소집한 뉴욕의 기후정상회의에 태양광 요트를 타고 도착한 그레타 툰베리의 연설은 명료하면서도 절절했다. 툰베리는 "어떻게 감히" 기후위기의 진실 앞에 이렇게 안일할 수 있느냐며 기성세대와 체제를 질타했다. 그리고 "우리는 대멸종의 시작점에 있지만, 당신들이 하는 이야기는 오로지 끝없는 경제성장이라는 '동화'뿐"이라며 정곡을 찔렀다. 과학적 진실 앞에 정직할 것을 요구하는 그는 지금과 같은 성장과 이윤 추구가 기후위기 대응과 절대로 양립할 수 없다는 진실을 우리가 받아들여야 한다고 말한 것이다.

그러나 진실은 여전히 외면당하거나 기만당하고 있다. 지구온 난화의 티핑 포인트를 막으려면 최소한 2050년까지 탄소중립을 이루어야 한다는 국제적 합의가 있지만, 우리 정부와 사회는 감히 진실을 외면하고 있다. 영원한 성장이라는 동화에서 빠져나오지 못하고 있기 때문이다. 한국에서 지난 5월 말 출범한 '2050 탄소중립위원회'가 8월 초에 공개한 2050년 탄소중립 시나리오들도 이런 상황을 그대로 드러낸다. 세개의 시나리오 모두 탄소중립의 미래상을 제대로 보여주지 못할뿐더러, 탄소포집·활용·저장^{CCUS} 같은 아직 존재하지도 않는 기술을 시나리오에 버젓이 포함하고 있어서 환경단체를 비롯한 시민사회의 비판을 받고 있다. 30년 뒤에도 우리가 계속 양적인 경제성장을 지속하고 따라서 에너지 소비가 줄어들지 않을 것이라는 가정 위에서 시나리오를 만들었기 때문이다.

다른 한편, 한국의 인구 감소 추세로 인해 2050년에는 성장 동력이 사라져서 암울한 미래가 전망된다는 보고가 주목을 받는다. 인구 감소는 충분히 예상할 수 있는 변화인데도 공포에 가까운 반응을 불러온다. 총생산과 소비의 일정한 감소 없이는 온실가스 감축이 불가능한 게 진실임에도 우리는 기후위기보다 성장의 종언을 훨씬 걱정하는 것이다. 어떻게든 성장은 지속되어야 한다. 그래야 기후위기에 대응할 신기술도 개발하고 재생에너지에 대한 투자도 늘리고 불평등과 피해도 줄일 수 있다. 그러나 감히, 그것을 진실이라고 말해도 좋을까?

한국에서도 경제성장과 GDP 증가의 당위성과 정당성에 의문을 제기하는 목소리가 없었던 것은 아니다. 지난해 안타깝게 우리 곁을 떠나신 『녹색평론』의 김종철 선생님은 성장과 시장 만능에서 헤어 나올 것을 누구보다 줄기차게 이야기했다. 그가 C. 더글러스 러미스의 『경제성장이 안 되면 우리는 풍요롭지 못할 것인가』(최성현·김종철 옮김, 녹색평론사 2002)를 소개한 게 2002년이었다. 이후 20년이 흘렀고 우리는 국민소득 3만달러 시대를 맞이했지만, 그만큼 우리의 행복이 향상되었거나 불평등이 완화되었다고 느끼는 이는 드물 것 같다. 지역과 계층 그리고 세대 간의 격차와 갈등은 더욱 커졌다. 물론, 온실가스 배출도 줄어들지 않았고 우리는 '기후 악당' 국가의 국민이 되었다.

GDP로 표상되는 양적 성장에 대한 집착, 시장과 기술에 대한 맹신은 상황을 악화시킬 뿐 아니라, 우리를 무력감에 빠뜨리고 대안이 없다고 믿게 만든다. 그러나 '탈성장'의 제안은 이런저런 평계와 낡은 전제들을 헤치고 지배체제의 자루를 뚫고 나오는 송곳처럼 말한다. 무엇이 잘못되었는지를 직시하면 해답은 분명하다고.

누군가는 기후위기가 자본주의 속에서는 해결될 수 없다고 말한다. 맞는 말이다. 그러나 그럼 어떻게 할 것인가? 탈성장은 자본주의를 극복해야 하는 이유와 극복하는 방법 모두를 알려준다. 착취와 낭비, 폭력이 없으면 성장할 수 없고 따라서 지탱조차 할 수 없는 자본주의의 모습을 폭로하고 잠식하며 대체하는 지역과 공동체의 많은 시도와 제안들이 있기 때문이다.

또 누군가는 탈성장이 원시시대까지는 아니더라도 중세시대 이전의 빈곤과 고통으로 퇴행하는 것이라고 생각한다. 탈성장은 노동자와 취약 집단 그리고 제3세계에 더 많은 피해를 가져올 것이며, 대중의 동의를 얻지 못할 것이라고 우려하는 것이다. 그러나 탈성장은 더 적은 생산과 소비로 더 많은 평등과 자유를 충분히 누릴 수 있음을 말한다. 그리고 이를 가로막는 것이 성장의 정언명령이라는 탈을 쓴 자본주의라는 사실을 더욱 분명히 밝혀준다.

전통적인 좌파 다수는 탈성장에 대해 여전히 회의적이거나 경계의 시선을 보낸다. 그러나 예컨대 마르크스주의의 대안과 탈성장 사이를 구별하고 간격을 벌리려 노력하는 것은 아둔한 짓이다. 프랑스의 조절이론가이자 녹색당 정치인인 알랭 리피에츠가 1993년에 프랑스어로 처음 출간했던 『녹색 희망』(박지현·허남혁 옮김, 이후 2002)의 부제는 "아직도 생태주의자가 되길 주저하는 좌파 친구들에게"였다. 이제는 한발 더 나아가야 할 때다. "아직도 탈성장을 말하길 주저하는 좌파 친구들에게" 탈성장의 상상력을 두려워할 필요가 없다고 말이다.

제이슨 히켈의 이 책은 탈성장에 대한 우리의 흔한 선입견을 하나씩 짚어주고, 두려움은커녕 신나는 상상이 가득한 경제와 정치 프로젝트가 가능하고 또 필요함을 알려준다. 분석과 비판에서 멈추지 않고 희망과 공감으로 우리의 마음을 따뜻하게 하고 뭔가 할 일을 찾고 싶어지게 만든다. 멸종반란의 외침이 너무도 긴급하지만, 히켈은 오랜 세월 정원을 지켜온 큰 나무와 교감하며 기후위기 너머의 미래를 바라보자고 말한다. 바꾸고 싶고, 만들고 싶은 게 많은 사람과 조직은 무엇보다도 강할 수 있으며, 결국 승리할 수 있다.

좋은 책에 더하여 그야말로 동지애가 담긴 한국어판 서문을 보내준 제이슨 히켈에게 감사와 연대의 뜻을 전한다. 그리고 번역 작업에 힘을 보탠 유보미님과 문장을 다듬고 책의 꼴을 갖추기 위해 수고하신 창비 편집진에게 감사드리는 것은 당연하다. 끝으로, 기후위기 앞에서 발 벗고 나선 모든 이들을 응원하며, 이 책이 우리 모두에게 힘이 되도록 읽히면 좋겠다.

2021년 8월
김현우·민정희

들어가며

1 Damian Carrington, "Warning of 'ecological Armageddon' after dramatic plunge in insect numbers," *Guardian*, 2017.

2 Patrick Barkham, "Europe faces 'biodiversity oblivion' after collapse in French birds, experts warn," *Guardian*, 2018.

3 IPBES, *Global Assessment Report on Biodiversity and Ecosystem Services*, 2019. 일부에서는 곤충 종의 40퍼센트 정도가 멸종위기에 있다고 평가한다. 이러한 주장에 대응하여 IPBES 보고서의 공동 좌장인 요제프 세텔러는 "우리가 세계적으로 평가한 것에서 40퍼센트는 너무 높고 10퍼센트는 너무 낮다. 하지만 이것은 범위이다"라고 말했다. Ajit Niranjan, "Insects are dying and nobody knows how fast," *DW*, 2020을 참조하라. 역사적으로 충분한 데이터가 부족하여 장기간의 변화를 다룬 평가는 어렵다. 생물량 추세는 요동칠 수도 있다. 한 연구에서는 영국에서 1967년부터 1982년까지 나방의 생물량이 증가했다는 사실을 발견했다. 다음 논문을 참조하라. Callum Macgregor et, al., "Moth biomass increases and decreases over 50 years in Britain," *Nature Ecology & Evolution* 3, 2019, pp. 1645~1649.

4 "Cry of cicadas," *Economist*, 2019.

5 Ben Guarino, "'Hyperalarming' study shows massive insect loss," *Washington Post*,

2018.

6 IPCC, *Special Report: Climate Change and Land*, 2018.

7 Robert Blakemore, "Critical decline of earthworms from organic origins under intensive, humic SOM-depleting agriculture," *Soil Systems* 2(2), 2018.

8 Global Commission on the Economy and Climate, "Food and Land Use," 2018.

9 Chris Arsenault, "Only 60 years of farming left if soil degradation continues," *Scientific American*, 2014.

10 Daniel Pauly and Dirk Zeller, "Catch reconstructions reveal that global marine fisheries catches are higher than reported and declining," *Nature Communications* 7, 2016.

11 Jonathan Watts, "Destruction of nature as dangerous as climate change, scientists warn," *Guardian*, 2018. 어떤 이는 감소한 어획량이 양식업을 통해 대체될 수 있으리라 희망한다. 하지만 그리 간단하지 않다. 양식 어류 1톤을 기르기 위해서는 트롤망으로 5톤 정도의 자연산 어류를 끌어올린 후 갈아서 사료로 만들어야 한다. 게다가 양식장에는 이미 해양 오염의 주요 원인인 약품과 화학 소독제를 많이 사용한다. John Vidal, "Salmon farming in crisis," *Guardian*, 2017을 참조하라.

12 우리는 1초마다 여섯개의 원자폭탄에 해당하는 열을 바다로 떨어뜨리는 상황에 이르렀다. Damian Carrington, "Global warming of oceans equivalent to an atomic bomb per second," *Guardian*, 2019.

13 해양 생물은 영양소를 해저에서 해수면으로 순환시키는 온도 차이에 의존한다. 바다가 따뜻해지면서 온도 차이가 없어지고 양분 순환이 정체되고 있다.

14 Damian Carrington, "Ocean acidification can cause mass extinctions, fossils reveal," *Guardian*, 2019.

15 Malin Pinsky et al., "Greater vulnerability to warming of marine versus terrestrial ectotherms," *Nature* 569(7754), 2019, pp. 108~111.

16 Bärbel Hönisch et al., "The geological record of ocean acidification," *Science* 335(6072), 2012, pp. 1058~1063. 산호초는 인간의 식량 시스템에 중요한 생물종을 비롯한 모든 해양 생물의 4분의 1을 지탱한다. 5억명의 사람들이 식량을 얻기 위해 산호 생태계에 의존한다. David Wallace-Wells의 글을 참고하라. "The Uninhabitable Earth," *New York magazine*, 2017.

17 IPBES, *Global Assessment Report on Biodiversity and Ecosystem Services*, 2019.

18 Gerardo Ceballos et al., "Biological annihilation via the ongoing sixth mass extinction signaled by vertebrate population losses and declines," *Proceedings of the National Academy of Sciences* 114(30), 2017.

19 European Academies' Science Advisory Council에 따른 것이다.

20 IPCC, *Special Report: Global Warming of 1.5℃*, 2018.

21 NASA, "NASA study finds carbon emissions could dramatically increase risk of US megadroughts," 2015.

22 David Battisti and Rosamond Naylor, "Historical warnings of future food insecurity with unprecedented seasonal heat," *Science* 323(5911), 2009, pp. 240~244.

23 World Bank, *Turn Down the Heat: Why a 4℃ Warmer World Must Be Avoided*, working paper 7445 (Washington, DC: World Bank, 2012).

24 Deepak Ray, "Climate change is affecting crop yields and reducing global food supplies," *Conversation*, 2019.

25 Ferris Jabr, "The Earth is just as alive as you are," *New York Times*, 2019.

26 Robert DeConto and David Pollard, "Contribution of Antarctica to past and future sea-level rise," *Nature* 531(7596), 2016, pp. 591~597.

27 Will Steffen et al., "Trajectories of the Earth System in the Anthropocene," *Proceedings of the National Academy of Sciences* 115(33), 2018, p. 8252~8259.

28 Timothy Morton, *Being Ecological* (Penguin, 2018).

29 성장이 자본주의를 구별짓는 유일한 특징은 아니다. 프롤레타리아의 임금노동과 '사유재산'(즉 생산수단에 대한 배타적인 통제) 또한 주요한 특징이다. 하지만 자본과 생태학의 관계에 대해 질문한다면 성장은 문제가 되는 특징이다. 물론 20세기의 많은 사회주의 정치체제 역시 성장을 추구했다. 예컨대 구소련은 본질적으로 성장에 집착했다. 이런 점에서 구소련은 국가자본주의적 성격을 지녔다(잉여와 확장을 위한 재투자를 중심으로 조직되었다). 그리고 이것이 구소련이 오늘날의 위기에 대해 의미 있는 대안을 제공하지 못하는 이유 중 하나다.

30 Mathias Binswanger, "The growth imperative revisited: a rejoinder to Gilányi and Johnson," *Journal of Post Keynesian Economics* 37(4), 2015, pp. 648~660.

31 Johan Rockström et al., "Planetary boundaries: exploring the safe operating space for humanity," *Ecology and Society* 14(2), 2009; Will Steffen et al., "Planetary boundaries: Guiding human development on a changing planet," *Science* 347(6223), 2015.

32 어떤 국가들이 지구의 위험 한계선을 넘는지를 보려면 goodlife.leeds.ac.uk/ countries를 참조하라.

33 www.calculator.climateequityreference.org.

34 66퍼센트 확률로 1.5도 이하를 유지하기 위해서는 전세계 배출량이 2020년을 시작으로 매년 10퍼센트씩 감소해야 한다. (PwC가 예측한 대로) 세계경제가 매년 2.6퍼센트씩 성장한다면 매년 14퍼센트의 탈탄소화가 필요하다. 그것은 '현 상태 유지(BAU)' 대비 탈탄소화 속도(매년 1.6퍼센트)보다 거의 아홉배 이상 빠르고 최고의 시나리오에서 상정한 최대 속도(매년 4퍼센트)보다 세배 이상 빠른 것이다. 달리 말하면 능력의 범위를 넘어서는 일이다. 50퍼센트의 확률로 1.5도 이하를 유지하려면 배출량을 연간 7.3퍼센트씩 줄여야 하고 매년 10.7퍼센트씩 탈탄소화가 이뤄져야 하는데 이 또한 범위 밖의 일이다. 66퍼센트의 확률로 2도 이하를 유지하려면(파리협정에 따라서) 배출량은 매년 4.1퍼센트씩 감소해야 하고, 탈탄소화는 매년 7퍼센트씩 이뤄져야 한다. 다시 말하면 이 또한 범위 밖의 일이다(하지만 경제가 성장하지 않는다면 실현 가능할 수 있다). 이것은 포괄적인 수치다. 고소득 국가에서는 훨씬 더 어렵다. 파리협정의 2도 목표에 부합하고 공평의 원칙을 따르려면 고소득 국가는 매년 12퍼센트씩 줄여야 한다. 무성장(no-growth) 시나리오에서도 그것은 불가능하다. 그러므로 탈성장이 필요하다. 다음 자료를 참조하라. Jason Hickel and Giorgos Kallis, "Is green growth possible?" *New Political Economy*, 2019. (내가 여기서 인용한 수치들은 이 논문이 출판된 이후 최신 것으로 바꾸었다.)

35 내가 "더 많은 성장은 더 많은 에너지 수요를 의미한다"고 말할 때, 이는 그렇지 않은 경제가 에너지원의 믹스에 따라 필요로 하는 기준선과 비교한 것임을 의미한다.

36 Hickel and Kallis, "Is green growth possible?," 또한 835개나 되는 실증적 연구를 검토한 결과, 탈동조화는 기후 목표를 달성하기 부적합하며 목표를 달성하려면 저자들이 말한 '탈성장' 시나리오가 필요하다. (Helmut Haberl et al., "A systematic review of the evidence on decoupling of GDP, resource use and GHG emissions: part II: synthesizing the insights," *Environmental Research Letters*, 2020.) 179개의 연구 결과를 검토한 다른 논문에 따르면, 경제 전반에서 그리고 국내 또는 국제적으로 절대적인 자원 탈동조화에 대한 증거가 없고, 생태적 지속가능성에 필요한 일종의 탈동조화 증거도 없었다. (T. Vadén et al., "Decoupling for ecological sustainability: A categorisation and review of research literature," *Environmental Science and Policy*, 2020.)

37 "Survey of young Americans' attitudes toward politics and public service," Harvard University Institute of Politics, 2016.

38 *Edelman Trust Barometer*, 2020.

39 문단의 서두에서 언급한 2015년 유고브의 동일한 설문조사.

40 Yale Climate Opinion Maps, Yale Program on Climate Change Communication.

41 Stefan Drews et al., "Challenges in assessing public opinion on economic growth versus environment: considering European and US data," *Ecological Economics* 146, 2018, pp. 265~272.

42 *The New Consumer and the Sharing Economy*, Havas, 2015.

43 "The EU needs a stability and well-being pact, not more growth," *Guardian*, 2018.

44 William Ripple et al., "World scientists warn of a climate emergency," *BioScience*, 2019.

45 World Inequality Database.

46 IPCC의 2018년 보고서에서 가장 중요한 시나리오는 물자 감소와 에너지 생산량에 달려 있다. 이것은 투기적인 배출 흡수 기술에 의존하지 않고 1.5도 또는 2도 이하로 제한하는 유일한 시나리오다. 기본이 되는 논문은 다음과 같다. Arnulf Grubler et al., "A low energy demand scenario for meeting the 1.5℃ target and sustainable development goals without negative emission technologies," *Nature Energy* 3(6), 2018, pp. 515~527. 이 시나리오에 관한 나의 의견을 보려면 다음 논문을 참조하라. Hickel and Kallis, "Is green growth possible?"

47 다음을 보라. Serge Latouche, *Farewell to Growth* (Polity, 2009); Giorgos Kallis, Christian Kerschner and Joan Martinez-Alier, "The economics of degrowth," *Ecological Economics* 84, 2012, pp. 172~180; Giacomo D'Alisa et al., eds., *Degrowth: A Vocabulary for a New Era* (Routledge, 2014); Giorgos Kallis, *Degrowth* (Agenda Publishing, 2018); Jason Hickel, "What does degrowth mean? A few points of clarification," *Globalizations*, 2020.

48 Joel Millward-Hopkins et al., "Providing decent living with minimum energy: A global scenario," *Global Environmental Change* 65, 2020; Michael Lettenmeier et al., "Eight tons of material footprint —suggestion for a resource cap for household consumption in Finland," *Resources* 3(3), 2014.

49 탈성장의 역사와 개관에 대해 참고할 자료는 다음과 같다. Kallis, *Degrowth*; 남

반구의 관점은 다음을 보라. Arturo Escobar, "Degrowth, postdevelopment, and transitions: a preliminary conversation," *Sustainability Science*, 2015.

50 이 프레임에 대해 나는 Timothy Morton에 빚을 졌다. *Ecology Without Nature* (Harvard University Press, 2007).

1장 자본주의: 탄생 이야기

1 Jason Moore, *Capitalism in the Web of Life* (Verso, 2015).

2 나는 Braudel의 자료에서 가져왔다. 다음 자료도 참고하라. David Graeber, *Debt: The First 5,000 Years* (Penguin UK, 2012), pp. 271~282.

3 나는 Silvia Federici, *Caliban and the Witch* (Autonomedia, 2004)에서 처음으로 이러한 역사를 알게 되었다. 1장의 많은 부분을 그의 자료를 토대로 작성했다. Jason Hirsch와 그의 책 *WildFlower Counter-Power* (Triarchy Press, 2020)의 통찰에 감사를 표한다.

4 Samuel Kline Cohn, *Lust for Liberty: The Politics of Social Revolt in Medieval Europe, 1200-1425* (Harvard University Press, 2009).

5 Federici, *Caliban and the Witch*, p. 46.

6 James E. Thorold Rogers, *Six Centuries of Work and Wages: The History of English Labour* (London, 1894), pp. 326ff; P. Boissonnade, *Life and Work in Medieval Europe* (New York: Alfred A. Knopf, 1927), pp. 316~320.

7 Fernand Braudel, *Capitalism and Material Life, 1400-1800* (New York: Harper and Row, 1967), pp.128; Karl Marx, *Capital* Vol. 1.

8 Carolyn Merchant, *The Death of Nature: Women, Ecology, and the Scientific Revolution* (1981).

9 Christopher Dyer, "A redistribution of income in 15th century England," *Past and Present* 39, 1968, p. 33.

10 John Hatcher, "England in the aftermath of the Black Death," *Past and Present* 144, 1994, p. 17.

11 이것은 Federici의 용어다.

12 장원 내 공유지에 대한 인클로저는 머턴 법령Statute of Merton(1235)과 웨스트

민스터 법령Statute of Westminster(1285)에 의해 처음 승인되었다. 이는 산림 헌장 Charter of the Forest(1217)에 커먼즈에 관한 권리가 포함된 직후였다. 더 많은 정보 는 다음 자료를 참고하라. Guy Standing, *Plunder of the Commons* (Penguin, 2019).

13 Henry Phelps Brown and Sheila V. Hopkins, *A Perspective of Wages and Prices* (Routledge, 2013).

14 Edward Wrigley and Roger Schofield, *The Population History of England 1541-1871* (Cambridge University Press, 1989).

15 나는 이러한 관찰을 Mark Cohen의 다음 저서에서 얻었다. *Health and the Rise of Civilisation* (Yale University Press, 1989).

16 Simon Szreter, "The population health approach in historical perspective," *American Journal of Public Health* 93(3), 2003, pp. 421~431; Simon Szreter and Graham Mooney, "Urbanization, mortality, and the standard of living debate: new estimates of the expectation of life at birth in nineteenth-century British cities," *Economic History Review* 51(1), 1998, pp. 84~112.

17 Timothy Walton, *The Spanish Treasure Fleets* (Florida: Pineapple Press, 1994); Kenneth Pomeranz, *The Great Divergence: China, Europe, and the Making of the Modern World Economy* (Princeton University Press, 2009). 이 역사에 대해 더 알아보 려거나, 관련 자료를 보려면 *The Divide*를 참고하라

18 Pomeranz, Chapter 6 in *The Great Divergence; Sven Beckert, Empire of Cotton: A Global History* (Vintage, 2015).

19 Andrés Reséndez, *The Other Slavery: The Uncovered Story of Indian Enslavement in America* (Houghton Mifflin Harcourt, 2016).

20 이 수치들은 1993년 *Harper's* magazine의 기사에서 구했다. 최저임금은 1993년 기 준으로 계산했고 1993년의 이윤과 결과는 1993년의 달러로 표현했다. 업데이트된 수 치는 이보다 훨씬 많을 것이다.

21 Utsa Patnaik, *Agrarian and Other Histories* (Tulik Books, 2018); Jason Hickel, "How Britain stole $45 trillion from India," *Al Jazeera*, 2018; Gurminder Bhambra, "'Our Island Story': The Dangerous Politics of Belonging in Austere Times," in *Austere Histories in European Societies* (Routledge, 2017).

22 B.R. Tomlinson, "Economics: The Periphery," In *The Oxford History of the British Empire* (1990), p. 69.

23 Ellen Meiksins Wood, *The Origin of Capitalism: A Longer View* (Verso, 2003).

24 Karl Polanyi, *The Great Transformation* (Boston: Beacon Press, 1944).

25 John Locke, *The Second Treatise of Government*, 1689.

26 결핍의 역사에 대해서는 다음 자료를 참고하라. Nicholas Xenos, *Scarcity and Modernity* (Routledge, 2017).

27 다음의 저서에서 인용했다. Michael Perelman, *The Invention of Capitalism: Classical Political Economy and the Secret History of Primitive Accumulation* (Duke University Press, 2000).

28 Mike Davis, *Late Victorian Holocausts: El Niño Famines and the Making of the Third World* (Verso Books, 2002).

29 Maitland는 다음 책에서 이 역설을 탐색했다. *Inquiry into the Nature and Origin of Public Wealth and into the Means and Causes of its Increase*. 더 많은 것에 대해서는 다음 책을 참고하라. John Bellamy Foster, Brett Clark and Richard York, *The Ecological Rift: Capitalism's War on the Earth* (NYU Press, 2011).

30 이 역사는 Merchant, *Death of Nature*에 기록되어 있다.

31 Stephen Gaukroger, *The Emergence of a Scientific Culture: Science and the Shaping of Modernity 1210-1685* (Clarendon Press, 2008)

32 Brian Easlea, *Witch-Hunting, Magic and the New Philosophy* (The Harvester Press, 1980), Federici는 p. 149에 인용되어 있다.

33 Merchant, *Death of Nature*, p. 3

34 Gaukroger, p. 325.

35 Juliet Schor, *The Overworked American: The Unexpected Decline of Leisure* (Basic Books, 2008).

36 E. P. Thompson, *Customs in Common: Studies in Traditional Popular Culture* (New Press/ORIM, 2015).

37 이 말은 1536년 부랑자처벌법(Vagabonds Act)에 사용되었다.

38 William Harrison, *Description of Elizabethan England*, 1577.

39 다음을 보라. Max Weber, *The Protestant Ethic and the Spirit of Capitalism* (1930).

40 다음을 보라. Raj Patel and Jason W. Moore, *A History of the World in Seven Cheap Things: A Guide to Capitalism, Nature, and the Future of the Planet* (University of California Press, 2017).

41 Federici는 이 문제를 *Caliban and the Witch*에서 상세히 탐색하고 있다. Maria Mies 의 다음 저서도 참고하라. *Patriarchy and Accumulation on a World Scale* (London: Zed, 1986).

42 Aimé Césaire, *Discourse on Colonialism*, 1955.

43 Mario Blaser, "Political ontology: Cultural studies without 'cultures'?" *Cultural Studies* 23(5-6), 2009, pp. 873~896.

44 Ngũgĩ wa Thiong'o, *Decolonising the Mind: The Politics of Language in African Culture* (London: James Currey, 1986).

45 이 부분은 Timothy Morton, *Being Ecological* (Penguin, 2018)로부터 통찰을 얻었다.

46 이 부분은 2002년 Daniel Quinn의 "A New Renaissance"라는 제목의 연설에서 통찰을 얻었다.

2장 저거너트의 등장

1 Jason W. Moore, "The Capitalocene Part II: accumulation by appropriation and the centrality of unpaid work/energy," *Journal of Peasant Studies* 45(2), 2018, pp. 237~279.

2 나는 Marx, *Capital*에서 '사용가치'와 '교환가치'의 개념과 자본축적의 일반적 공식을 얻었다. 자본과 생태 붕괴 간의 관계를 더 알고 싶다면 다음 자료를 참고하라. Foster and Clark, "The planetary emergency," *Monthly Review*, 2012.

3 거대한 흡혈 오징어는 Matt Taibbi가 한 비유다.

4 David Harvey, *A Brief History of Neoliberalism* (Oxford University Press, 2007).

5 Matthias Schmelzer, *The Hegemony of Growth: The OECD and the Making of the Economic Growth Paradigm* (Cambridge University Press, 2016).

6 David Harvey, *A Brief History of Neoliberalism* (Oxford, 2005).

7 남반구의 식민지 이후 개발 정책과 1980년대에 시작된 역행에 대해 더 알고 싶다면 다음 자료를 참고하라. Jason Hickel, *The Divide* (London: Penguin Random House, 2018), Chapters 4 and 5.

8 Hickel, *The Divide*, Chapter 5.

9 Harvey, *A Brief History of Neoliberalism*.

10 Jason Hickel, "Global inequality: do we really live in a one-hump world?" *Global*

Policy, 2019.

11 이것들이 어떻게 작동하는지 보려면 다음 자료를 참고하라. Jason Hickel, "The new shock doctrine: 'Doing business' with the World Bank," *Al Jazeera*, 2014.

12 Tim Jackson and Peter Victor, "Productivity and work in the 'green economy': some theoretical reflections and empirical tests," *Environmental Innovation and Societal Transitions* 1(1), 2011, pp. 101~108.

13 1900~1970년까지의 수치는 다음 자료에 의존했다. F. Krausmann et al., "Growth in global materials use, GDP and population during the 20th century," *Ecological Economics*, 68(10), 2009, pp. 2696~2705. 1970~2017년의 경우는 materialflows.net을 참고했다. 2020년까지의 수치는 UN International Resource Panel projections을 참고했다.

14 Stefan Bringezu, "Possible target corridor for sustainable use of global material resources," *Resources* 4(1), 2015, pp. 25~54. Bringezu는 250억톤에서 500억톤이라는 안전한 목표 범위를 주장한다. 여러 물질들이 서로 다른 영향을 미치기 때문에, 그리고 물질을 관리하는 데 사용하는 기술에 따라 물질 추출이 미치는 영향이 다르기 때문에 물질 발자국의 총량 제한을 규정하기는 어렵다. 게다가 일부 추출 방식의 경계가 세계적이 아닌 지역적으로 규정되어야 한다고 주장할 수 있다. 그럼에도 합리적으로 세계 최대 임계치가 약 500억톤이라는 합의가 있다.

15 International Resource Panel, *Global Resources Outlook* (UN Environment Programme, 2019).

16 물질 사용 총량의 상관계수는 0.73으로 생태적 영향과 긴밀한 연관성을 갖는다. 다음을 참고하라. E. Voetet al., "Dematerialisation: not just a matter of weight," *Journal of Industrial Ecology*, 8(4), 2004, pp. 121~137.

17 GDP와 에너지의 관계는 일대일이 아니다. 효율성 향상은 시간이 지나면서 상대적 탈동조화의 속도를 일정하게 유지했다. 그럼에도 이 관계는 강한 양성이다(즉 GDP의 단위가 하나씩 늘어날 때마다 더 많은 에너지 사용이 이뤄진다).

18 그러나 최근 연구는 가스가 석유보다 탄소배출이 덜하다는 오래된 가정에 의문을 던졌다. Benjamin Hmiel et al., "Preindustrial 14 CH_4 indicates greater anthropogenic fossil CH_4 emissions," *Nature* 578(7795), 2020, pp. 409~412.

19 "Global primary energy consumption," Our World in Data, 2018.

20 FAO, *Current Worldwide Annual Meat Consumption Per Capita, Livestock and Fish*

Primary Equivalent (UN Food and Agriculture Organization, 2013).

21 "Global consumption of plastic materials by region," *Plastics Insight*, 2016.

22 여기의 수치들은 수입된 상품의 원자재 영향을 포함하는 물질 발자국에 관한 것이다. 1인당 임계치에 관해서는 다음 자료를 참조하라. Bringezu, "Possible target corridor for sustainable use of global material resources."

23 나는 여기서 지속가능한 임계치로 1인당 8톤이라는 수치를 사용했다. 이는 Giljum Dittrich 등이 2030년 목표치로 제시한 것이다.

24 이 부분은 Kate Raworth와의 개인적인 대화에서 얻은 아이디어와 표현을 활용했다.

25 Christian Dorninger et al., "Global patterns of ecologically unequal exchange: implications for sustainability in the 21st century," *Ecological Economics*, 2020.

26 Jason Hickel, "Quantifying national responsibility for climate breakdown: An equality-based attribution approach to carbon dioxide emissions in excess of the planetary boundary," *Lancet Planetary Health*, 2020. 여기서는 각 지역 내 국가의 초과 배출량을 합산한 결과로 표현했다.

27 이 결과는 Hickel, "Who is responsible for climate breakdown?"에서 했던 나의 계산에 근거한 값이다. 1850년부터 1970년까지는 국경 내 배출량, 1970년부터 2015년까지는 소비에 근거한 배출량을 사용했다.

28 Climate Vulnerability Monitor (DARA, 2012).

29 "Climate change and poverty," Human Rights Council, 2019.

30 Tom Wilson, "Climate change in Somaliland – 'you can touch it'," *Financial Times*, 2018.

31 Rockström et al., "Planetary boundaries"; Steffen et al., "Planetary boundaries."

32 Giorgos Kallis, *Limits: Why Malthus was Wrong and Why Environmentalists Should Care* (Stanford University Press, 2019). 한계에 대한 새로운 사고방식은 파리협정에 어느 정도 반영되어 있다. 지구의 위험 한계선의 현실을 인식한 국가들은 지구온난화를 최소한 문서상으로는 1.5도로 제한하겠다고 약속했다. 우리는 다른 것들의 지구의 위험 한계선에 대해서도 비슷한 방식을 적용함으로써 이 접근을 확장할 수 있다.

3장 기술이 우리를 구원할 것인가?

1 Leo Hickman, "The history of BECCS," *Carbon Brief*, 2016.

2 Glen Peters, "Does the carbon budget mean the end of fossil fuels?" *Climate News*, 2017.

3 더불어 대기로부터 빨아들인 이산화탄소를 저장할 수 있는 충분한 보관 장소를 찾는 문제가 있을 수 있다. 또한 지진 등의 상황에서 누출에 취약할 수 있다. H. De Coninck and S. M. Benson, "Carbon dioxide capture and storage: issues and prospects," *Annual Review of Environment and Resources*, 39, 2014, pp. 243~270.

4 Sabine Fuss et al., "Betting on negative emissions," *Nature Climate Change* 4(10), 2014, pp. 850~853.

5 Pete Smith et al., "Biophysical and economic limits to negative CO_2 emissions," *Nature Climate Change* 6(1), 2016, pp. 42~50.

6 Kevin Anderson and Glen Peters, "The trouble with negative emissions," *Science* 354(6309), 2016, pp. 182~183.

7 Vera Heck, "Biomass-based negative emissions difficult to reconcile with planetary boundaries," *Nature Climate Change* 8(2), 2018, pp. 151~155.

8 Pete Smith et al., "Biophysical and economic limits to negative CO_2 emissions," *Nature Climate Change* 6(1), 2016, pp. 42~50.

9 "Six problems with BECCS," FERN briefing, 2018.

10 Henry Shue, "Climate dreaming: negative emissions, risk transfer, and irreversibility," *Journal of Human Rights and the Environment* 8(2), 2017, pp. 203~216.

11 Hickman, "The history of BECCS."

12 Daisy Dunne, "Geo-engineering carries 'large risks' for the natural world, studies show," *Carbon Brief*, 2018.

13 다음을 보라. Climate Equity Reference Calculator at calculator.climateequityreference.org.

14 PwC는 2050년까지 세계 GDP가 연간 평균 2.6퍼센트 성장할 것으로 (총 2.15배 규모에 달할 것으로) 전망하고 있다. GDP와 에너지의 기존 관계를 고려할 때, 이는 2050년까지 에너지 수요가 1.83배 증가한다는 것을 의미한다. 물론 재생에너지는 화석연료보다 효율적인데, 2050년까지 재생에너지로 전환하면 추세대로의 성장에도

불구하고 총에너지 사용량이 증가하지 않을 수 있지만, (어떤 에너지 믹스 조건에서도) 성장이 없는 것보다 1.83배 더 높을 것이다.

15 이러한 탈탄소화 수치는 목표 임계치 이하로 유지될 가능성이 66퍼센트이고, 연간 평균 세계 GDP 성장률은 2.6퍼센트라고 가정한다. 최상의 시나리오에서 가정한 최대 탈탄소화율은 연간 4퍼센트다. 관련 문헌에 대한 리뷰는 다음과 같다. Hickel and Kallis, "Is green growth possible?"

16 Christian Holz et al., "Ratcheting ambition to limit warming to 1.5℃: trade-offs between emission reductions and carbon dioxide removal," *Environmental Research Letters* 13(6), 2018.

17 IPCC의 2018년 보고서는 BECCS 없이 1.5도 이하를 유지하기 위한 시나리오를 하나만 포함하고 있다. 이는 에너지와 물질 사용을 대폭 줄임으로써 가능한 시나리오다. 기본이 되는 논문은 다음과 같다. Grubler et al., "A low energy demand scenario for meeting the 1.5℃ target." 토론을 위한 자료는 Hickel and Kallis, "Is green growth possible?"

18 World Bank, *The Growing Role of Minerals and Metals for a Low-Carbon Future*, 2017.

19 "Leading scientists set out resource challenge of meeting net zero emissions in the UK by 2050," Natural History Museum, 2019.

20 데이터는 www.miningdataonline.com에서 가져왔다.

21 Amit Katwala, "The spiralling environmental cost of our lithium battery addiction," *WIRED*, 2018.

22 Jonathan Watts, "Environmental activist murders double in 15 years," *Guardian*, 2019.

23 Derek Abbott, "Limits to growth: can nuclear power supply the world's needs?" *Bulletin of the Atomic Scientists* 68(5), 2012, p. 23~32.

24 두 인용의 출처는 다음과 같다. Kate Aronoff, "Inside geo-engineers' risky plan to block out the sun," *In These Times*, 2018.

25 Trisos, C. H. et al., "Potentially dangerous consequences for biodiversity of solar geo-engineering implementation and termination," *Nature Ecology & Evolution*, 2018.

26 다음을 보라. Hickel and Kallis, "Is green growth possible?"; Haberl et al., "A systematic review of the evidence on decoupling"; Vadén et al., "Decoupling for ecological sustainability."

27 International Resource Panel, *Decoupling* 2 (UN Environment Programme, 2014).

28 Guiomar, Calvo et al., "Decreasing ore grades in global metallic mining: A theoretical issue or a global reality?" *Resources* 5(4), 2016.

29 Monika Dittrich et al., *Green Economies Around the World?* (SERI, 2012).

30 Heinz Schandl et al., "Decoupling global environmental pressure and economic growth: scenarios for energy use, materials use and carbon emissions," *Journal of Cleaner Production* 132, 2016, pp. 45~56.

31 International Resource Panel, *Assessing Global Resource Use* (UN Environment Programme).

32 Tim Santarius, *Green Growth Unravelled: How Rebound Effects Baffle Sustainability Targets When the Economy Keeps Growing* (Heinrich Boll Stiftung, 2012).

33 일부 식량이 퇴비화와 영양 회복을 통해 순환된다 하더라도 그렇다.

34 Haas et al., "How circular is the global economy? An assessment of material flows, waste production, and recycling in the European Union and the world in 2005," *Journal of Industrial Ecology*, 19(5), 2015, pp. 765~777.

35 *The Circularity Report* (PACE, 2015).

36 이 아이디어를 처음 제안한 사람은 Herman Daly다.

37 Kallis, *Degrowth*의 마지막 장 참조.

38 Beth Stratford, "The threat of rent extraction in a resource constrained future," *Ecological Economics* 169, 2020.

4장 좋은 삶의 비밀

1 다음을 보라. Szreter, "The population health approach in historical perspective"; Simon Szreter, "Rapid economic growth and 'the four Ds' of disruption, deprivation, disease and death: public health lessons from nineteenth-century Britain for twenty-first-century China?" *Tropical Medicine & International Health* 4(2), pp.146~152.

2 Simon Szreter, "The importance of social intervention in Britain's mortality decline c. 1850~1914: A re-interpretation of the role of public health," *Social history of medicine* 1(1), pp. 1~38.

3 Simon Szreter, "Rethinking McKeown: The relationship between public health and social change," *American Journal of Public Health* 92(5), pp. 722~725. 형식적으로 공공재와 커먼즈는 동일한 게 아니지만(커먼즈는 집합적으로 관리되는 반면 공공재는, 언제나 그런 것은 아니지만, 대체로 중앙집중식으로 관리된다), 여기서는 둘 다 집합적 제공의 형식을 구성한다는 의미에서 비교 가능하다.

4 Chhabi Ranabhat et al., "The influence of universal health coverage on life expectancy at birth (LEAB) and healthy life expectancy (HALE): a multi-country cross-sectional study," *Frontiers in Pharmacology* 9, 2018.

5 Wolfgang Lutz and Endale Kebede, "Education and health: redrawing the Preston curve," *Population and Development Review* 44(2), 2018.

6 Szreter, "The population health approach in historical perspective."

7 Julia Steinberger and J. Timmons Roberts, "From constraint to sufficiency: The decoupling of energy and carbon from human needs, 1975~2005," *Ecological Economics* 70(2), pp. 425~433.

8 이 데이터는 Centre on International Education Benchmarking에서 나온 것이다.

9 Juliana Martínez Franzoni and Diego Sánchez-Ancochea, *The Quest for Universal Social Policy in the South: Actors, Ideas and Architectures* (Cambridge University Press, 2016).

10 Amartya Sen, "Universal healthcare: the affordable dream," *Guardian*, 2015.

11 Jason Hickel, "Is it possible to achieve a good life for all within planetary boundaries?" *Third World Quarterly* 40(1), 2019, pp. 18~35 (이 연구는 다음에서 기반한 것이다. Daniel O'Neill et al., "A good life for all within planetary boundaries," *Nature Sustainability*, 2018, p. 88~95); Jason Hickel, "The Sustainable Development Index: measuring the ecological efficiency of human development in the Anthropocene," *Ecological Economics* 167, 2020.

12 Ida Kubiszewski et al., "Beyond GDP: Measuring and achieving global genuine progress," *Ecological Economics* 93, 2013 pp. 57~68. 저자들은 이 문턱값을 GDP 성장의 사회적·환경적 비용이 소비 관련 이익을 상쇄할 정도가 되는 지점으로 해석하는 데에 Max-Neef를 끌어오고 있다. 다음을 보라. Manfred Max-Neef, "Economic growth and quality of life: a threshold hypothesis," *Ecological Economics* 15(2), 1995, pp. 115~118. 다음도 보라. William Lamb et al., "Transitions in pathways of human development and carbon emissions," *Environmental Research Letters* 9(1), 2014; Angus Deaton, "Income, health, and well‑ being around the world: Evidence from the Gallup World Poll," *Journal of Economic Perpectives* 22(2), 2008, pp. 53~72; Ronald Inglehart, *Modernization and Postmodernization: Cultural, Economic, and Political Change in 43 Societies* (Princeton University Press, 1997).

13 Tim Jackson, "The post‑growth challenge: secular stagnation, inequality and the limits to growth," CUSP Working Paper No. 12 (Guildford: University of Surrey, 2018).

14 Mark Easton, "Britain's happiness in decline," BBC News, 2006.

15 Richard Wilkinson and Kate Pickett, *The Spirit Level: Why Equality is Better for Everyone* (Penguin 2010).

16 Lukasz Walasek and Gordon Brown, "Income inequality and status seeking: Searching for positional goods in unequal US states," *Psychological Science*, 2015.

17 Adam Okulicz‑Kozaryn, I. V. Holmes and Derek R. Avery, "The subjective well‑being political paradox: Happy welfare states and unhappy liberals," *Journal of Applied Psychology* 99(6), 2014; Benjamin Radcliff, *The Political Economy of Human Happiness: How Voters' Choices Determine the Quality of Life* (Cambridge University Press, 2013).

18 UN's World Happiness Report를 따랐다.

19 Dacher Keltner, *Born to be Good: The Science of a Meaningful Life* (WW Norton & Company, 2009); Emily Smith and Emily Esfahani, *The Power of Meaning: Finding Fullment in a World Obsessed with Happiness* (Broadway Books, 2017).

20 60세의 니코야 남성들이 84.3세의 중위값 수명을 갖는 것에 비해(일본 남성보다 3년이 많다), 여성들의 중위값 수명은 85.1세다. 다음을 보라. Luis Rosero‑Bixby et al., "The Nicoya region of Costa Rica: a high longevity island for elderly males," *Vienna Yearbook of Population Research*, 11, 2013; Jo Marchant, "Poorest Costa Ricans live longest," *Nature News*, 2013; Luis Rosero‑Bixby and William H. Dow, "Predicting mortality with biomarkers: a population‑ based prospective cohort study for elderly Costa Ricans," *Population Health Metrics* 10(1), 2012.

21 Danny Dorling, *The Equality Effect* (New Internationalist, 2018).

22 Wilkinson and Pickett, *The Spirit Level*.

23 *Confronting Carbon Inequality*, Oxfam, 2020.

24 Yannick Oswald, Anne Owen, and Julia K. Steinberger, "Large inequality in international and intranational energy footprints between income groups and across consumption categories," *Nature Energy* 5(3), pp. 231~239.

25 Thomas Piketty, "The illusion of centrist ecology," *Le Monde*, 2019.

26 World Happiness Report.

27 CFO Journal, "Cost of health insurance provided by US employers keeps rising," *Wall Street Journal*, 2017.

28 David Ruccio, "The cost of higher education in the USA," *Real-World Economics Review blog*, 2017.

29 평균 실질임금은 1973년 시간당 23달러로 정점을 찍었다가 1995년에는 시간당 19달러로 바닥을 쳤고, 2018년에는 시간당 22달러를 기록했다(미국 노동통계국). 빈곤율은 1973년에 11퍼센트였고 2017년에는 12.3퍼센트였다(미국 인구조사국).

30 World Inequality Database.

31 다음을 보라. www.goodlife.leeds.ac.uk/countries.

32 Hickel, "Is it possible to achieve a good life for all?" 이 연구는 다음에 기반한 것이다. Kate Raworth, "A safe and just space for humanity: can we live within the doughnut?" *Oxfam Policy and Practice* 8(1), 2012. 코스타리카는 이 데이터세트에서 가장 좋은 성과를 낸 나라 중 하나지만, 상대적으로 높은 수준의 소득 불평등을 보이고 있음에 유의하라. 이는 코스타리카가 추가적 성장 없이도 사회적 성과를 더 많이 증진시킬 수 있음을 의미한다.

33 Frantz Fanon, *The Wretched of the Earth* (Grove Press, 1963).

34 다음을 보라. Ashish Kothari et al., *Pluriverse: A Post-Development Dictionary* (Columbia University Press, 2019).

35 Dorninger et al., "Global patterns of ecologically unequal exchange."

36 David Woodward, "Incrementum ad absurdum: global growth, inequality and poverty eradication in a carbon-constrained world," *World Economic Review* 4, 2015, pp. 43~62.

37 3센트라는 숫자는 PovcalNet에서 동아시아를 제외한 세계은행 빈곤 데이터에 근거한 것이다.

38 World Inequality Database.

39 세계은행 데이터에 따르면, 하루 7.40달러에서의 빈곤 격차는 6조달러이며, 중하위

소득 국가에 코스타리카 수준으로 인구당 보건 지출을 늘리는 데 필요한 추가적 자금은 4조달러다.

40 나는 이 수치를 다음에서 가져왔다. Credit Suisse Global Wealth Report, 2019.

41 Zak Cope, *The Wealth of (Some) Nations: Imperialism and the Mechanics of Value Transfer* (Pluto Press, 2019).

42 이 수치는 Global Financial Integrity의 여러 보고서들에서 가져온 것이다.

43 이 수치는 1999년에 발표한 UN Trade and Development Report의 추계에 기반한 것이다. 이 보고서는 잠재적으로 7000억달러의 수입이 매년 산업 수출 부문에서 손실되며, 농업 수출 부문은 이보다 더 많다는 것을 보여준다.

44 나는 이런 통찰을 Dan O'Neill로부터 빌려왔다. 예를 들어 다음을 보라. Rob Dietz and Daniel W. O'Neill, *Enough is Enough: Building a Sustainable Economy in a World of Finite Resources* (Routledge, 2013).

45 세계 화석연료 보조금에 관한 데이터는 IMF에서, 세계 군비지출 데이터는 세계은행에서 가져왔다.

46 Mariana Mazzucato, "The entrepreneurial state," *Soundings* 49, 2011, pp. 131~142.

5장 포스트 자본주의 세계로 가는 길

1 International Resource Panel, *Global Resources Outlook* (United Nations Environment Programme, 2019).

2 Bringezu, "Possible target corridor for sustainable use of global material resources." 국가들은 1인당 물질 발자국을 8톤까지 줄일 필요가 있다(Bringezu는 2050년까지 1인당 3~6톤이라는 목표를 제시한다). materialflow.net의 2013년 데이터에 따르면, 미국 75퍼센트, 영국 66퍼센트, 포르투갈 55퍼센트, 사우디아라비아 33퍼센트의 물질 소비를 줄여야 한다. 다양한 영향 지표에 걸친 필수적인 감축 규모에 대한 더 많은 정보는 다음을 보라. Hickel, "Is it possible to achieve a good life for all?"

3 Joel Millward-Hopkins et al. "Providing decent living with minimum energy"; Michael Lettenmeier et al. "Eight tons of material footprint."

4 Markus Krajewski, "The Great Lightbulb Conspiracy," *IEEE Spectrum*, 2014.

5 기기의 수명에 관한 데이터는 Whitegoods Trade Association의 "How long should it last?"에서 가져왔다. WTA는 "평균 수명이 10년 이상에서 7년 이하로 떨어졌고, 더 저렴한 기기들은 겨우 몇년인 경우도 드물지 않다"고 말한다. National Association of Home Builders는 "Study of Life Expectancy of Home Components"에서 계획적 진부화가 없다면 주요 제품들은 두배에서 다섯배 오래갈 수 있다고 지적한다.

6 세계 스마트폰 판매와 세계 스마트폰 시장에 관한 데이터는 statista.com에서 가져 왔다.

7 Alain Gras, "Internet demande de la sueur," *La Decroissance*, 2006.

8 Andre Gorz, *Capitalism, Socialism, Ecology*, trans. Chris Turner (London: Verso, 1994).

9 Robert Brulle and Lindsay Young, "Advertising, individual consumption levels, and the natural environment, 1900~2000," *Sociological Inquiry* 77(4), pp. 522~542.

10 세계 광고 지출에 관한 데이터는 statista.com에서 가져왔다.

11 Elizabeth Cline, "Where does discarded clothing go?" *The Atlantic*, 2014.

12 1980년에서 2011년까지 27개 유럽 국가들의 데이터는 광고 지출과 시민들의 행복·만족감이 반비례 관계임을 보여준다. *Harvard Business Review*, 2020.

13 나는 이 부분에 대해 Michael S. Wilson이 2013년 수행한 Noam Chomsky와의 인 터뷰에서 통찰을 얻었다.

14 *Global Food: Waste Not, Want Not*, Institute of Mechanical Engineers, 2013.

15 이 계산은 농업의 총배출량(세계 전체의 26퍼센트)과 토지 사용(49억헥타르)을 단 순하게 반으로 나눈 가정이다. "Food is responsible for one-quarter of the world's greenhouse gas emissions," Our World in Data, 2019; "Land use," Our World in Data, 2019.

16 "Grade A Choice?" Union of Concerned Scientists, 2012.

17 "대부분의 경우"라고 표현한 이유는 소고기의 대부분이 상품으로 소비되지만, 생 존을 위해 축산에 의존하는 일부 원주민이나 전통적인 농경 공동체들(케냐의 마사 이족 같은)이 있기 때문이다.

18 Elke Stehfest et al., "Climate benets of changing diet," *Climatic Change* 95(1~2), 2009, pp. 83~102.

19 Joseph Poore and Thomas Nemecek, "Reducing food's environmental impacts through producers and consumers," *Science* 360(6392), 2018, pp. 987~992.

20 Marco Springmann et al., "Health-motivated taxes on red and processed meat: A modelling study on optimal tax levels and associated health impacts," *PloS One* 13(11),

2018.

21 미국의 주택 크기는 1973년 1인당 551제곱피트에서 2015년 1인당 1058제곱피트로 커졌다. US Census Bureau.

22 Fridolin Krausmann et al., "Global socioeconomic material stocks rise 23-fold over the 20th century and require half of annual resource use," *Proceedings of the National Academy of Sciences* 114(8), 2017, pp. 1880~1885.

23 Bringezu, "Possible target corridor for sustainable use of global material resources."

24 미국에서 시행한 여러 여론조사를 보면, 사람들 대다수가 연방정부의 일자리 보장을 지지했다. 영국에서는 72퍼센트였다(YouGov, 2020).

25 일자리 보장이 어떻게 작동하는지 그리고 어떻게 재정을 마련할 것인지에 대한 보다 자세한 내용은 다음을 보라. Pavlina Tcherneva, *The Case for a Job Guarantee* (Polity, 2020).

26 이 연구는 다음의 보고서로 발표되었다. Kyle Knight, Eugene Rosa and Juliet Schor, "Could working less reduce pressures on the environment? A cross-national panel analysis of OECD countries, 1970~2007," *Global Environmental Change* 23(4), 2013, pp. 691~700. 소득과 연관된 행복과 대조적으로, 자유 시간으로 늘어난 행복은 지위에 따른 게 아니며 그렇기에 효용이 지속된다는 점은 지적해둘 만하다. 이 보고서에 따르면, 더 짧은 시간 일하는 사람들이 긴 시간 일하는 사람들보다 높은 수준의 좋은 삶을 갖는다.

27 Anders Hayden, "France's 35-hour week: Attack on business? Win-win reform? Or betrayal of disadvantaged workers?" *Politics & Society* 34(4), 2006, pp. 503~542.

28 이 연구는 다음 보고서로 발표되었다. Peter Barck-Holst et al., "Reduced working hours and stress in the Swedish social services: A longitudinal study," *International Social Work* 60(4), 2017, pp. 897~913.

29 Boris Baltes, et al., "Flexible and compressed workweek schedules: A meta-analysis of their effects on work-related criteria," *Journal of Applied Psychology* 84(4), 1999.

30 Anna Coote et al., "21 hours: why a shorter working week can help us all flourish in the 21st century," New Economics Foundation, 2009.

31 François-Xavier Devetter and Sandrine Rousseau, "Working hours and sustainable development," *Review of Social Economy* 69(3), 2011, pp. 333~355.

32 예를 들어 주당 35시간 노동으로 전환했을 때 프랑스에서 무슨 일이 일어났는

지를 보라. Samy Sanches, "Sustainable consumption à la française? Conventional, innovative, and alternative approaches to sustainability and consumption in France," *Sustainability: Science, Practice and Policy* 1(1), pp. 43~57.

33 David Rosnick and Mark Weisbrot, "Are shorter work hours good for the environment? A comparison of US and European energy consumption," *International Journal of Health Services* 37(3), 2007, pp. 405~417.

34 Jared B. Fitzgerald, Juliet B. Schor and Andrew K. Jorgenson, "Working hours and carbon dioxide emissions in the United States, 2007~2013," *Social Forces* 96(4), 2018, pp. 1851~1874.

35 이 아이디어는 다음에서 정초한 것이다. Theodor Adorno and Max Horkheimer, *Dialectic of Enlightenment* (New York: Herder and Herder, 1972).

36 Lawrence Mishel and Jessica Schieder, "CEO compensation surged in 2017," Economic Policy Institute, 2018.

37 Sam Pizzigati, *The Case for a Maximum Wage* (Polity, 2018).

38 Pizzigati, *The Case for a Maximum Wage*.

39 World Inequality Database.

40 YouGov, 2020.

41 "Social prosperity for the future: A proposal for Universal Basic Services," UCL Institute for Global Prosperity, 2017.

42 Frank Adloff는 이를 "유쾌함을 위한 인프라"라고 묘사한다. 그의 글을 보라. "Degrowth meets convivialism", *Resilience*.

43 Walasek and Brown, "Income inequality and status seeking: Searching for positional goods in unequal US states."

44 또한 음악, 수선, 재배, 가구 제작 등 새로운 기술을 배우고 발전시켜갈 수 있는 기회는 지역의 자생력에도 기여할 것이다. 다음 책을 보라. Samuel Alexander and Brendan Gleeson, *Degrowth in the Suburbs: A Radical Urban Imaginary* (Springer, 2018).

45 Kallis, *Limits*, p. 66.

46 캐나다, 이탈리아, 영국에서 수행된 연구들에서 증거를 찾을 수 있다. 다음을 보라. Stratford, "The threat of rent extraction."

47 Graeber, *Debt*.

48 Graeber, *Debt*, p. 82.

49 Johnna Montgomerie, *Should We Abolish Household Debts?* (John Wiley & Sons, 2019).

50 나는 이러한 역사를 나의 책 *The Divide*에서 상세히 논했다.

51 일부 도시와 지방정부들은 '시민 부채 감사' 제도를 실험하여, 어떤 부채를 사회적 부작용 없이 면제하고, 어떤 부채를 상환되도록 할 것인지를 시민들과 집단적으로 결정했다. 대부 위기를 막기 위해 부채 탕감은 단계적인 방식으로 수행되어야 하며, 은행들이 당좌 차월되더라도 대부 자금과 신용을 유지할 수 있도록 병행하는 공공 은행 체계가 마련되어야 한다.

52 Graeber, *Debt*, p. 390.

53 이런 비유를 들려준 Charles Eisenstein에게 감사한다.

54 Louison Cahen-Fourot and Marc Lavoie, "Ecological monetary economics: A post-Keynesian critique," *Ecological Economics*, 126, pp. 163~168.

55 Mary Mellor, *The Future of Money* (Pluto Press, 2010).

56 *Escaping Growth Dependency* (Positive Money, 2020); Stephanie Kelton, *The Deficit Myth: Modern Monetary Theory and How to Build a Better Economy* (Hachette UK, 2020); Jason Hickel, "Degrowth and MMT: A thought experiment," 2020 (www.jasonhickel.org/blog/2020/9/10/degrowth-and-mmt-a-thought-experiment).

57 Oliver Hauser et al., "Co-operating with the future," *Nature* 511(7058), 2014, pp. 220~223.

58 로비에 관한 데이터는 Centre for Responsive Politics에서 가져온 것이다.

59 Raquel Alexander, Stephen W. Mazza, and Susan Scholz, "Measuring rates of return on lobbying expenditures: An empirical case study of tax breaks for multinational corporations," *Journal of Law & Politics* 25, 2009.

60 Martin Gilens and Benjamin I. Page, "Testing theories of American politics: Elites, interest groups, and average citizens," *Perspectives on politics* 12(3), 2014, pp. 564~581.

61 Simon Radford, Andrew Mell, and Seth Alexander Thevoz, " 'Lordy Me!' Can donations buy you a British peerage? A study in the link between party political funding and peerage nominations, 2005~2014," *British Politics*, 2019, pp. 1~25.

62 Ewan McGaughey, "Democracy in America at work: the history of labor's vote in corporate governance," *Seattle University Law Review* 697, 2019.

63 "Media Ownership Reform: A Case for Action," Media Reform Coalition, 2014.

64 Ashley Lutz, "These six corporations control 90% of the media in America," *Business Insider*, 2012.

65 Elinor Ostrom, *Governing the Commons: The Evolution of Institutions for Collective Action* (Cambridge University Press, 1990).

66 나는 이 아이디어를 그리스 출신의 프랑스의 철학자 Cornelius Castoriadis로부터 얻었다.

6장 모든 것은 연결되어 있다

1 20세기 초 민속지학자 Knud Rasmmussen이 수행한 인터뷰.

2 Lourens Poorter et al., "Biomass resilience of Neotropical secondary forests," *Nature* 530(7589), pp. 211~214.

3 Susan Letcher and Robin Chazdon, "Rapid recovery of biomass, species richness, and species composition in a forest chronosequence in northeastern Costa Rica," *Biotropica* 41(5), pp. 608~617.

4 나는 Philippe Descola가 논의한 민속지적 자료를 근거로 했다. Philippe Descola, *Beyond Nature and Culture* (University of Chicago Press, 2013).

5 Graham Harvey, *The Handbook of Contemporary Animism* (Routledge, 2014).

6 Graham Harvey에 이어, 여기서는 Martin Buber의 나-당신, 나-그것 패러다임의 차이를 참고했다.

7 이를 위해 나는 Eduardo Viveiros de Castro의 '관점주의(perspectivism)' 개념을 끌어왔다. 예를 들어 다음을 보라. "Cosmological deixis and Amerindian perspectivism," *Journal of the Royal Anthropological Institute*, 1998.

8 Hannah Rundle, "Indigenous knowledge can help solve the biodiversity crisis," *Scientific American*, 2019.

9 스피노자의 자연주의에 대해서는 다음을 보라. Hasana Sharp, *Spinoza and the Politics of Renaturalization* (University of Chicago Press, 2011).

10 David Abram, *The Spell of the Sensuous: Perception and Language in a More-than-Human World* (Vintage, 2012).

11 이 연구는 Carl Zimmer, "Germs in your gut are talking to your brain. Scientists want to know what they're saying," *New York Times*, 2019에 발표되었다.

12 Jane Foster and Karen-Anne McVey Neufeld, "Gut-brain axis: how the microbiome influences anxiety and depression," *Trends in Neurosciences* 36(5), 2013, pp. 305~312.

13 John Dupré and Stephan Guttinger, "Viruses as living processes," *Studies in History and Philosophy of Science Part C: Studies in History and Philosophy of Biological and Biomedical Sciences* 59, 2016, pp. 109~116.

14 Ron Sender, Shai Fuchs and Ron Milo, "Revised estimates for the number of human and bacteria cells in the body," *PLoS Biology* 14(8).

15 John Dupré, "Metaphysics of metamorphosis," *Aeon*, 2017.

16 Robert Macfarlane, "Secrets of the wood wide web," *New Yorker*, 2016.

17 Brandon Keim, "Never underestimate the intelligence of trees," *Nautilus*, 2019. 식물의 학습과 기억에 대해서는 다음을 보라. Sarah Lasko, "The hidden memories of plants," *Atlas Obscura*, 2017.

18 Andrea Morris, "A mind without a brain. The science of plant intelligence takes root," *Forbes*, 2017.

19 Josh Gabbatiss, "Plants can see, hear and smell – and respond," *BBC Earth*, 2017.

20 Keim, "Never underestimate the intelligence of trees."

21 Chorong Song et al., "Psychological benefits of walking through forest areas," *International Journal of Environmental Research and Public Health* 15(12), 2018.

22 Jill Suttie, "Why trees can make you happier," *Thrive Global*, 2019. 여기에 언급한 연구의 많은 부분을 알려준 Suttie의 작업에 감사드린다.

23 Ernest Bielinis et al., "The effect of winter forest bathing on psychological relaxation of young Polish adults," *Urban Forestry & Urban Greening* 29, 2018, pp. 276~283.

24 Geoffrey Donovan et al., "Is tree loss associated with cardiovascular disease risk in the Women's Health Initiative? A natural experiment," *Health & Place* 36, 2015, pp. 1~7.

25 Bum-Jin Park et al., "The physiological effects of Shinrin-yoku (taking in the forest atmosphere or forest bathing): evidence from field experiments in 24 forests across Japan," *Environmental Health and Preventive Medicine* 15(1), 2010.

26 Bing Bing Jia et al., "Health effect of forest bathing trip on elderly patients with chronic obstructive pulmonary disease," *Biomedical and Environmental Sciences* 29(3), 2016, pp. 212~218.

27 Qing Li et al., "Effect of phytoncide from trees on human natural killer cell function," *International Journal of Immunopathology and Pharmacology* 22(4), 2009, pp. 951~959.

28 Omid Kardan et al., "Neighbourhood greenspace and health in a large urban centre," *Scientific Reports* 5, 2015.

29 Robin Wall Kimmerer, *Braiding Sweetgrass: Indigenous Wisdom, Scientific Knowledge and the Teachings of Plants* (Milkweed Editions, 2013).

30 Marcel Mauss, *The Gift*는 탈성장 사고에 근본적인 영감이 되어왔다.

31 Rattan Lal, "Enhancing crop yields in the developing countries through restoration of the soil organic carbon pool in agricultural lands," *Land Degradation & Development* 17(2), pp. 197~209.

감사의 말

1 나는 '혼미 상태'라는 표현과 사막을 건너는 이야기를 Tara Brach의 책에서 가져왔다.

적을수록 풍요롭다
지구를 구하는 탈성장

초판 1쇄 발행 / 2021년 9월 24일
초판 7쇄 발행 / 2023년 12월 5일

지은이 / 제이슨 히켈
옮긴이 / 김현우 민정희
펴낸이 / 염종선
책임편집 / 김가희 홍지연
조판 / 박지현
펴낸곳 / (주)창비
등록 / 1986년 8월 5일 제85호
주소 / 10881 경기도 파주시 회동길 184
전화 / 031-955-3333
팩시밀리 / 영업 031-955-3399 편집 031-955-3400
홈페이지 / www.changbi.com
전자우편 / human@changbi.com

한국어판 ⓒ (주)창비 2021
ISBN 978-89-364-8679-2 03300